Eckert. Expertise
Georg-Eckert-Institut für internationale
Schulbuchforschung

Band 9

Herausgegeben von
Eckhardt Fuchs

Redaktion
Wibke Westermeyer
unter Mitarbeit von Anna-Lea Beckmann
und Katharina Klee

Maret Nieländer /
Ernesto William De Luca (Hg.)

Digital Humanities in der internationalen Schulbuchforschung

Forschungsinfrastrukturen und Projekte

Mit 29 Abbildungen

V&R unipress

Bibliografische Information der Deutschen Nationalbibliothek
Die Deutsche Nationalbibliothek verzeichnet diese Publikation in der Deutschen
Nationalbibliografie; detaillierte bibliografische Daten sind im Internet über
http://dnb.d-nb.de abrufbar.

Umschlagabbildung: © empasea design
Druck und Bindung: CPI books GmbH, Birkstraße 10, D-25917 Leck
Printed in the EU.

Vandenhoeck & Ruprecht Verlage | www.vandenhoeck-ruprecht-verlage.com

ISSN 2198-1531
ISBN 978-3-8471-0953-2

Inhalt

III. Publikation und Archivierung

Einleitung

Die Digitalisierung ist dabei, Gegenstand und Forschungspraxis der internationalen Schulbuchforschung in vielerlei Hinsicht zu verändern: Schulische Praktiken des Lehrens und Lernens wandeln sich durch den Zugang von Lehrkräften, Schülerinnen und Schülern zum Internet, zu sozialen Medien und durch den Einsatz digitaler Bildungsmedien im Unterricht. Forschende können diese Medien, aber auch Schulbücher, Curricula und Fachliteratur heute weltweit online recherchieren und oftmals auch deren Digitalisate, Volltexte und Metadaten frei nutzen. Auch thematisch relevante Datenbanken und Algorithmen zur Analyse großer Datenmengen stehen zur Verfügung. Gleichzeitig wird von Wissenschaftlerinnen und Wissenschaftlern erwartet, dass sie diese Ressourcen für ihre Forschungsfragen sinnvoll einsetzen. Und sie sind dazu aufgefordert, ihre Forschungsdaten und -ergebnisse möglichst offen zu publizieren und langfristig zu sichern.

Grundlegend für einen Erkenntnis bringenden und vielleicht sogar innovativen Umgang mit den neuen digitalen Ressourcen sind entsprechende Infrastrukturen. Diese sind in den Digital Humanities besonders eng mit der geisteswissenschaftlichen Forschung verzahnt. Infrastrukturen und technische Standards werden in den Projekten entwickelt oder durch sie erprobt, nachgenutzt und angepasst. Je nach Definition können Infrastrukturen wie digitalisierte Quellen, Datenbanken oder Werkzeuge zum Beispiel zur Visualisierung als ein Arbeitsbereich und integraler Bestandteil oder aber als eine Voraussetzung von Digital Humanities aufgefasst werden. In jedem Fall bedarf es einer ganzheitlichen informationswissenschaftlichen Begleitung der Arbeit mit digitalen Ressourcen: von deren Recherche und

Analyse über Publikation und Transfer bis hin zu Archivierung und nachhaltiger Bereitstellung.

Der vorliegende Band vereint Erfahrungen, Werkstatt- und Projektberichte über die Arbeit mit digitalen Ressourcen am Georg-Eckert-Institut – Leibniz-Institut für internationale Schulbuchforschung (GEI).[1]

Was sind Digital Humanities (und was machen sie in der Schulbuchforschung)?

Der Begriff der Digital Humanities erlebt seit einigen Jahren eine anhaltende Konjunktur. Gleichzeitig ist die damit in Verbindung gebrachte Forschung so neuartig und eng mit der schnell fortschreitenden technischen Entwicklung verknüpft, dass gewissermaßen eine permanente Veränderungsunschärfe herrscht. Für solche neuartigen (der Tradition nicht selten suspekten) Forschungen wurden zunächst Begriffe wie Humanities Computing und E-Humanities geprägt. Im Deutschen spricht man heute neben Digital Humanities, abgekürzt DH, auch von Digitalen Geisteswissenschaften oder auch den digitalen Zweigen oder Initiativen einzelner Fächer wie z. B. der digitalen Geschichtswissenschaft. Was Digital Humanities sind, was sie sein wollen oder sollen, darüber existieren fast ebenso viele Meinungen wie Akteure und Akteurinnen, die sich für dieses Feld interessieren.[2]

Ganz allgemein kann man Digital Humanities als wissenschaftliche Arbeit an der Schnittstelle von Geisteswissenschaften und Informatik definieren. Der Begriff wird für den Einsatz von bestehenden, angepassten oder neu entwickelten computergestützten Methoden und Werkzeugen verwendet, mit denen für die geisteswissenschaftliche Forschung relevante digitale Daten erstellt, aufgewertet, ausgewertet und präsentiert werden. Auch die Reflexion über diese Werkzeuge und Methoden zählt zu den Aufgaben der Digital Humanities. Charakteristisch ist dabei jedoch eine gewisse Komplexität, die über die gewöhnliche Techniknutzung hinausgeht.

---

1 Die Website des Instituts ist zu finden unter: http://www.gei.de.
2 Für definitorische Beispiele aus den Jahren 2009 bis 2014 vgl. z. B. http://whatisdigitalhumanities.com/, zuletzt geprüft am 31. August 2018.

Der Einsatz von E-Mail, Online-Bibliothekskatalogen und Textverarbei-
tungsprogrammen wird heute vor allem als Transformation erprobter
analoger Arbeitsweisen ins Digitale betrachtet, obwohl die Zugewinne an
Schnelligkeit, Umfang und Reichweite enorm sind. In gewisser Hinsicht
sind Techniken zur Auswertung großer Datenmengen ebenso alltäglich. Es
sind jedoch vor allem kommerzielle Anbieter, die Texte und (bewegte)
Bilder auf diese Weise analysieren und für verschiedene Zwecke nutzbar
machen. Die Funktionsweisen, Anwenderabsichten und gesellschaftliche
Wirkung dieser Technologien zu verstehen, ist als Forschungsgegenstand
Aufgabe der Geistes- und Sozialwissenschaften. Eine andere Aufgabe ist es,
diese Techniken für die Forschung selbst einzusetzen und weiterzuentwickeln. Dazu gehört auch die Diskussion, ob und inwieweit sich durch »das
Digitale« Auswirkungen z. B. für geschichtswissenschaftliche Fragestellungen, Paradigmen und tradierte Forschungskonzepte ergeben.

In manchen Fachgemeinschaften fand die Beschäftigung mit dem Digitalen von innen heraus statt und führte dann zu weiterer Ausdifferenzierung und Spezialisierung; so entstanden z. B. die Computerlinguistik innerhalb der Sprachwissenschaft und die Archäoinformatik in der Archäo-
logie. An andere Fächer wurden und werden die Möglichkeiten des
Digitalen eher von außen herangetragen, was zu Diskussionen über Rol-
lenverständnis, Zugehörigkeit und einen veränderten Forschungsalltag
führt. Digital Humanities waren hier zunächst ein willkommener Dachbegriff für Projekte, die sich sonst nicht ohne weiteres in ihren Ursprungs-
disziplinen verorten ließen. Sie waren gewissermaßen per Definition Au-
ßenseiter, die zumindest genauso viel oder mehr mit digitalen Projekten
anderer Disziplinen zu diskutieren hatten wie mit den »analogen« Vertretern und Vertreterinnen der eigenen. Trotzdem wird die Rede von einer
neuen Disziplin seitens der etablierten Fächer nicht selten kritisch gesehen;
als Bedrohung des eigenen Territoriums nämlich, das je nach Sichtweise
verloren geht oder vereinnahmt wird. Eine grundsätzliche Frage lautet also,
ob das Arbeiten mit Algorithmen, großen Datenmengen und vernetzten
Technologien einfach eine Bereicherung und Weiterentwicklung bestehender Fächer darstellt (und auch dort gelehrt werden sollte) oder ob die
Digital Humanites bereits ein eigenes Fach konstituieren. Für letzteres
spricht, dass die DH eine aktive Community, Verbände und Zeitschriften

und zunehmend auch Lehre und Professuren besitzen.[3] In der großen Menge an Publikationen zum Thema[4] findet sich auch reichlich selbstreflexive Literatur im Sinne einer eigenen Geschichtsschreibung.[5]

Die Absolventinnen und Absolventen entsprechender Studiengänge werden sich als »born digital humanists« verstehen und Methoden und Fachwissen von Geisteswissenschaft und Informatik zu verquicken wissen. Bis dahin wird diskutiert, ob es notwendig ist, dass eine Forscherin, ein Forscher oder ein Mitglied eines Projektteams Programmiersprachen beherrscht und Datenbanken aufsetzen, pflegen und z. B. mit regulären Ausdrücken[6] darin suchen kann, um sich als »digital humanist« bezeichnen zu dürfen. Das Digitale ermöglicht die Nachnutzung existierender Ressourcen und Anwendungen, die spezifische Zusammenstellung und Konfiguration für bestimmte Forschungsfragen bis hin zur völligen Neugestaltung von Anwendungen. In jedem Fall sollten Informatikerinnen und Informatiker verstehen, was ihre Kolleginnen und Kollegen aus den Geisteswissenschaften warum und auf welche Weise untersuchen wollen – und letztere sollten wissen, welchen Vorverarbeitungsschritten ihre Quellen unterzogen werden (müssen), und die Funktionsweise der Algorithmen verstehen, die sie für ihre Fragestellungen anwenden. Nur mit einer solchen digitalen Quellen- und Methodenkritik kann die Bedeutung, Relevanz und Signifikanz der Ergebnisse beurteilt werden.

---

3 So ist The Alliance of Digital Humanities Organizations (ADHO) eine Dachorganisation für entsprechende Verbände. Dem europäischen Dachverband European Association of Digital Humanities (EADH) gehört auch der Verband Digital Humanities im deutschsprachigen Raum (DHd) an. Vgl. auch Patrick Sahle, »Digital Humanities? Gibt's doch gar nicht!«, in: Constanze Baum und Thomas Stäcker, *Grenzen und Möglichkeiten der Digital Humanities* (= Sonderband der Zeitschrift für digitale Geisteswissenschaften, 1), 2015, DOI: 10.17175/sb001_004.

4 Vgl. z. B. https://de.dariah.eu/en_US/bibliographie, zuletzt geprüft am 29. August 2018.

5 Vgl. z. B. Edward Vanhoutte, »The Gates of Hell: History and Definition of Digital | Humanities | Computing«, in: Melissa Terras, Julianna Nyhan and Edward Vanhoutte (Hg.), *Defining Digital Humanities. A Reader*, Farnham: Ashgate, 2013, 119–158. Als PDF verfügbar unter http://blogs.ucl.ac.uk/definingdh/sample-chapter/, zuletzt geprüft am 29. August 2018.

6 »Regulärer Ausdruck«, englisch *regular expression*, ist ein Begriff der Informatik für eine formale (Abfrage-)Sprache mit genau definierter Syntax. Mit ihr können bestimmte Mengen von Zeichenketten beschrieben und damit auch in natürlichsprachlichen Texten gesucht (und dann z. B. ersetzt) werden.

In der Diskussion um das Wesen der Digital Humanities zeigt sich, wie wir meinen, eine Analogie zur Bildungsmedienforschung. Auch sie ist keine an Universitäten regulär gelehrte Disziplin, kein abgeschlossenes Feld, sondern per se offen und eher ein Dachbegriff für Forschungsfragen, Methoden und damit für Wissenschaftlerinnen und Wissenschaftler, die aus verschiedenen anderen Disziplinen stammen, sich mit dem Gegenstand Schulbuch/Bildungsmedien befassen und von Vernetzung und Austausch profitieren. Schulbuchforschung ist in diesem Sinne äußerst inklusiv – wie auch die Digital Humanities, die im Titel dieses Bandes wiederum eingeschlossen und willkommen geheißen werden in der Schulbuchforschung.

Wir halten den Sammelbegriff Digital Humanities für entsprechende Projekte und Arbeitsbereiche am Institut und für diese Publikation besonders deswegen für geeignet, weil er es erlaubt, die hier übliche Zusammenarbeit von Informationswissenschaft und geisteswissenschaftlicher Forschung zu benennen und hervorzuheben, ohne dabei einer Partei eine Rolle als Hilfswissenschaft, Dienstleistung oder Betatest-Werkzeug zuzuweisen. Am Georg-Eckert-Institut praktizieren wir Digital Humanities in multidisziplinären Teams. Wir sind der Auffassung, dass sich bis auf Weiteres nur durch eine solche interdisziplinäre Zusammenarbeit die Chance eröffnet, Werkzeuge zu entwickeln und Methoden zu erproben, die vielleicht einmal so transparent, umfassend dokumentiert und einfach anpassbar sind, dass auch Einzelpersonen ohne Doppelausbildung sinnvoll mit ihnen arbeiten können.

Diese Zusammenarbeit der verschiedenen Abteilungen entspricht auch einem Leitgedanken des Instituts, dem »zirkulären Modell wissenschaftlicher Wertschöpfung«: (Schulbuch-)Forschung, Forschungsinfrastruktur und Wissenstransfer sind aufeinander bezogen, bedingen und fördern sich gegenseitig. Dieses Modell erweist sich auch für Digital-Humanities-Vorhaben als besonders günstig, da diesen die Verquickung von Infrastruktur (-entwicklung) und inhaltlicher Forschung wesentlich ist. Dieser Band beschreibt Daueraufgaben, Projekte und konzeptuelle Überlegungen, die sich mit den Möglichkeiten des Digitalen auseinandersetzen. Er will ganz pragmatisch Phänomene beleuchten, die in vielen Projekten der digitalen Geisteswissenschaften von Belang sind.

Schulbücher und Bildungsmedien als Forschungsgegenstand

Schulbücher und schulbezogene Bildungsmedien dokumentieren Wissensbestände, Normen und Werte, die verschiedene Gesellschaften als gültig und wichtig genug erachten, um sie den nächsten Generationen zu vermitteln. Doch obwohl Bildungsmedien als Untersuchungsobjekt in den vergangenen Jahrzehnten erheblich an Bedeutung gewonnen haben, konnte sich das Feld der Bildungsmedienforschung noch nicht als Hauptfach an Universitäten bzw. als dauerhaftes Sammelgebiet in Bibliotheken etablieren.[7]

Das Georg-Eckert-Institut betreibt und ermöglicht als außeruniversitäre Forschungseinrichtung historische und kulturwissenschaftliche Grundlagenforschung zu Bildungsmedien und sieht eine seiner zentralen Aufgaben darin, eine öffentliche Forschungsbibliothek mit einer international ausgerichteten Schulbuchsammlung zu betreiben. Seit der Gründung des Instituts im Jahr 1975 wurde diese weltweit einzigartige Sammlung von internationalen Schulbüchern und Lehrplänen der Fächer Geschichte und Geografie auch um Unterrichtsmaterialien zu Sozialkunde/Politik und Werteerziehung/Religion erweitert. Die Forschungsbibiliothek umfasst heute mehr als 177.000 Schulbücher, eine Million digitalisierter Seiten historischer Schulbücher und 77.000 Medien zu Schulbuchforschung und Didaktik aus 173 Ländern.

Zu den Aufgaben der Sammlung, der sachlichen und inhaltlichen Erschließung und der lokalen Bereitstellung in der Forschungsbibliothek gesellt sich heute zunehmend auch die digitale bzw. automatische Erschlie-

---

7 Es gibt einzelne (auch) mit Schulbuchforschung befasste Lehrstühle; die Forscherinnen und Forscher kommen aus der Geschichtswissenschaft, den Sozialwissenschaften, den Politikwissenschaften, der Medienforschung, der Pädagogik und anderen Disziplinen. Die Community veranstaltet Konferenzen und kommuniziert über verschiedene Publikationsreihen. Wichtige Verbände sind etwa die International Association for Research on Textbooks and Educational Media (IARTEM) und die Internationale Gesellschaft für historische und systematische Schulbuch- und Bildungsmedienforschung e. V. (IGSBi). Vereinzelt gibt es in verschiedenen Ländern auch Initiativen, Schulbücher zu sammeln bzw. bibliografisch zu erfassen. Für einen Überblick über Geschichte und aktuelle Tendenzen des Fachgebietes, vgl. Eckhardt Fuchs und Annekatrin Bock, *The Palgrave Handbook of Textbook Studies*, New York: Palgrave Macmillan, 2018, https://doi.org/10.1057/978-1-137-53142-1.

ßung relevanter Bestände. Am GEI erarbeitet die Abteilung Digitale Informations- und Forschungsinfrastrukturen (DIFI) die Suche und den Zugriff über das Internet, erstellt Schnittstellen für eine digitale Weiterverarbeitung und betreut generell die Online-Angebote des Instituts. An der Schulbuchforschung sind somit auch Disziplinen wie Bibliotheks- und Informationswissenschaft, Computerlinguistik und Informatik beteiligt.

Die digitalen Bestände des GEI umfassen eine Vielzahl von Daten (digitalisierte Volltexte, digital vorliegende Publikationen, Datenbankeinträge) und Metadaten (bibliografische Angaben, vergebene Klassifikationen, Annotationen, Dokumentationen). Zu unterscheiden ist hier zwischen Daten, die publiziert worden sind bzw. werden sollen, um in weiteren Kontexten genutzt zu werden, und solchen Daten, die im Rahmen von Forschungsprojekten erhoben werden bzw. anfallen und zunächst nur für diese Zwecke eingesetzt werden sollen oder können. Hier sind Urheber-, Lizenz- und Persönlichkeitsrechte, aber auch wissenschaftliche Kulturen der Anerkennung zu beachten. Das Institut beteiligt sich deshalb auch an Forschung und Debatten zu Forschungsdatenmanagement und -speicherung. Neben der Retrodigitalisierung bleibt als Hauptaufgabe bis auf weiteres die digitale Bereitstellung möglichst »offen« lizenzierter Daten. Dies geschieht zum einen mittels Rechercheoberflächen, die speziell für die Nutzung bestimmter Inhalte konzipiert sind. Zum anderen werden Schnittstellen bereitgestellt, über die die Daten in verschiedenen Formaten heruntergeladen werden können, um sie dann weiterzuverarbeiten. Ein Beispiel für die vielgestaltige Bereitstellung sind die bibliografischen Angaben und die Klassifikationen zu Schulbüchern, die von den Bibliothekarinnen und Bibliothekaren erhoben bzw. vergeben werden. Sie sind für Nutzerinnen und Nutzer in vielen Formen nutzbar:
- im OPAC (Online Public Access Catalogue – dem öffentlich zugänglichen Online-Katalog) der Bibliothek
- im speziell auf Schulbuchrecherche zugeschnittenen, am Institut entwickelten, »International Textbook Catalogue« (ITBC).

Im Falle der digitalisierten historischen Schulbücher können die bibliografischen Angaben und Klassifikationen zudem genutzt werden,
- um sie mit der Benutzeroberfläche der digitalen Schulbuchbibliothek »GEI-Digital« zu recherchieren,

- um über das dort angebotene Werkzeug »GEI-Digital visualized« auch Visualisierungen von Schulbuchmengen für die Recherche zu nutzen,
- um mit dem »Welt der Kinder«-Explorer des Projektes »Welt der Kinder« z. B. mit Topic Models zu arbeiten,
- um im Projekt »WorldViews« und anderen digitalen Sammlungen bestimmte Inhalte zu filtern und anzusteuern,
- um die Bücher auch in externen, fachübergreifenden Angeboten wie der Deutschen Digitalen Bibliothek und CLARINs[8] Virtual Language Observatory nachzuweisen.

Die Beiträge: Von der Datenakquise und -aufbereitung über Informationsextraktion und Datenaggregation zu Publikation und Archivierung

Die Anordnung der Beiträge orientiert sich am Lebenszyklus von Forschungsdaten[9], die (I) erhoben, (II) aggregiert, analysiert, gegebenenfalls visualisiert und dann (III) publiziert und archiviert werden. In der Praxis beinhalten fast alle digitalen Forschungsinfrastruktur- und Forschungsprojekte jede dieser Phasen oder Komponenten. Um die Bedeutung und Herausforderungen der einzelnen Schritte hervorzuheben, verzichten wir jedoch auf eine reine »Nacherzählung« ganzer Projektverläufe zugunsten einer eher informationswissenschaftlichen Betrachtungsweise, durch die die jeweils beispielhaftesten Aspekte betont werden. Die Beiträge dieses Bandes beleuchten sowohl die Perspektive der Entwicklerinnen und Entwickler digitaler Forschungsinfrastrukturen als auch die Sicht derjenigen, die sie an- und weiterverwenden. Wir wollen damit einen Überblick über die aktuell bereits existierenden Möglichkeiten des Digitalen in der Bildungs-

---

8 Zu CLARIN mehr im Abschnitt 1.1 im Aufsatz von Maret Nieländer und Andreas Weiß in diesem Band.
9 Vgl. hierzu etwa Johanna Puhl u. a., »Diskussion und Definition eines Research Data Life Cycle für die digitalen Geisteswissenschaften«, *DARIAH-DE Working Papers* Nr. 11, Göttingen: DARIAH-DE, 2015, http://webdoc.sub.gwdg.de/pub/mon/dariah-de/dwp-2015-11.pdf; https://www.ukdataservice.ac.uk/manage-data/lifecycle; http://www.dcc.ac.uk/resources/curation-lifecycle-model; https://www.slub-dresden.de/open-science/open-dataforschungsdaten/forschungsdaten/, alle zuletzt geprüft am 28. August 2018.

medienforschung geben und Einblicke in die Arbeit hinter den Kulissen der digitalen Angebote des Instituts ermöglichen.

Der erste Teil dieses Bandes bietet Antworten auf die Frage, wie die internationale Bildungsmedienforschung an Daten gelangen kann, mit denen sich digital arbeiten lässt. Die hierfür notwendigen Arbeiten werden oft als klassische Forschungsinfrastrukturaufgabe gesehen. Am GEI ist es vor allem die Forschungsbibliothek, die relevante Bestände beschafft, auswählt, digitalisiert und die so gewonnenen Daten strukturiert und gegebenenfalls auch mit weiteren Metadaten anreichert. In den beiden ersten Beiträgen beschreiben Anke Hertling und Sebastian Klaes die Arbeiten an der digitalen Schulbuchbibliothek »GEI-Digital«, die historische deutschsprachige Schulbücher online zur Verfügung stellt. Ihr Beitrag zu »Auswahl und Aufbau einer digitalen Schulbuchbibliothek« stellt die konzeptionellen Hintergründe in den Mittelpunkt und erklärt, nach welchen Kriterien die Werke für das mehrstufige Digitalisierungsprojekt ausgewählt und wie sie bestimmten Untersammlungen zugeordnet werden. Der zweite Beitrag beschreibt »GEI-Digital als Grundlage für Digital-Humanities-Projekte« und schildert die hierfür geleisteten Arbeiten der Erschließung und Datenaufbereitung. So wurden etwa Nutzerinnen und Nutzer befragt, Datenstandards evaluiert und Softwarelösungen für die Volltexterkennung und -korrektur getestet. Neben den technischen Abläufen wird hier auch nachvollziehbar, wie wichtige Metadaten für die Arbeit mit der Quellengattung Schulbuch entstehen.

Im Gegensatz zu historischen bzw. gedruckten Schulbüchern besteht bei digitalen Bildungsmedien und Open Educational Resources (OER) keine Notwendigkeit der Digitalisierung – sie sind bereits »born digital«. Umso bedeutender sind hier jedoch die Fragen nach Lizenzrecht, Sammlungsstrategie und technischer Infrastruktur für eine dauerhafte Bereitstellung, die Annekatrin Bock und Anke Hertling im dritten Beitrag diskutieren. Zum Abschluss dieses Abschnitts zur Datenbeschaffung bieten Maret Nieländer und Andreas Weiß zwei verschiedene Sichtweisen aus der Perspektive der Forschung. Sie berichten über die unterschiedlichen Strategien der Auswahl und weiteren Aufbereitung digitaler Daten aus »GEI-Digital« für Digital-Humanities-Projekte.

Der zweite Teil dieses Bandes ist der Informationsextraktion und –aggregation und damit vor allem der Analyse der Daten gewidmet. Unter der Analyse von Daten wird hierbei regelbasiertes und statistisches Vorgehen verstanden, das der Überprüfung, Anregung oder Erweiterung der Arbeit mit klassisch hermeneutischen Methoden und der intensiven Quellenlektüre (Close Reading) dient. Am GEI stellt die Abteilung Digitale Informations- und Forschungsinfrastrukturen zusammen mit der Forschungsbibliothek und den überwiegend forschenden Abteilungen entsprechende Infrastrukturen für die Forschung bereit. Ernesto William De Luca, Tim Hartung und Christian Scheel bieten mit ihrem Beitrag einen Überblick über am Institut entwickelte »Digitale Infrastrukturen für die Digital Humanities in der Schulbuchforschung«. Thematisiert werden dabei Vorarbeiten und Pläne für eine Verknüpfung bereits bestehender digitaler Projekte und Nutzeroberflächen, sowie neue Möglichkeiten der Visualisierung von Datenmengen, welche die Aufmerksamkeit auf Phänomene in den Datenbeständen lenken können, die sonst nicht sichtbar wären.

In ihrem Beitrag zu »Suche und Analyse in großen Textsammlungen« geben Ben Heuwing und Andreas Weiß eine Übersicht über aktuelle Methoden und Werkzeuge in diesem Bereich der Digital Humanities. Verdeutlicht werden die Techniken, aber auch das Vorgehen bei multidisziplinären Projekten anhand des »Welt der Kinder«-Projektes, in dessen Rahmen eine nachnutzbare Benutzeroberfläche zur Nutzung von DH-Werkzeugen in Schulbuchkorpora erstellt wurde. Den Abschluss dieses Abschnitts bildet der Beitrag von Christian Scheel zur »Multilingualität in einem internationalen Bibliothekskatalog«. Er stellt die Vorteile sowie die besonderen Herausforderungen des »International Textbook Catalogue« (ITCB) vor, der als Ergänzung zum OPAC der Forschungsbibliothek eine facettierte mehrsprachige Suche anbietet, die auch Schulbuchbestände anderer Institutionen recherchierbar macht.

Der letzte Abschnitt des Bandes stellt am Institut praktizierte digitale Möglichkeiten des Publizierens und Archivierens von Forschungsergebnissen und Forschungsdaten vor. Diese können so wiederum zur Grundlage weiterer Forschung werden. Andreas Fuchs skizziert »edumeres.net: Zehn Jahre digitale Vernetzung in der internationalen Bildungsmedienforschung«. Das virtuelle Netzwerk für die Bildungsforschung erfuhr seit seinen Anfängen im Jahr 2009 neben inhaltlichem Ausbau auch konzeptionelle Veränderungen und präsentiert heute in modularer Form u. a. Open-Access-Publikationen, Datenbanken für in Deutschland zugelassene

Schulbücher und zu Schulbuchsystemen und Lehrplänen weltweit. In ihrem Beitrag »Schulbuchrezensionen – Didaktik, Publikation und mögliche Anschlussforschung« beschäftigen sich Tim Hartung und Maret Nieländer mit der wissenschaftlichen und bildungspraktischen Nutzung des Edumeres-Moduls »edu.reviews« und seinem Potential als Datenkorpus für die Digital Humanities. Im letzten Beitrag des Bandes gehen Steffen Hennicke, Bianca Pramann und Kerstin Schwedes speziell auf die Forschungsdaten ein, die in verschiedenen Projekten »anfallen«. Auch diese Daten dauerhaft bereitzustellen ist eine Aufgabe, vor die sich sowohl einzelne Forscherinnen und Forscher als auch Institute wie das GEI, nationale Verbünde wie die Leibniz-Gemeinschaft und internationale Verbundprojekte für Forschungsinfrastrukturen wie CLARIN und DARIAH gestellt sehen.

Wir danken allen Beträgerinnen und Beiträgern für ihr Engagement sowie Anna-Lea Beckmann, Katharina Klee und besonders Wibke Westermeyer für die redaktionelle Betreuung dieses Bandes.

Maret Nieländer und Ernesto William De Luca
Braunschweig, August 2018

Literatur

Digital Curation Center (DCC). »Curation Lifecycle Model«, http://www.dcc.ac.uk/re sources/curation-lifecycle-model, zuletzt geprüft am 29. August 2018.

Digitale Forschungsinfrastruktur für die Geistes- und Kulturwissenschaften. »Doing Digital Humanities«, https://de.dariah.eu/en_US/bibliographie, zuletzt geprüft am 29. August 2018.

Fuchs, Eckhardt und Annekatrin Bock. *The Palgrave Handbook of Textbook Studies*, New York: Palgrave Macmillan, 2018, https://doi.org/10.1057/978–1–137–53142–1.

Puhl, Johanna u. a. »Diskussion und Definition eines Research Data Life Cycle für die digitalen Geisteswissenschaften«, *DARIAH-DE Working Papers* Nr. 11, Göttingen: DARIAH-DE, 2015, http://webdoc.sub.gwdg.de/pub/mon/dariah-de/dwp-2015-11.pdf, zuletzt geprüft am 29. August 2018.

Sächsische Landesbibliothek – Staats- und Universitätsbibliothek Dresden (SLUB). »Forschungsdaten«, https://www.slub-dresden.de/open-science/open-datafor schungsdaten/forschungsdaten/, zuletzt geprüft am 29. August 2018.

Sahle, Patrick. »Digital Humanities? Gibt's doch gar nicht!«, in: *Grenzen und Möglichkeiten der Digital Humanities* (= Sonderband der Zeitschrift für digitale Geisteswissenschaften, 1), Constanze Baum und Thomas Stäcker, 2015, DOI: 10. 17175/sb001_004.

Vanhoutte, Edward. »The Gates of Hell: History and Definition of Digital | Humanities | Computing«, in: *Defining Digital Humanities. A Reader*, Melissa Terras, Julianna Nyhan and Edward Vanhoutte (Hg.), Farnham: Ashgate, 2013, 119–158. Als PDF verfügbar unter http://blogs.ucl.ac.uk/definingdh/sample-chapter/, zuletzt geprüft am 29. August 2018.

UK Data Service. »Research data lifecycle«, https://www.ukdataservice.ac.uk/manage-data/lifecycle, zuletzt geprüft am 29. August 2018.

»What is Digital Humanities?«, http://whatisdigitalhumanities.com/, zuletzt geprüft am 29. August 2018.

I. Datenakquise und -aufbereitung

Anke Hertling / Sebastian Klaes

Historische Schulbücher als digitales Korpus für die Forschung: Auswahl und Aufbau einer digitalen Schulbuchbibliothek

The catalyst for a large-scale digitisation programme at the Georg Eckert Institute (GEI) was the lack of a central institution that documented and made historical German textbooks available to researchers. The internet platform »GEI-Digital« now provides access to approximately 5,400 volumes of historical German textbooks; from the earliest examples produced in the sixteenth century through to those published up to the end of the First World War. This paper summarises the work involved in the project and explains the criteria for the compilation of a digital corpus for textbook research. It elucidates the specific features of textbooks from different eras which were of relevance for research in this area and which were to be incorporated in a digital historical textbook library.

Das Schulbuch ist eines der ersten modernen Massenmedien. Spätestens seit der Einführung der allgemeinen Schulpflicht gehört es für Kinder und Lehrende zum Alltag. Die Anfänge der Schulbuchproduktion liegen dementsprechend im 16./17. Jahrhundert. Zu dieser Zeit waren religiöse Ordensgemeinschaften und Kirchen Träger der Bildung und damit auch Produzenten von Lehrwerken. Für staatlich zugelassene Schulbücher, wie wir sie heute kennen, stellte das 19. Jahrhundert eine wichtige Zäsur dar. Der Staat übernahm das Bildungsmonopol und im Zuge dessen avancierte das Schulbuch zum staatlichen Steuerungsinstrument. Zeitgleich zur Bildungsexpansion entstanden im 19. Jahrhundert große Verlage wie Ferdinand Hirt in Breslau oder Velhagen & Klasing in Bielefeld, die sich auf die Konzeption und Produktion von Schulbüchern spezialisierten.[1] Die Pro-

---

1 Vgl. Georg Jäger, »Der Schulbuchverlag«, in ders. u.a. (Hg.), *Geschichte des deutschen*

duktion von Schulbüchern stieg im Deutschen Kaiserreich stark an und korrespondierte mit einer ausgeprägten Heterogenität vor allem im höheren Schulwesen. Mit der Schulkonferenz von 1900 erfolgte die Aufhebung des Gymnasialmonopols für den Zugang zu akademischen Berufen; Realgymnasium und Oberrealschule wurden infolgedessen als gleichberechtigte Typen des höheren Schulwesens anerkannt. Neben einer weitreichenden Neuordnung des Mädchenschulwesens waren der Ausbau der Volksschulen und der beruflich ausgerichteten Schulen weitere Kennzeichen für eine Ausweitung des Bildungssystems.[2] Zwischen 1871 und 1918 erreichte die Schulbuchproduktion einen quantitativen Höhepunkt. So wurden rund 40 % aller Geschichtsschulbücher, die im Zeitraum zwischen 1700 und 1945 in den zu den deutschen Staatsgebieten zählenden Territorien erschienen sind, in dieser Zeit publiziert.[3]

Von der dezentralen Sammlung zum digitalen Korpus

Obwohl die Reichweite des Schulbuchs im Vergleich zu anderen Medien ausgesprochen groß ist, nahm es als Quelle in der historischen Bildungsforschung lange Zeit eine geringe Rolle ein. Erst nach dem Zweiten Weltkrieg rückte es in den Fokus der Forschung und es wuchs der Bedarf, auch Schulbücher systematisch zu sammeln.[4] Der Bestand an deutschen Schulbüchern vor 1945 ist deshalb in Bibliotheken im Allgemeinen oft lückenhaft und zumeist schwer zugänglich. Da Schulbücher in der Regel dem jeweiligen Fach bzw. der jeweiligen Fachdidaktik zugeordnet wurden, können sie nur mit großem Rechercheaufwand gesucht und eingesehen werden. Man-

---

  Buchhandels im 19. und 20. Jahrhundert. Bd. 1. Das Kaiserreich 1870–1918. Teil 2, Frankfurt am Main: De Gruyter, 2003, 62–102.

2 Vgl. Peter Drewek, »Geschichte der Schule«, in: Klaus Harney und Heinz-Hermann Krüger (Hg.), *Einführung in die Geschichte von Erziehungswissenschaft und Erziehungswirklichkeit,* Opladen: Leske + Budrich, 2006, 214 ff.

3 Vgl. Wolfgang Jacobmeyer, *Das deutsche Schulgeschichtsbuch 1700–1945. Die erste Epoche seiner Gattungsgeschichte im Spiegel der Vorworte. Bd. 1,* Berlin: Lit-Verlag, 2011, 19.

4 Zum Forschungsfeld Schulbuch vgl. Eckhardt Fuchs, Inga Niehaus und Almut Stoletzki (Hg.), *Das Schulbuch in der Forschung. Analysen und Empfehlungen für die Bildungspraxis,* Göttingen: V&R unipress, 2014, 21 ff.

gelnde Nachweise fallen insbesondere in die Zeit des Deutschen Kaiserreichs, als der Schulbuchmarkt expandierte und das Medium als Massen-
ware nicht sammelwürdig erschien. Für die Quellenlage erschwerend ist
zudem, dass in Deutschland trotz zahlreicher früher Bestrebungen erst 1912
eine Nationalbibliothek mit einem Pflichtexemplarrecht für das nationale
Schrifttum initiiert werden konnte. Bis zur Gründung der Deutschen Bü-
cherei in Leipzig (1913), die die Aufgaben einer Nationalbibliothek übernahm, wurde deutschsprachige Literatur dezentral in Landes- und Staats-
bibliotheken gesammelt, wobei der Erwerb von Schulbüchern nur selten
systematisch erfolgte. Bis heute gibt es keine Bibliografie, die alle deutschsprachigen Schulbücher verzeichnet. In wenigen Fällen liegen bibliografische Erfassungen vor, die sich auf bestimmte Zeiträume und ausgewählte
Fächer wie etwa Geschichte[5] und Erstleseunterricht[6] beziehen. Für deutsche
Schulbücher aus der Zeit zwischen 1701 und 1800 ist VD18, *Das Verzeichnis
Deutscher Drucke des 18. Jahrhunderts*, ein wichtiges Nachweisinstrument.[7]
Im Sinne einer retrospektiven deutschen Nationalbibliografie erfasst es
auch die in den verschiedenen Einrichtungen vorliegenden Schulbücher aus
dieser Zeit. Über den Gattungsbegriff »Schulbuch« lassen sich die Schul-
buchwerke im VD18 gezielt filtern.[8]

Mit dem digitalen Wandel erkannte das Georg-Eckert-Institut (GEI) die
Möglichkeit, die dezentralen Schulbuchsammlungen virtuell zusammenzuführen und digital zur Verfügung zu stellen. Mit ihren rund 24.000
Bänden deutschsprachiger Schulbücher ausgewählter Fächer aus dem
17. Jahrhundert bis 1945 verfügt die Forschungsbibliothek des GEI über

---

5 Vgl. Jacobmeyer, *Das deutsche Schulgeschichtsbuch 1700–1945.*
6 Vgl. Gisela Teistler, *Fibel-Findbuch. Deutschsprachige Fibeln von den Anfängen bis 1944.
   Eine Bibliographie*, Osnabrück: Wenner, 2003, sowie dies., *Schulbücher und Schulbuchverlage in den Besatzungszonen Deutschlands 1945 bis 1949. Eine buch- und verlagsgeschichtliche Bestandsaufnahme und Analyse. Mit Bibliografie der erschienenen
   Schulbücher, Lehrpläne und pädagogischen Zeitschriften*, Wiesbaden: Harrassowitz,
   2017.
7 http://gso.gbv.de/DB=1.65/, zuletzt geprüft am 21. August 2018.
8 Alle in GEI-Digital vorhandenen Schulbücher werden im VD18 ebenfalls erfasst. Im
   Vergleich zum VD18 eignet sich *Das Verzeichnis der im deutschen Sprachraum erschienenen Drucke des 17. Jahrhunderts* (VD17) nur bedingt als zuverlässiges Nachweisinstrument, da hier der Gattungsbegriff »Schulbuch« nicht verpflichtend von allen
   zuliefernden Einrichtungen vergeben werden muss.

einen in Deutschland einzigartigen historischen Schulbuchbestand. Parallel zum Ausbau ihrer aktuellen deutschen und internationalen Schulbuchsammlung, die sich auf die Fächer Geschichte, Geografie, Politik/Sozialkunde und Werteerziehung/Religion und darüber hinaus auf deutschsprachige Lesebücher und internationale Fibeln konzentriert, ergänzt die Forschungsbibliothek retrospektiv ihre Sammlung an deutschsprachigen historischen Lehrwerken in den genannten Fächerschwerpunkten. Seit Beginn der Sammlung in den 1950er Jahren wurden bedeutsame Bestände wie das Archiv des Hirt-Verlages (ca. 2.500 Bände) sowie ca. 2.000 Bände als Dauerleihgabe des Deutschen Instituts für Internationale Pädagogische Forschung (DIPF) integriert. Auch durch umfangreiche Übernahmen von Privatsammlungen und Beständen aus den Universitätsbibliotheken Osnabrück und Kiel konnte die Sammlung umfassend ausgebaut werden.

Im Zuge von zwei DFG-Förderphasen digitalisierte die Forschungsbibliothek des GEI große Bestandssegmente ihrer historischen Schulbuchsammlung. Zugleich wurden die digitalisierten Bestände um historische Schulbücher aus anderen Einrichtungen ergänzt. Langfristiges Ziel des GEI ist es, alle in deutschen Bibliotheken vorhandenen deutschen historischen Schulbücher digital zur Verfügung zu stellen und auf diese Weise ein möglichst repräsentatives Korpus von deutschen historischen Schulbüchern zentral im Internet zugänglich zu machen. Im Unterschied zu vielen anderen Digitalisierungsprojekten, bei denen meist besonders seltene und kostbare Bücher zuerst digitalisiert werden, konzentrierte sich das GEI in der ersten Digitalisierungsphase (2009–2012) auf Geschichtsschulbücher aus der Zeit des Deutschen Kaiserreichs. Diese Epoche war zum einen durch eine forcierte Schulbuchproduktion gekennzeichnet, zum anderen nahm das Schulbuch im Kaiserreich im Hinblick auf die Prozesse der Reichsgründung eine wichtige Rolle zur Herausbildung einer »deutschen Identität« ein.[9] Vor allem sogenannte »gesinnungsbildende« Schulbücher der Fächer Geschichte und Deutsch vermittelten nationale Narrative und fungierten als Instrumente nationalstaatlich kontrollierter Identitätsbildung.

In der zweiten Digitalisierungsphase (2012–2016) standen deutsche Geschichtsschulbücher vor 1871, Schulbücher der Fächer Geografie und Politik, Realienbücher sowie Geschichts- und Geografieatlanten bis 1918 im

---

9 Jacobmeyer, *Das deutsche Schulgeschichtsbuch 1700–1945*, 168ff.

Fokus der Digitalisierung. Wie in der ersten Phase erfolgte die Korpuserstellung in Abstimmung mit einem Digitalisierungsbeirat, dem Vertreterinnen und Vertreter aus der Geschichtswissenschaft und historischen Schulbuchforschung (Prof. em. Dr. Wolfgang Jacobmeyer, Westfälische Wilhelms-Universität Münster, und Prof. Dr. Luigi Cajani, Sapienza Universität Rom), aus der Erziehungswissenschaft (Prof. Dr. Heidemarie Kemnitz, TU Braunschweig) und der historischen Bildungsforschung (Dr. Christian Ritzi, BBF Berlin) angehörten.

Angesichts einer für alle deutschsprachigen Schulbücher fehlenden Bibliografie war vor Beginn der Digitalisierung eine umfassende Recherche notwendig, um das für die Digitalisierung vorgesehene Korpus an historischen deutschen Schulbüchern zusammenzustellen. Das digitale Korpus sollte eine Vergleichbarkeit historischer deutscher Schulbücher bestimmter Fächer über die Zeit und die verschiedenen territorialen Gegebenheiten hinweg ermöglichen und dabei den Anspruch der Repräsentativität erfüllen. Die Spezifika der Quelle Schulbuch erforderten dabei grundlegende Entscheidungen, die der digitalen Korpuserstellung vorausgingen.

Schulbuchspezifika als Kriterien für das digitale Korpus »GEI-Digital«

Für die Erstellung eines repräsentativen historischen digitalen Schulbuchkorpus erwies sich bereits der Begriff des »Schulbuchs« als problematisch, denn er setzte sich erst Anfang des 20. Jahrhunderts durch. Bis dahin waren Bezeichnungen wie »Compendium«, »Leitfaden«, »Abriß«, »Grundriß«, »Hülfsbuch«, »Handbuch« oder »Überblick« üblich, was auf eine weniger deutliche institutionelle Anbindung verweist.[10] Nach heutiger verwaltungstechnischer Definition handelt es sich bei einem Schulbuch um ein für Schülerinnen und Schüler bestimmtes, in Druckform vorliegendes Lernmittel, das sich schulart- und schulfachbezogen an Lehrplänen oder Standards orientiert und die dort festgelegten Ziele, Kompetenzen und Inhalte umsetzt. In der Regel wird ein Schulbuch für ein ganzes Schuljahr oder ein

---

10 Vgl. William E. Marsden, *The School Textbook. Geography, History, and Social Studies*, London: Woburn Press, 2001, 7f.

Schulhalbjahr eingesetzt und als Leitmedium im Unterricht verwendet.[11] Diese sowie andere Definitionen, die das Schulbuch etwa aus didaktischer oder wissenssoziologischer Perspektive bestimmen, gelten für historische Schulbücher nur begrenzt.[12] Das Verständnis von schulischer Bildung änderte sich im Laufe der Jahrhunderte ebenso wie ihre strukturelle Einbettung. Vor diesem Hintergrund wird bei dem Korpus von »GEI-Digital« von einem weiten Schulbuchbegriff ausgegangen. In das Korpus integriert wurden Bücher mit einem Bezug zum Unterricht. In diesem Sinne gehören auch Titel mit der Bezeichnung »Lehrwerk« zum Korpus sowie Bücher, die im Vorwort oder in der Einleitung auf einen Gebrauch im Unterricht hindeuten. Ebenso aufgenommen wurden sogenannte »Lehrerbände«. Sie galten als Sonderausgaben für Lehrende zur Unterstützung der Unterrichtsvorbereitung, wiesen einen starken Bezug zu dem unterrichteten Fach auf und es ist davon auszugehen, dass sie Einfluss auf die Identitätsbildung der Schülerinnen und Schüler hatten.

Neben diesen grundlegenden Überlegungen zur Abgrenzung des Mediums Schulbuch von anderen bildungshistorischen Quellen musste bei der Korpuserstellung ebenfalls berücksichtigt werden, dass Schulbücher nicht nur nach Fächern, Schultypen und -stufen, sondern zudem nach ihrem territorialen Einsatzbereich variieren. Im Laufe des 19. Jahrhunderts vollzog sich eine Ausdifferenzierung der Schulbücher mit vielen Regionalausgaben zunächst vor allem im Bereich der Fibeln und Realien. Im Kaiserreich mit seinen 25 Bundesstaaten wurden Schulbücher dann verstärkt in kleinen Auflagen und mit häufig wechselnden Titeln aufgelegt, die es für eine Korpusbildung zu unterscheiden galt. Für den Typus Schulbuch ist auch eine hohe Anzahl an mehrbändigen Werken kennzeichnend. Im Kaiserreich stieg die Mehrbändigkeit aufgrund des Ausbaus des Bildungssystems sprunghaft an. Nicht selten umfasste ein Schulbuchwerk verschiedene Bände, die wiederum unterschiedliche Fachdisziplinen abhandelten und entsprechend identifiziert werden mussten.[13] Auch kamen Titel wie zum

---

11 Vgl. Georg Stöber, *Schulbuchzulassung in Deutschland. Grundlagen, Verfahrensweisen und Diskussionen*, Braunschweig, 2010, 5, http://repository.gei.de/handle/11428/92.
12 Vgl. Fuchs, Niehaus und Stoletzki (Hg.), *Das Schulbuch in der Forschung*, 9ff.
13 Vgl. u. a. das von Johannes Bumüller und Ignaz Schuster verfasste *Lesebuch für Volksschulen* mit zwei separaten Bänden zur *Geschichte* (1871) und zum *Abriss der Weltkunde* (1860). Johannes Bumüller und Ignaz Schuster, *Lesebuch für Volksschulen*,

Beispiel *Vaterlandskunde* sowohl bei Geschichts-, Heimatkunde- als auch Politikschulbüchern vor und erst eine inhaltliche Prüfung gab Aufschluss über einen fachlichen Schwerpunkt. Angesichts der Tatsache, dass die heutigen Schulfächer nicht mit den in der Vergangenheit unterrichteten Fächern gleichgesetzt werden können, mussten zudem Entscheidungen bezüglich einer fachlichen Einordnung der Schulbücher vorgenommen werden.

Die fachliche Zuordnung der digitalisierten Bestände spiegelt sich in den auf »GEI-Digital« differenzierten Teilkorpora Geschichtsschulbücher, Geografieschulbücher, Geografieatlanten, Geschichtsatlanten, Realienbücher und Politikschulbücher wider. Sie basiert auf der Aufstellungssystematik der Forschungsbibliothek des GEI und der seit den 1970er Jahren geleisteten Erschließungsarbeit. Die Aufstellungssystematik ist von hierarchischen Klassenzuordnungen nach dem Prinzip »vom Allgemeinen zum Speziellen« gekennzeichnet. Erstes Ordnungsmerkmal ist das Land, dann folgen die Fächer, die Schulstufen und Schulformen. Wenn Schulbücher wie beim Titel *Geographie und Geschichte* (1874)[14] in einem Werk zwei Fächer behandeln, wurde bei der fachbezogenen Einordung auf »GEI-Digital« dem vom Umfang überwiegenden Teil der Vorrang gegeben. Eine Mehrfachzuweisung eines einzelnen Werkes zu verschiedenen fachlichen Teilkorpora ist bisher technisch auf »GEI-Digital« noch nicht realisierbar. Alle in einem Schulbuchwerk behandelten Fächer wurden aber bei der Erschließung berücksichtigt. Die Erfassung aller Schulfächer in den Metadaten eines Werkes zielt auf eine adäquate Aufbereitung des digitalen Korpus für die Forschung.[15] Im »International TextbookCat«[16], einem speziell für Schulbücher entwickelten Rechercheinstrument, können die digitalisierten Schulbücher differenziert nach Fächern (Auswahlfacette »Unterrichtsfach«) recherchiert

---

Freiburg im Breisgau: Herder, 1860/1871, vgl. http://gei-digital.gei.de/viewer/!toc/PPN640947018/1/-/.

14 Friedrich Wilhelm Götze, *Geographie und Geschichte. Ein Wiederholungsbuch für die Schüler der Oberklassen der Volksschule. Nach den »Allgemeinen Bestimmungen« vom 15. October 1872 bearbeitet*, Quedlinburg: Vieweg, 1874, vgl. http://gei-digital.gei.de/viewer/!metadata/PPN663751519/1/LOG_0000/.

15 Vgl. auch Anke Hertling, Sebastian Klaes, »GEI-Digital als Grundlage für Digital-Humanities-Projekte: Erschließung und Datenaufbereitung« in diesem Band.

16 Vgl. »International TextbookCat«, http://itbc.gei.de/, zuletzt geprüft am 21. August 2018.

werden. Ein Schulbuch, das mehrere Fächer umfasst, wird auch dann im »International TextbookCat« gefunden, wenn man nur eines der im Werk behandelten Fächer in der Facettensuche auswählt. Da die digitalisierten Schulbücher zusätzlich nach den »Regeln für den Schlagwortkatalog« (RSWK) erschlossen sind, kann das im Schulbuch inhaltlich weniger umfangreiche Fach auch über die Schlagwortsuche im OPAC[17] gefunden werden.

Für den Aufbau von »GEI-Digital« als zentrale Plattform für deutsche historische Schulbücher wurden folgende korpusübergreifende Kriterien festgelegt:

1) Aufgenommen wurden deutschsprachige (Schul-)Bücher mit einem Bezug zum Unterricht, die in das Fächerspektrum des GEI (Geschichte, Geografie, Politik/Sozialkunde, Werteerziehung/Religion, Lesebücher, Fibeln) fallen.

2) Als Zeitrahmen für das digitale Korpus galten die Anfänge der Schulbuchproduktion im 16. Jahrhundert[18] und als Endpunkt das Jahr 1918. Neben der historischen Bedeutung des Jahres 1918 als Ende des Deutschen Kaiserreichs markiert es auch eine urheberrechtliche Grenze. Problemlos digitalisiert und bereitgestellt werden können in Deutschland nur Werke, die nicht dem Urheberrecht unterliegen. Nach derzeitiger Urheberrechtsregelung umfasst dies alle Werke, deren Autorinnen oder Autoren seit mehr als 70 Jahren tot sind.

3) Bei mehreren Auflagen eines Schulbuchtitels wurde verbindlich immer die früheste und die letzte in Bibliotheken vorhandene Auflage aufgenommen. Berücksichtigt wurden weitere Auflagen, wenn zwischen der frühestmöglichen und der spätesten Auflage signifikante Veränderungen (z. B. Umfangssteigerung) vorlagen.

4) In das Korpus integriert wurden Schulbücher, deren Titelbezeichnungen sich veränderten, da dies häufig mit Änderungen in den Lehrplänen oder Unterrichtsvorgaben etc. korrespondierte.

---

17 Vgl. OPAC der Forschungsbibliothek des GEI, https://opac.lbs-braunschweig.gbv.de/DB=6/LNG=DU/, zuletzt geprüft am 21. August 2018.

18 Vgl. Fuchs, Niehaus und Stoletzki (Hg.), *Das Schulbuch in der Forschung*, 32. Fibeln bzw. Erstlesebücher sind bereits ins 15. Jahrhundert zu datieren. Vgl. Teistler, *Fibel-Findbuch*, 21.

5) Es wurden alle bekannten unterschiedlichen Ausgaben, insbesondere bei Regionalausgaben, Schulstufen (Primarstufe, Sekundarstufe I und Sekundarstufe II) und Schulformen in das Korpus einbezogen, um eine vergleichende Forschung zu gewährleisten.

Zusätzlich zu diesen hauptsächlich bibliografischen Kriterien war der Aspekt der Bestandserhaltung bei der Auswahl der Bücher für die Digitalisierung von Bedeutung. Schulbücher wurden schon immer für den täglichen Gebrauch hergestellt und daher intensiv genutzt. Insbesondere unter den Titeln, die als Schülerexemplare erhalten sind, waren einige stark vom Zerfall bedroht, so dass die Digitalisierung über die überregionale Zugänglichkeit hinaus einer langfristigen Erhaltung der Schulbücher als nationales Kulturgut dient. Im Rahmen der Digitalisierung wurden jeweils Stichproben durchgeführt, um den Erhaltungszustand der Bände zu prüfen. Waren Werke aus Bestandsschutzgründen nicht für die Digitalisierung geeignet, wurde auf Exemplare aus anderen Einrichtungen zurückgegriffen.

Die auf »GEI-Digital« verfügbaren Teilkorpora stellen eine Auswahl an Schulbüchern aus der Zeit der Anfänge der Schulbuchproduktion bis 1918 dar, die als repräsentativ für das jeweilige Fach, die einzelnen Schulstufen und -formen und regional unterschiedlichen Ausgaben gelten kann. Im Hinblick auf die hohe Schulbuchproduktion im Deutschen Kaiserreich und die Bedeutung der Epoche für die Konstruktion einer nationalen Identität wurde das digitale Korpus nicht nur fachspezifisch, sondern auch zeitlich in separaten Kollektionen auf »GEI-Digital« präsentiert. Für die Zeit des Deutschen Kaiserreichs wurden jeweils eigene Teilkorpora zur Verfügung gestellt. Das Vorgehen bei der Erstellung der einzelnen Teilkorpora und insbesondere ihre Fachspezifika werden im Folgenden noch einmal ausführlich dargelegt.

Korpus Geschichtsschulbücher 17. Jahrhundert bis 1871

Das Korpus umfasst auf »GEI-Digital« derzeit 598 digitalisierte Schulbuchtitel. Für das Schulfach Geschichte existieren eigene Lehrbücher erst ab
dem 18. Jahrhundert, da es erst zu dieser Zeit in höheren Schulen als selb-
ständige Unterrichtseinheit eingeführt wurde. In Ablösung eines christlich-
konfessionellen Geschichtsbildes erfolgte in den Lehrbüchern der Univer-
salgeschichte eine historische Epocheneinteilung in Altertum, Mittelalter
und Neuzeit. In den höheren Schulen des 19. Jahrhunderts standen das
antike Griechenland und Rom, das Mittelalter sowie die deutsche Geschichte seit dem Dreißigjährigen Krieg thematisch im Vordergrund. Vor
allem in der Volksschule dominierte die anschauliche Lehrererzählung,
wobei hauptsächlich Lehrstoff zur heimatlichen und deutschen Geschichte
vermittelt wurde.

Korpus Geschichtsschulbücher aus dem Deutschen Kaiserreich
(1871–1918)

Für eine repräsentative Korpuserstellung hat die Forschungsbibliothek des
GEI noch vor Projektstart mit der systematischen bibliografischen Zusammenführung aller Geschichtsschulbücher der Epoche des Kaiserreichs
begonnen. Es wurde dafür eine Datenbank eingerichtet, in die alle in der
Forschungsbibliothek für diese Zeit vorhandenen Titel exportiert wurden.
Auf der Basis gedruckter und ungedruckter Verzeichnisse wurde die Datenmenge in einem nächsten Schritt abgeglichen und durch zusätzlich re-
cherchierte Titel ergänzt. Die von Jacobmeyer erstellte Titelliste von in
deutschen Bibliotheken und Bibliografien nachgewiesenen Geschichtsschulbüchern erwies sich dabei als besonders hilfreich.[19] Titel, die im GEI
nicht bzw. nur in späteren Auflagen vorhanden waren, wurden in anderen
Bibliotheken ermittelt. Bei einigen Schulbüchern wurde eruiert, dass von
ihnen lediglich noch ein einziges Exemplar vorhanden war. Sie erwiesen sich

---

19 Vgl. Jacobmeyer, *Das deutsche Schulgeschichtsbuch 1700–1945*. Folgendes Verzeichnis
    wurde ebenfalls für die Korpuserstellung verwendet: Gudrun Heller, *Geschichtsschul-*
    bücher im 19. Jahrhundert in Bayern, München: Phil. Fak., 1946.

also als Unikate und zumeist waren sie unerschlossen und für die Benutzung nicht freigegeben. Für etwa 100 bibliografisch nachgewiesene Titel konnte zunächst kein Besitznachweis erbracht werden. Umso wichtiger war es, im Laufe des Projektes gezielt Bibliotheken anzuschreiben und die Recherchen fortzusetzen. Parallel dazu wurden Bestandslücken in der Sammlung des GEI durch antiquarische Ankäufe geschlossen.

Da das digitale Korpus von Beginn an den Charakter eines in sich geschlossenen Korpus haben sollte, wurde es nacheinander nach Schulformen und Schulstufen aufgebaut und digital bereitgestellt. Begonnen wurde mit Geschichtsschulbüchern für höhere Schulen, danach folgten diejenigen der Mittelschulen und abschließend wurden Geschichtsschulbücher der Volksschulen digital zugänglich gemacht. Durch diesen abgestuften Korpusaufbau wurde gewährleistet, dass während der unterschiedlichen Digitalisierungsphasen bereits geschlossene Teilkorpora genutzt werden konnten.

Mit 1.797 digitalisierten Geschichtsschulbüchern steht der Forschung auf »GEI-Digital« ein für seinen Zeitrahmen repräsentatives Korpus zur Verfügung. Etwa 1.200 und damit der größte Teil der Geschichtsschulbücher stammen aus dem Bestand der Forschungsbibliothek des GEI. Weitere Geschichtsschulbücher wurden in über 40 externen Bibliotheken ermittelt. In der ersten Digitalisierungsphase (2009–2012) wurden diese Bestände aus anderen Einrichtungen zur Digitalisierung an das GEI ausgeliehen, wobei die Bibliothek für Bildungsgeschichtliche Forschung (BBF) des Deutschen Instituts für Internationale Pädagogische Forschung in Berlin (DIPF), die Staatsbibliothek zu Berlin und die Universitätsbibliothek Augsburg besonders umfangreiche Bestände aufwiesen. In der zweiten Digitalisierungsphase (2012–2016) wurden neben weiteren Schulbüchern aus der Bibliothek für Bildungsgeschichtliche Forschung (BBF) auch extern vorhandene und bereits digitalisierte Schulbücher, die in das Fächerspektrum des GEI fielen, als Fremddigitalisate integriert. Neben der Bayerischen Staatsbibliothek konnten in der zweiten Projektphase die Sächsische Landesbibliothek – Staats- und Universitätsbibliothek Dresden, die Universitäts- und Landesbibliothek Sachsen-Anhalt und die Niedersächsische Staats- und Universitätsbibliothek Göttingen als Partner gewonnen werden.

Nach der Digitalisierung von Geschichtsschulbüchern aus dem Kaiserreich sowie von Geschichtsschulbüchern vor 1871 wurden Geografiebücher

und Atlanten und Schulbücher der Fächer Politik und Realienkunde bis
1918 digitalisiert und auf »GEI-Digital« zugänglich gemacht. Wie im Folgenden ausgeführt, erwiesen sich dabei fachspezifische Abgrenzungen im
Vergleich zum Korpus der Geschichtsschulbücher aus dem Kaiserreich als
besonders schwierig.

Korpus Geografieschulbücher 17. Jahrhundert bis 1871

Wie bei den Geografieschulbüchern aus dem Kaiserreich hat auch dieses
Korpus einen starken transdisziplinären Charakter. Mathematische, phy-
sikalische und astronomische[20] Erdbeschreibungen sind wie Ausführungen
zu politischen und historischen[21] Entwicklungen bestimmter Regionen
Gegenstand des Lehrstoffs Geografie. In der Volksschule und in den unteren
Klassen der Höheren Schulen wurden bis Mitte des 19. Jahrhunderts selten
eigenständige Geografieschulbücher eingesetzt. Inhalte des Faches Geografie wurden stattdessen über die fachunspezifischen Realienbücher vermittelt (vgl. Korpus Realienbücher bis 1870). Als Beispiel sei hier nur das
älteste derzeit auf »GEI-Digital« verfügbare Schulbuch genannt, der *Mercurius Cosmicus*, ein Lehrbuch aus dem Jahr 1648. Der Großteil des Werkes
umfasst Beschreibungen zu Regionen und Ländern der Erde, zu ihrer
geografischen Lage und zu spezifischen Merkmalen im Hinblick auf die
vorherrschende Flora und Fauna. Ein weiterer Teil des Buches widmet sich
mathematischen und geometrischen Abhandlungen, die den Bereich der
Geodäsie tangieren.

---

20 Vgl. u. a. Albrecht Georg Walch, *Ausführliche mathematische Geographie*, Göttingen:
   Dieterich, 1794, http://gei-digital.gei.de/viewer/image/PPN678802890/1/LOG_0000/
   und Franz Ammon, *Lehrbuch der mathematischen und physikalischen Erdbeschreibung*, Augsburg: Kollmann & Himmer, 1819/1830, http://gei-digital.gei.de/viewer/toc/
   PPN788942352/1/LOG_0000/.
21 Vgl. u. a. Adam Daniel Richter, *Kurzer Entwurf einer Staatskunde von Chursachsen*,
   Budißin: Deinzer, 1772, http://gei-digital.gei.de/viewer/image/PPN676466516/1/LOG_
   0000/ und Eduard Hoelterhoff, *Vaterlandskunde, ein geographisches-geschichtliches
   Handbuch, zunächst für die Bewohner der Preußischen Rhein-Provinz*, Solingen: Am-
   berger, 1841, http://gei-digital.gei.de/viewer/image/PPN780338820/1/#LOG_0000.

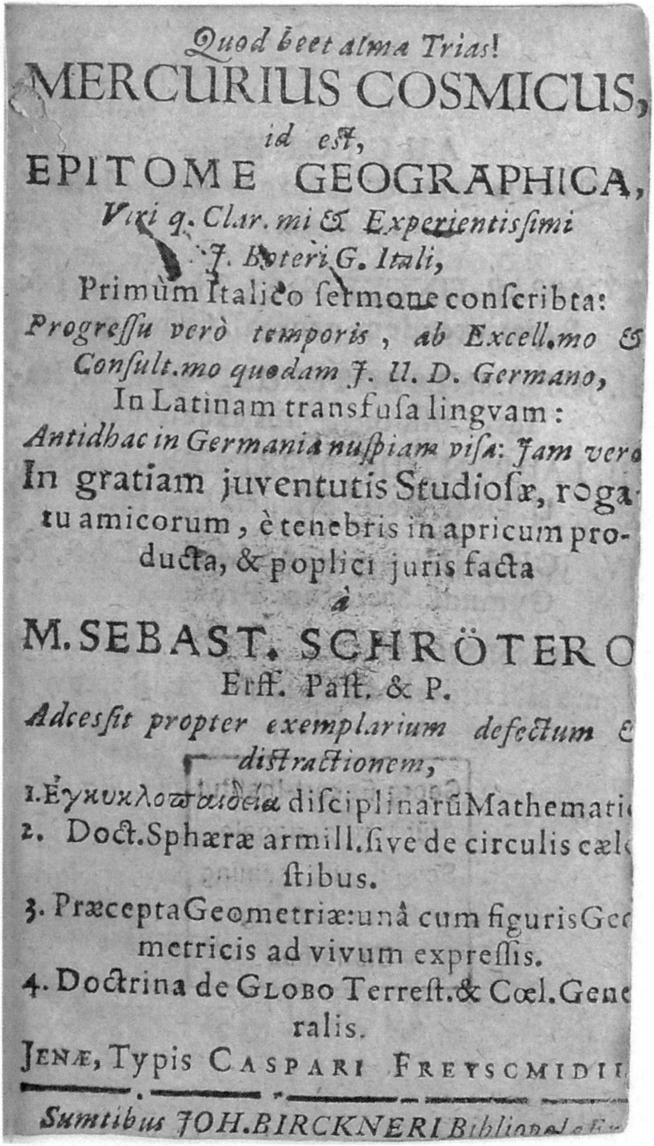
Quod beet alma Trias!
MERCURIUS COSMICUS,
id est,
EPITOME GEOGRAPHICA,
Viri q. Clar. mi & Experientissimi
J. Boteri G. Itali,
Primum Italico sermone conscripta:
Progressu verò temporis, ab Excell.mo & Consult.mo quodam J. U. D. Germano,
In Latinam transfusa lingvam:
Antidhac in Germania nuspiam visa: Jam verò
In gratiam juventutis Studiosæ, rogatu amicorum, è tenebris in apricum producta, & poplici juris facta
à
M. SEBAST. SCHRÖTERO
Erff. Past. & P.
Adcesfit propter exemplarium defectum & distractionem,
1. Ἐγκυκλοπαιδεία disciplinarũ Mathemati[c]
2. Doct. Sphæræ armill. sive de circulis cæl[e]stibus.
3. Præcepta Geometriæ: unâ cum figuris Ge[o]metricis ad vivum expressis.
4. Doctrina de GLOBO Terrest. & Cœl. Generalis.
JENÆ, Typis CASPARI FREYSCMIDII.
Sumtibus JOH. BIRCKNERI Bibliop...

Abbildung 1: Titelblatt des derzeit ältesten auf »GEI-Digital« verfügbaren Schulbuches *Mercurius Cosmicus* von 1648.

Korpus Geografieschulbücher aus dem Deutschen Kaiserreich (1871–1918)

Für eine schulpraktische Professionalisierung und eine Anerkennung von Geografie als selbständigem Schulfach wurden im Kaiserreich wichtige Weichen gestellt. 1912 gründete sich der Verband Deutscher Schulgeographen (VDS). Als ältester Fachlehrerverband in Deutschland setzt er sich seit seiner Gründung für eine Unterrichtung durch ausgebildetes Fachpersonal und gegen eine Übernahme der Lehrinhalte durch andere Schulfächer ein.[22] Titel wie *Völkerkunde von Asien und Australien* (1887)[23], *Die Geologie in der Schule* (1918)[24] oder *Himmelskunde und Klimakunde* (1908)[25] zeugen von einem breiten fachlichen Spektrum mit Überschneidungen zur Astronomie und weiteren Naturwissenschaften, zu Politik, Geschichte[26], Ökonomie[27] oder Wirtschaftsgeografie. Während die Bezeichnung »Erdkunde« bis heute als Synonym für den Geografieunterricht fungiert, konzentrierte sich die vor allem in den Volksschulen unterrichtete »Heimatkunde« auf nahräumlich-geografische Bildungsinhalte. Bei der Auswahl des Korpus wurden die fachliche Breite sowie der Verwendungskontext Geografie/Erdkunde/Heimatkunde berücksichtigt.

---

22 Vgl. Verband deutscher Schulgeographen e. V. (VDSG), http://vdsg.erdkunde.com/, zuletzt geprüft am 21. August 2018.

23 Alwin Oppel und Arnold Ludwig, *Völkerkunde von Asien und Australien*, Breslau: Hirt, 1887, http://gei-digital.gei.de/viewer/image/PPN737453656/1/.

24 Ernst Haase, *Die Geologie in der Schule*, Leipzig: Quelle & Meyer, 1918, http://gei-digital.gei.de/viewer/image/PPN731280873/1/.

25 Albert Bargmann, *Himmelskunde und Klimakunde*, Leipzig: Quelle & Meyer, 1908, http://gei-digital.gei.de/viewer/image/PPN736594108/1/.

26 Vgl. u. a. das im Geschichtsunterricht verwendete Werk von Friedrich Wilhelm Götze, *Geographie und Geschichte*.

27 Vgl. u. a. Heinrich Harms und August Sievert, *Erdkundliches Lernbuch für Mittelschulen und verwandte Anstalten. Ein Hilfsbuch für den einprägenden Unterricht. Teil 3. Deutschland (mit besonderer Berücksichtigung des Wirtschaftslebens und Verkehrs), Weltverkehr und Welthandel, Allgemeine Erdkunde, Astronomische Geographie*, Leipzig: List & von Bressensdorf, 1911, http://gei-digital.gei.de/viewer/image/PPN7261727 15/1/.

Korpus Geografieatlanten

Thematisch eng mit den Geschichts- und Geografieschulbüchern verbunden ist die Gattung der Schulatlanten. Sie stellen als didaktisch aufbereitete, systematisch angeordnete und gebundene Sammlungen von Karten eine Sonderform der Atlanten dar. Aufgrund der verbesserten Drucktechniken stieg die Produktion von Schulatlanten in Deutschland besonders in der zweiten Hälfte des 19. Jahrhunderts an. Sowohl für Geografie- als auch für Geschichtsatlanten entstanden eine Reihe an bekannten kartografischen Verlagen wie das Geographische Institut Weimar, die Verlage Justus Perthes oder Velhagen & Klasing. In »GEI-Digital« integriert wurden Geografieatlanten, die in der Zeit zwischen dem 17. Jahrhundert und 1918 erschienen sind. Neben der für ab Mitte des 19. Jahrhunderts sehr umfangreichen Sammlung des GEI war das bibliografische Verzeichnis *Schulatlanten in Deutschland und benachbarten Ländern vom 18. Jahrhundert bis 1950* Grundlage für die Korpuserstellung.[28] Im vorliegenden Teilkorpus sind alle wichtigen Reihen und Verlage vertreten. Für den Zeitraum vor 1850 besteht die Herausforderung, dass entsprechende Quellenbestände kaum noch über den Antiquariatsmarkt angeboten werden. Erwerben konnte das GEI beispielsweise das Werk *Vollständiger Schul-Atlas der neuesten Erdkunde*, erschienen 1848 im Verlag Holle in Wolfenbüttel, von dem in bibliothekarischen Bestandsverzeichnissen nur noch ein Exemplar weltweit nachgewiesen ist.[29] Bei dem Verlag Holle in Wolfenbüttel handelte es sich um einen kleinen, ausschließlich regional auf das ehemalige Herzogtum Braunschweig-Wolfenbüttel orientierten Verlag.

---

28 Vgl. Astrid Badziag und Petra Mohs, unter Mitarbeit von Wolfgang Meinecke (Hg.), *Schulatlanten in Deutschland und benachbarten Ländern vom 18. Jahrhundert bis 1950. Ein bibliographisches Verzeichnis*, München u. a.: Saur, 1982.

29 Vgl. »Historischer Schulatlas des deutsch-amerikanischen Fotopioniers Robert Benecke kehrt nach Braunschweig zurück«, http://gei-digital.gei.de/viewer/pages/news/full NewsPageArticle_19/, zuletzt geprüft am 21. August 2018.

Abbildung 2: Titelblatt des *Vollständigen Schul-Atlas der neuesten Erdkunde* von 1848.[30]

Korpus Geschichtsatlanten

Neben den Geografieatlanten konnten bislang 53 historische Geschichtsatlanten digitalisiert und verfügbar gemacht werden. Geschichtsatlanten,
oftmals auch als »Historische Atlanten« bezeichnet, stellen als systemati-
sches Werk der Kartografie einen eigenen Typus dar, der zur Visualisierung
historischer Ereignisse, Zustände und Entwicklungen dient. Die einzelne
Karte wird in diesem Kontext als Geschichtskarte bezeichnet.[31] Wegweisend
für die Weiterentwicklung als nationales Standardwerk war in Deutschland

---

30 Vgl. *Vollständiger Schul-Atlas der neuesten Erdkunde*, Wolfenbüttel: Holle, 1848,
   http://gei-digital.gei.de/viewer/image/PPN780346769/5/.
31 Vgl. Sylvia Schraut, *Kartierte Nationalgeschichte. Geschichtsatlanten im internationalen Vergleich 1860–1960*, Frankfurt am Main u.a.: Campus-Verlag, 2011, 14ff.

der von Friedrich Wilhelm Putzger erstmals 1877 vorgelegte und bis heute erscheinende *Historische Schul-Atlas.* Dieser u. a. mit Karten von historisch bedeutenden Schlachtordnungen ausgestattete Schulatlas prägte mit seinen nunmehr über hundert Auflagen das Geschichtsverständnis von Generationen. Eine der ersten Ausgaben befindet sich in der Forschungsbibliothek des GEI und wurde im Rahmen von »GEI-Digital« zugänglich gemacht.[32]

Korpus Realienbücher 17. Jahrhundert bis 1870

Realienbücher beziehen sich auf Lehrstoff zum sachbezogenen Unterricht, der die Bereiche Geschichte, Geografie, Naturkunde und Naturlehre umfasst und für das einfache Schulwesen in den Volksschulen vorgesehen war. Mit ihren inhaltlichen Schwerpunkten ist die Realienkunde als Vorläufer des heutigen Sachunterrichts anzusehen. Nach Astrid Kaiser entstand sie im 17. Jahrhundert zum Teil als Gegenpart zum Religionsunterricht.[33]

Bis zum Ende des 19. Jahrhunderts wurden Realienbücher fachunspezifisch als Lesebuch oder Lehr- und Lesebuch betitelt oder trugen Titel wie *Unterricht in den Anfangsgründen der Geographie, der Zeit- und Sternkunde, der Erdbeschreibung des gelobten Landes, und der Geschichte des jüdischen Volks und der Religion* (1799).[34] Bei der Korpuserstellung und im Zuge der inhaltlichen Erschließung der Realienbuchbestände vor 1871 war demnach eine präzise Abgrenzung zum Bestand der historischen Lesebücher notwendig. Eine Zuordnung zum Fach Realien erfolgte, wenn im Werk

---

32 Vgl. Friedrich Wilhelm Putzger, *F. W. Putzger's historischer Schul-Atlas zur alten, mittleren und neuen Geschichte. In siebenundzwanzig Haupt- und achtundvierzig Nebenkarten,* Bielefeld u. a.: Velhagen & Klasing, 1877, http://gei-digital.gei.de/viewer/image/PPN683327607/13/.

33 Vgl. Astrid Kaiser und Detlef Pech (Hg.), *Basiswissen Sachunterricht. Bd. 1: Geschichte und historische Konzeptionen des Sachunterrichts,* Baltmannsweiler: Schneider-Verlag, 2004, 25 f.; Martin Bruns, *Zur schul- und bildungsgeschichtlichen Bedeutung der Realien und der Realienkunde. Eine rezensions- und wirkungsgeschichtliche Untersuchung historischer Beispiel des 18. und 19. Jahrhunderts,* Frankfurt am Main u. a.: Lang, 1993, 102 ff.

34 Johann Friedrich Gottlob von Brause, *Unterricht in den Anfangsgründen der Geographie, der Zeit- und Sternkunde, der Erdbeschreibung des gelobten Landes, und der Geschichte des jüdischen Volks und der Religion,* Göttingen, 1799, http://gei-digital.gei.de/viewer/!image/PPN685280713/1/-/.

Abbildung 3: Karte Italiens aus *F. W. Putzger's Historischem Schul-Atlas zur alten, mittleren und neuen Geschichte* von 1877, 8.

zwei oder mehr Themen aus der Geschichte, der Geografie, der Naturkunde oder der Naturlehre behandelt wurden.

Korpus Realienbücher aus dem Deutschen Kaiserreich (1871–1918)

Mit den wirtschaftlichen und gesellschaftlichen Veränderungen Ende des 19. Jahrhunderts stieg der Bedarf an elementaren Sachkenntnissen. Ab etwa 1880 setzte sich der Begriff Realien systematisch durch, was sich sehr deutlich in den Titelbezeichnungen widerspiegelt.[35] Das Fach Realien etablierte sich im Unterrichtsgeschehen und ebnete dem heutigen Sachunterricht in der Grund- und den weiterführenden Schulen den Weg.

Korpus Politikschulbücher vor 1871

Das Korpus umfasst Bücher, die im weitesten Sinne Kenntnisse über den Bestand, das Funktionieren und zum (Selbst-)Verständnis des Staates vermitteln. Die Anzahl von spezifisch für den politischen Unterricht vorgesehenen Schulbüchern ist über 400 Jahre hinweg sehr gering geblieben, auch weil sich die Inhalte vor allem mit Realienbüchern und deren Vorläufern überschneiden und Politikschulbücher somit schwer fachlich abzugrenzen sind.

Zu den Vorläufern von Politikschulbüchern zählen im Korpus Schulbücher zur Staatswissenschaft, die vielfach an Lehr- und Ausbildungsstätten zur Ausbildung von Staatsbeamten in ganz Deutschland zum Einsatz kamen. Auch die im schulischen Kontext verwendeten Lehrbücher zu Staatsverfassungen wurden bei der Korpuserstellung berücksichtigt. Bereits vor dem ersten Entwurf einer deutschen Verfassung durch die Frankfurter Nationalversammlung 1848 etablierten sich in einzelnen deutschen Staaten gesetzliche oder verfassungsähnliche Bestimmungen wie zum Beispiel die 1799 erschienene Anleitung zur *Kenntniß der Preußischen Staatsverfas-*

---

35 Vgl. z.B. Ludwig Kahnmeyer und Hermann Schulze, *Anschaulich-ausführliches Realienbuch*, Bielefeld u.a.: Velhagen & Klasing, 1900, http://gei-digital.gei.de/viewer/!image/PPN791112934/1/LOG_0000/.

sung.[36] Wie in diesem Fall waren einige dieser Werke Unterrichtsgegenstand an Gymnasien oder höheren Lehranstalten.

Korpus Politikschulbücher aus dem Deutschen Kaiserreich (1871–1918)

Mit der Gründung des Deutschen Kaiserreichs 1871 etablierte sich mit der Berufsschule – im Kaiserreich als »Fortbildungsschule« bezeichnet – auch eine weitere Schulform. Die Berufsschulen entsprachen in etwa der heute bekannten »Dualen Ausbildung« und vermittelten fachliche Bildung und, wenn auch mit einem sehr begrenzten Stundenumfang, Allgemeinbildung. Neben den Berufsschulen gab es zudem Gewerbeschulen sowie Kaufmanns- bzw. Handelsschulen, die sich als weitere Schultypen im 19. Jahrhundert herausbildeten. Alle Schulformen waren das Resultat einer prosperierenden Industrie und eines florierenden Handels, was einen erhöhten Bedarf an spezifisch ausgebildeten Fachkräften nach sich zog. Im Vergleich zur klassischen Allgemeinbildung wurde bei diesen Schulformen verstärkt auf eine staatsbürgerliche Bildung in Form von Bürgerkunde, politischem Unterricht oder Staatsbürgerkunde gesetzt.[37]

Ausblick: »GEI-Digital« als dynamisches Korpus

Bis Januar 2016 wurden systematisch knapp 15 % der insgesamt 24.000 historischen Bestände der Forschungsbibliothek des GEI digitalisiert. 600 Schulbücher stellten externe Partner für die Digitalisierung zur Verfügung. Insgesamt wurden 220 Fremddigitalisate auf »GEI-Digital« integriert. Weiteres langfristiges Ziel des GEI ist es, möglichst alle in deutschen Bibliotheken vorhandenen historischen Schulbücher ausgewählter Fächer zusammenzuführen und der Forschung zugänglich zu machen. Der ge-

---

36 Vgl. Gottfried Vieweg, *Anleitung zur Kenntniß der Preußischen Staatsverfassung. Für Gymnasien und höhere Schulanstalten. Nebst zwey Tabellen*, Halberstadt: Groß, 1799, http://gei-digital.gei.de/viewer/image/PPN816659915/1/.

37 Vgl. Manfred Horlebein, »Kaufmännische Berufsbildung«, in: Christa Berg (Hg.), *Handbuch der deutschen Bildungsgeschichte. Bd. IV: 1870–1918. Von der Reichsgründung bis zum Ende des Ersten Weltkriegs*, München: Beck, 1991, 407.

plante Ausbau des digitalen Schulbuchkorpus »GEI-Digital« schließt dabei weitere Fächer, aber auch die vielfach von der Forschung nachgefragten Bestände aus der Weimarer Republik und aus der Zeit des Nationalsozialismus mit ein. Die folgende Aufstellung gibt einen ersten Überblick über die im GEI vorhandenen, aber noch nicht digitalisierten Schulbuchbestände bis 1945 und den damit verbundenen Umfang an Digitalisierungsarbeiten.

Teilkorpora	Bände	Seiten
Lesebücher Deutsches Kaiserreich (ohne Fibeln)	ca. 1.100	ca. 400.000
Lesebücher vor 1871 (ohne Fibeln)	ca. 500	ca. 182.000
Fibeln bis 1918	ca. 500	ca. 35.000
Fibeln 1919–1945	ca. 300	ca. 24.000
Religionsschulbücher vor 1918	ca. 800	ca. 200.000
Schulbücher Weimarer Republik (1919–1932)	ca. 1.800	ca. 320.000
Schulbücher NS-Zeit (1933–1945)	ca. 1.000	ca. 170.000
GESAMT	ca. 6.000	ca. 1.331.000

Tabelle 1: Mengengerüst für die weitere Digitalisierung der historischen Bestände am GEI

Der geplante Ausbau des digitalen Korpus ist dringend geboten, denn nur auf diese Weise kann der Nachfrage der Forschung nach einem möglichst vollständigen Korpus historischer deutscher Schulbücher entsprochen werden. Bis 2020 abgeschlossen wird die Digitalisierung der Lesebücher aus der Zeit des Deutschen Kaiserreichs, für die Drittmittel im Rahmen des gemeinsam mit der Universität Osnabrück durchgeführten Forschungsprojekts »Der Islam im Deutschen Lesebuch. Eine Analyse der Islamdiskurse 1870–1918« eingeworben wurden. Im Hinblick auf derzeit gültige urheberrechtliche Einschränkungen, die vor allem die Bestände aus der Weimarer Republik und aus der Zeit des Nationalsozialismus betreffen, müssen allerdings verschiedene Möglichkeiten geprüft werden. Das 2013 verabschiedete »Gesetz zur Nutzung verwaister und vergriffener Werke« etwa erlaubt es Bibliotheken, Werke, deren Rechtsinhaber durch eine sorgfältige Suche nicht festgestellt oder ausfindig gemacht werden können, zu vervielfältigen und öffentlich zugänglich zu machen.[38]

---

38 Vgl. Gesetz zur Nutzung verwaister und vergriffener Werke und einer weiteren Änderung des Urheberrechtsgesetzes (2013), http://www.bundesgerichtshof.de/DE/Biblio

Neben der Digitalisierung und Bereitstellung neuer Teilkorpora beobachtet die Forschungsbibliothek des GEI weiterhin intensiv antiquarische Angebote. Womöglich finden sich auf diesem Wege für den auf »GEI-Digital« vorhandenen Korpus relevante Schulbücher, die bislang noch nicht identifiziert wurden. Nach wie vor sind auch in Privatsammlungen Werke zu vermuten, die die einzelnen Teilkorpora vervollständigen würden. Im Rahmen einer retrospektiven Bestandsergänzung werden die in Betracht kommenden Titel von der Forschungsbibliothek des GEI erworben und so schnell wie möglich digital zugänglich gemacht.[39] Aufmerksam verfolgt werden zudem die von externen Bibliotheken und Archiven durchgeführten Arbeiten in den Bereichen Retrokatalogisierung und Digitalisierung. Durch eine damit verbundene stetige Verbesserung der Nachweissituation können unbekannte Bestände entdeckt, historische Schulbücher lokalisiert und die digitalen Teilkorpora im Sinne einer repräsentativen Quellengrundlage für die historische Bildungsmedienforschung ergänzt werden.

Literaturverzeichnis

Ammon, Franz. *Lehrbuch der mathematischen und physikalischen Erdbeschreibung*, Augsburg: Kollmann & Himmer, 1819/1830, http://gei-digital.gei.de/viewer/toc/PPN788942352/1/LOG_0000/.

Badziag, Astrid und Petra Mohs, unter Mitarbeit von Wolfgang Meinecke. *Schulatlanten in Deutschland und benachbarten Ländern vom 18. Jahrhundert bis 1950. Ein bibliographisches Verzeichnis*, München u.a.: Saur, 1982.

Bargmann, Albert. *Himmelskunde und Klimakunde*, Leipzig: Quelle & Meyer, 1908, http://gei-digital.gei.de/viewer/image/PPN736594108/1/.

Boterus, Johannes und Sebastianus Schöterus. *Mercurius Cosmicus, id est, Epitome Geographica Viri q. Clar.mi & Experientissimi*, Erfurt: Bircknerus, 1648, http://gei-digital.gei.de/viewer/resolver?urn=urn:nbn:de:0220-gd-12794318.

Brause, Johann Friedrich Gottlob von. *Unterricht in den Anfangsgründen der Geographie, der Zeit- und Sternkunde, der Erdbeschreibung des gelobten Landes, und*

---

thek/GesMat/WP17/U/UrheberR_verwaiste_Werke_BReg.html, zuletzt geprüft am 21. August 2018.

39 Das Georg-Eckert-Institut verfügt über einen speziell für historische Bücher ausgerüsteten Buchaufsichtscanner, womit weitere historische Schulbücher bestandsschonend digitalisiert werden können.

der Geschichte des jüdischen Volks und der Religion, Göttingen, 1799, http://gei-di
gital.gei.de/viewer/!image/PPN685280713/1/-/.

Bruns, Martin. *Zur schul- und bildungsgeschichtlichen Bedeutung der Realien und der
Realienkunde. Eine rezensions- und wirkungsgeschichtliche Untersuchung historischer Beispiele des 18. und 19. Jahrhunderts*, Frankfurt am Main u. a.: Lang, 1993.

Bumüller, Johannes und Ignaz Schuster. *Lesebuch für Volksschulen*, Freiburg im
Breisgau: Herder, 1860 und 1871.

Drewek, Peter. »Geschichte der Schule«, in: *Einführung in die Geschichte von Erziehungswissenschaft und Erziehungswirklichkeit*, Klaus Harney und Heinz-Hermann Krüger (Hg.), Opladen: Leske + Budrich, 2006, 205–229.

Fuchs, Eckhardt, Inga Niehaus und Almut Stoletzki (Hg.). *Das Schulbuch in der
Forschung. Analysen und Empfehlungen für die Bildungspraxis*, Göttingen: V&R
unipress, 2014.

Götze, Friedrich Wilhelm. *Geographie und Geschichte. Ein Wiederholungsbuch für
die Schüler der Oberklassen der Volksschule. Nach den »Allgemeinen Bestimmungen« vom 15. October 1872 bearbeitet*, Quedlinburg: Vieweg, 1874, http://gei-
digital.gei.de/viewer/!metadata/PPN663751519/1/LOG_0000/.

Haase, Ernst. *Die Geologie in der Schule*, Leipzig: Quelle & Meyer, 1918, http://gei-digi
tal.gei.de/viewer/image/PPN731280873/1/.

Harms, Heinrich und August Sievert. *Erdkundliches Lernbuch für Mittelschulen und
verwandte Anstalten. Ein Hilfsbuch für den einprägenden Unterricht. Teil 3.
Deutschland (mit besonderer Berücksichtigung des Wirtschaftslebens und Verkehrs), Weltverkehr und Welthandel, Allgemeine Erdkunde, Astronomische Geographie*, Leipzig: List & von Bressensdorf, 1911, http://gei-digital.gei.de/viewer/
image/PPN726172715/1/.

»Historischer Schulatlas des deutsch-amerikanischen Fotopioniers Robert Benecke
kehrt nach Braunschweig zurück«, http://gei-digital.gei.de/viewer/pages/news/
fullNewsPageArticle_19/, zuletzt geprüft am 21. August 2018.

Horlebein, Manfred. »Kaufmännische Berufsbildung«, in: *Handbuch der deutschen
Bildungsgeschichte. Bd. IV: 1870–1918. Von der Reichsgründung bis zum Ende des
Ersten Weltkriegs*, Christa Berg (Hg.), München: Beck, 1991, 404–409.

Hoelterhoff, Eduard. *Vaterlandskunde, ein geographisches-geschichtliches Handbuch, zunächst für die Bewohner der Preußischen Rhein-Provinz*, Solingen: Am-
berger, 1841, http://gei-digital.gei.de/viewer/image/PPN780338820/1/#LOG_0000.

Jacobmeyer, Wolfgang. *Das deutsche Schulgeschichtsbuch 1700–1945. Die erste Epoche seiner Gattungsgeschichte im Spiegel der Vorworte. Bd. 1*, Berlin: Lit-Verlag,
2011.

Jäger, Georg. »Der Schulbuchverlag«, in: ders. u. a. (Hg.). *Geschichte des deutschen
Buchhandels im 19. und 20. Jahrhundert. Bd. 1. Das Kaiserreich 1870–1918. Teil 2*,
Frankfurt am Main: De Gruyter, 2003, 62–102.

Kahnmeyer, Ludwig und Hermann Schulze. *Anschaulich-ausführliches Realienbuch*, Bielefeld u. a.: Velhagen & Klasing, 1900, http://gei-digital.gei.de/viewer/!image/PPN791112934/1/LOG_0000/.

Vollständiger Schul-Atlas der neuesten Erdkunde, Wolfenbüttel: Holle, 1848, http:// gei-digital.gei.de/viewer/image/PPN780346769/5/.

Marsden, William E. *The School Textbook. Geography, History, and Social Studies*, London: Woburn Press, 2001.

Oppel, Alwin und Arnold Ludwig. *Völkerkunde von Asien und Australien*, Breslau: Hirt, 1887, http://gei-digital.gei.de/viewer/image/PPN737453656/1/.

Putzger, Friedrich Wilhelm. *F. W. Putzger's historischer Schul-Atlas zur alten, mittleren und neuen Geschichte. In siebenundzwanzig Haupt- und achtundvierzig Nebenkarten*, Bielefeld u. a.: Velhagen & Klasing, 1877, http://gei-digital.gei.de/viewer/image/PPN683327607/1/LOG_0000/.

Richter, Adam Daniel. *Kurzer Entwurf einer Staatskunde von Chursachsen*, Budißin: Deinzer, 1772, http://gei-digital.gei.de/viewer/image/PPN676466516/1/LOG_0000/.

Stöber, Georg. *Schulbuchzulassung in Deutschland. Grundlagen, Verfahrensweisen und Diskussionen*, Braunschweig, 2010, http://repository.gei.de/handle/11428/92.

Teistler, Gisela. *Fibel-Findbuch. Deutschsprachige Fibeln von den Anfängen bis 1944. Eine Bibliographie*, Osnabrück: Wenner, 2003.

Dies., *Schulbücher und Schulbuchverlage in den Besatzungszonen Deutschlands 1945 bis 1949. Eine buch- und verlagsgeschichtliche Bestandsaufnahme und Analyse. Mit Bibliografie der erschienenen Schulbücher, Lehrpläne und pädagogischen Zeitschriften*, Wiesbaden: Harrassowitz, 2017.

Vieweg, Gottfried. *Anleitung zur Kenntniß der Preußischen Staatsverfassung. Für Gymnasien und höhere Schulanstalten. Nebst zwey Tabellen*, Halberstadt: Groß, 1799, http://gei-digital.gei.de/viewer/image/PPN816659915/1/.

Schraut, Sylvia. *Kartierte Nationalgeschichte. Geschichtsatlanten im internationalen Vergleich 1860–1960*, Frankfurt am Main u. a.: Campus-Verlag, 2011.

Walch, Albrecht Georg. *Ausführliche mathematische Geographie*, Göttingen: Dieterich, 1794, http://gei-digital.gei.de/viewer/image/PPN678802890/1/LOG_0000/.

Anke Hertling / Sebastian Klaes

»GEI-Digital« als Grundlage für Digital-Humanities-Projekte: Erschließung und Datenaufbereitung

Data collection and preparation are prerequisites for digital humanities processes. This paper describes the processes involved in making historical textbooks accessible by generating bibliographic data in catalogues and describing content by means of metadata standards in the digital textbook library »GEI Digital«. Specific work was required in the area of data capture in order to make the historic textbooks available in high enough quality to enable research. The project also demonstrated the potential for future digital humanities projects to reuse the data generated by »GEI-Digital«.

Greifen die Geisteswissenschaften verstärkt auf computergestützte Methoden und Werkzeuge zurück, sehen wissenschaftliche Bibliotheken es als ihre Aufgabe an, entsprechende Quellen und aufbereitete Daten zur Verfügung zu stellen. So sind Bibliotheken Partner bei der Erstellung von digitalen Editionen oder bei der Arbeit mit großen Datenbeständen, die zum Beispiel mit Text-Mining-Verfahren analysiert werden. Die Kontinuität der Bedeutung von Bibliotheken betont unter anderem Heike Neuroth: Bibliotheken »waren schon immer eine erste Anlaufadresse, um Information und Wissen zu organisieren, aufzubereiten und für die Nachnutzung zur Verfügung zu stellen. Dies trifft weiterhin für analoge Angebote zu und wird mehr und mehr ergänzt durch digitale Dienste.«[1] Im Hinblick auf die auch von Neuroth hervorgehobene Notwendigkeit, dass digitale Infrastrukturen

---

1 Heike Neuroth, »Die wissenschaftliche Bibliothek im Kontext von Forschungsinfrastrukturen«, in: Heike Neuroth, Norbert Lossau und Andrea Rapp (Hg.), *Evolution der Informationsinfrastruktur. Kooperation zwischen Bibliothek und Wissenschaft*, Glückstadt: Werner Hülsbusch, 2013, 325–344, 338.

auf »Augenhöhe« mit der Forschung aufgebaut werden müssen,[2] entwickelte das GEI sein »zirkuläres Modell wissenschaftlicher Wertschöpfung«. Das »zirkuläre Modell« sieht vor, digitale Infrastrukturen zu schaffen, die neue Forschungen ermöglichen. Diese wiederum sollen dazu beitragen, die Forschungsinfrastrukturen stetig zu verbessern. Bei der Umsetzung des »zirkulären Modells« konnten mit der digitalen Schulbuchbibliothek »GEI-Digital« Maßstäbe gesetzt werden. Die im Zuge von »GEI-Digital« entstandenen Digitalisate und Daten werden von Digital-Humanities-Projekten wie »Welt der Kinder«[3], »EurViews«/»WorldViews«[4] oder »GeoPort-Ost«[5] bereits nachgenutzt und die Erkenntnisse aus den Projekten sollen – etwa in Form von erweiterten Metadateninformationen – perspektivisch auch zur Optimierung von »GEI-Digital« beitragen.

Die digitale Schulbuchbibliothek »GEI-Digital« bietet Zugang zu einem repräsentativen Korpus historischer deutscher Schulbücher aus der Zeit des 17. Jahrhunderts bis zum Jahr 1918.[6] Wie bei der Auswahl und Erstellung des Korpus orientierte sich auch die Generierung und Aufbereitung der Daten an den Bedürfnissen der Forschung. Der Aufbau von »GEI-Digital« erfolgte in zwei von der Deutschen Forschungsgemeinschaft (DFG) geförderten Digitalisierungsphasen. Um die Daten anschlussfähig für DH-Projekte zu machen, nahmen die OCR-Volltexterkennung und die Erfassung von Metadaten in beiden Phasen einen besonderen Stellenwert ein. Die hierbei vorgenommenen Arbeiten und Ergebnisse sowie die Präsentation der Digitalisate stehen im Mittelpunkt des folgenden Beitrags.

---

2 Vgl. ebd., 342.
3 Vgl. den Beitrag von Ben Heuwing und Andreas Weiß zur »Suche und Analyse in großen Textsammlungen« in diesem Band.
4 Vgl. den Beitrag zu »Forschungsdaten in der internationalen Schulbuchforschung« von Steffen Hennicke, Bianca Pramann und Kerstin Schwedes in diesem Band.
5 Vgl. das »GeoPortOst«-Portal für versteckte Karten zu Ost- und Südosteuropa, http://geoportost.ios-regensburg.de/, zuletzt geprüft am 21. August 2018.
6 Zur Korpuserstellung vgl. Anke Hertling und Sebastian Klaes, »Schulbücher als digitales Korpus für die Forschung. Die digitale Schulbuchbibliothek GEI-Digital« in diesem Band.

Hochauflösende Scans

Die sich mit der »digitalen Transformation«[7] verändernden Anforderungen der Wissenschaft werden durch die Deutsche Forschungsgemeinschaft mit der Förderung von zahlreichen Digitalisierungsvorhaben unterstützt. Versteht man wie die DFG dabei das Internet als einen »integralen Forschungsraum für eine zunehmend digital ausgerichtete geistes- und kulturwissenschaftliche Forschung«[8], muss möglichst innovativ auf wissenschaftliche Bedürfnisse und technische Entwicklungen reagiert werden. Sahen zum Beispiel die DFG-Praxisregeln zur Digitalisierung aus dem Jahr 2009 eine Volltextgenerierung bei Drucken ab 1850 noch als Empfehlung vor,[9] so ist sie auch angesichts technischer Fortschritte seit 2013 für diese Quellen bei einer Digitalisierung mit DFG-Mitteln verpflichtend.[10]

Die Bereitstellung von Volltexten und die damit verbundenen Möglichkeiten, die Quellen nach Wörtern und Sätzen zu durchsuchen und sie mit quantitativen Ansätzen auszuwerten, wurde 2009 bei der Projektkonzeption von »GEI-Digital« als unbedingter Mehrwert für die historische

---

7 Vgl. Ausschuss für Wissenschaftliche Bibliotheken und Informationssysteme, *Positionspapier der DFG. Die digitale Transformation weiter gestalten – Der Beitrag der Deutschen Forschungsgemeinschaft zu einer innovativen Informationsinfrastruktur für die Forschung*, 2012, http://www.dfg.de/download/pdf/foerderung/programme/lis/po sitionspapier_digitale_transformation.pdf, zuletzt geprüft am 21. August 2018.

8 Deutsche Forschungsgemeinschaft, »DFG-Praxisregeln »Digitalisierung«. DFG-Vordruck 12.151-12/16«, 11, http://www.dfg.de/formulare/12_151/12_151_de.pdf, zuletzt geprüft am 21. August 2018. Auch in ihrem aktuellen »Merkblatt zur Förderung von Erschließungs- und Digitalisierungsprojekten« macht die DFG die wissenschaftliche Nachfrage bzw. die durch eine Digitalisierung initiierte Stärkung wissenschaftlicher Forschung zu einem Förderkriterium von Digitalisierungsvorhaben. Vgl. Deutsche Forschungsgemeinschaft, »Merkblatt Erschließung und Digitalisierung. DFG-Vordruck 12.15-07/16«, 3, http://www.dfg.de/formulare/12_15/12_15_de.pdf, zuletzt geprüft am 21. August 2018.

9 Vgl. Deutsche Forschungsgemeinschaft, »Wissenschaftliche Literaturversorgungs- und Informationssysteme (LIS): DFG-Praxisregeln »Digitalisierung«. Stand: April 2009«, 2009, 22, Fußnote 31, http://www.dfg.de/download/pdf/foerderung/programme/lis/pra xisregeln_digitalisierung_2009.pdf, zuletzt geprüft am 21. August 2018.

10 Vgl. Deutsche Forschungsgemeinschaft, »DFG-Praxisregeln »Digitalisierung«. DFG-Vordruck 12.151-02/13«, 30, http://www.dfg.de/download/pdf/foerderung/program me/lis/praxisregeln_digitalisierung_2013.pdf, zuletzt geprüft am 21. August 2018.

Schulbuchforschung erkannt. Voraussetzung für die Volltexte war eine hochauflösende Verscannung des historischen Schulbuchbestandes mit 24 Bit Farbtiefe, wobei die Forschungsbibliothek mit einem externen Digitalisierungsdienstleister zusammenarbeitete. Entgegen der ersten Planungen wurde die Scan-Auflösung vom DFG-Mindeststandard 300 dpi auf 400 dpi erhöht. Zum einen wurde damit gewährleistet, dass der Buchinhalt trotz Verunreinigungen oder Verfleckungen, die bei Schulbüchern als stark durch Gebrauch gekennzeichneten Objekten häufig vorkommen, möglichst vollständig lesbar abgebildet wird. Zum anderen finden sich in historischen Schulbüchern zahlreiche Abbildungen und Karten, die bei einer Auflösung von 300 dpi unscharf erscheinen könnten, so dass die DFG-Praxisregeln für diese Darstellungen eine Digitalisierung mit einer Auflösung von 400 dpi empfehlen. Das GEI vereinbarte daher mit seinem für das Scannen zuständigen Dienstleister eine durchgehende Digitalisierung der historischen Schulbücher mit 400 dpi.

In der ersten Projektphase von 2009 bis 2012 wurden 1.822 Schulbücher aus den Beständen des GEI und von Kooperationspartnern digitalisiert und online zur Verfügung gestellt. In der zweiten Projektphase von 2012 bis 2016 wurden 2.325 Schulbücher digitalisiert und 220 bereits von externen Partnern digitalisierte Schulbücher in »GEI-Digital« integriert. Mit den rund 5.400 auf »GEI-Digital« vorliegenden Schulbuchbänden (Stand: Juli 2018) sind Digitalisate in einem Umfang von mehr als 40 Terabyte entstanden. Die Digitalisate werden als TIFF unkomprimiert gespeichert und auf einem RAID-Storage-System auf den Servern des GEI abgelegt. Im Hinblick auf Langzeitsicherungsmaßnahmen werden die digitalen Schulbuchdaten in Sicherungsroutinen mit einem Tivoli-Bandroboter im Gauß-IT-Zentrum der TU Braunschweig gesichert. Durch Backup-Regeln bleiben die Daten selbst bei irrtümlichem Löschen auf dem RAID-System verfügbar. Zur Darstellung der Digitalisate auf der Internetplattform »GEI-Digital« wurden zusätzlich zu den Master-Scans im TIFF-Format JPEGs als Präsentationsderivate erzeugt.

Die Digitalisierung umfasst neben der Herstellung digitaler Images auch die Volltexterfassung, die Erzeugung von Metadaten, die Präsentation der Digitalisate und die oben genannten Maßnahmen zur Langzeitsicherung. Bei den damit verbundenen Workflows greift das GEI auf die Open-Source-Software Goobi (*Göttingen online-object binaries*) zurück, die 2004 speziell für die Umsetzung komplexer Digitalisierungsprozesse in der Altbestandsdigitalisierung an der Niedersächsischen Staats- und Universitätsbibliothek Göttingen entwickelt wurde. Für das GEI und die Digitalisierung von Schulbüchern wurden spezifische Anpassungen vorgenommen, die insbesondere bei der Metadatenbearbeitung zum Tragen kommen. Eine vom GEI in Auftrag gegebene Entwicklung eines Import-Plugins ermöglichte den Import von bereits digitalisierten Schulbüchern, die die Partnerbibliotheken auf ihren Plattformen bereitgestellt hatten. Das Import-Plugin steht inzwischen auch für andere Goobi-Projekte zur Verfügung.

Vom Scan zum Volltext

Mit seinem umfangreichen und repräsentativen Korpus eignet sich »GEI-Digital«, um anhand quantitativer Auswertungen Erkenntnisse im Bereich des historischen Schulbuchs zu generieren. Die Erstellung von Volltexten war deshalb seit Beginn des Projekts 2009 eine zentrale Aufgabe im Digitalisierungsworkflow. Für die automatische Texterkennung, der *Optical Character Recognition* (OCR), arbeitete die Forschungsbibliothek mit Abbyy FineReader. Die Auswahl dieser Software erfolgte auf Grundlage einer mit den OCR-Anbietern Tesseract und Abbyy FineReader durchgeführten Materialstichprobe, bei der die in historischen Schulbüchern gängigen Schrifttypen Fraktur und Antiqua exemplarisch einer Texterkennung unterzogen wurden. Mit einer Fehlerrate zwischen 0,5 und 0,1 % im Bereich der Frakturschriften erzielte Abbyy FineReader Engine 10 die besseren Ergebnisse. Typische Fehlerquellen waren Titelseiten mit Stempeln und Notizen, Seiten mit Tabellen, Tafeln oder Fußnoten sowie Seiten mit Randnotizen und Anstreichungen.

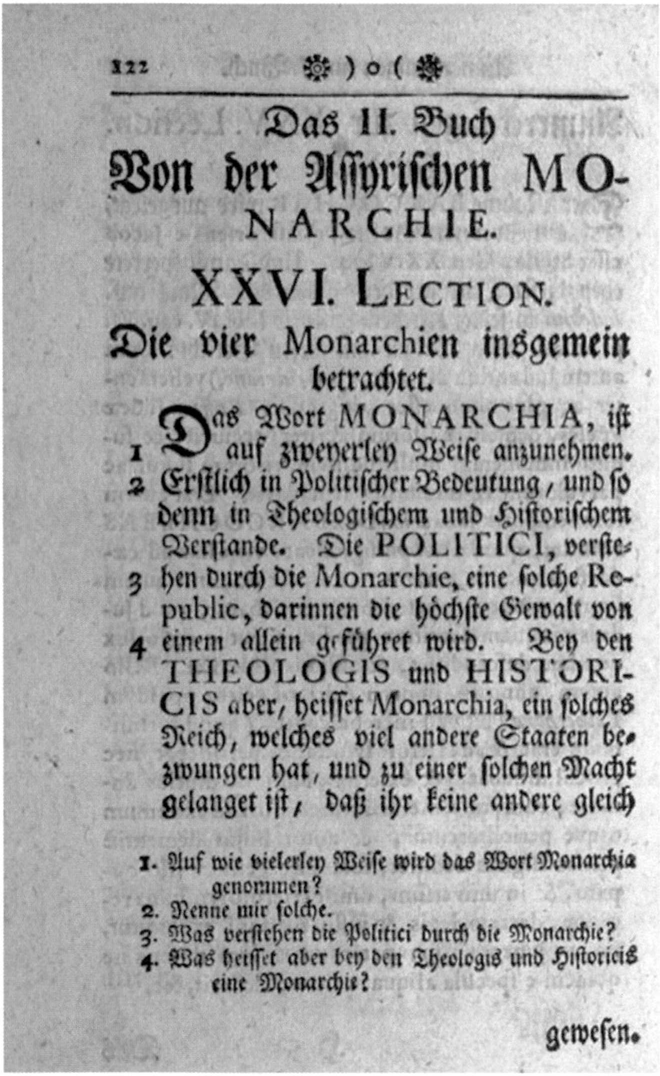

122 ❀) o (❀

Das II. Buch
Von der Assyrischen MO-
NARCHIE.

XXVI. LECTION.

Die vier Monarchien insgemein betrachtet.

1 Das Wort MONARCHIA, ist auf zweyerley Weise anzunehmen.
2 Erstlich in Politischer Bedeutung, und so denn in Theologischem und Historischem Verstande. Die POLITICI, verste-
3 hen durch die Monarchie, eine solche Re-public, darinnen die höchste Gewalt von
4 einem allein geführet wird. Bey den THEOLOGIS und HISTORI-CIS aber, heisset Monarchia, ein solches Reich, welches viel andere Staaten be-zwungen hat, und zu einer solchen Macht gelanget ist, daß ihr keine andere gleich

1. Auf wie vielerley Weise wird das Wort Monarchia genommen?
2. Nenne mir solche.
3. Was verstehen die Politici durch die Monarchie?
4. Was heisset aber bey den Theologis und Historicis eine Monarchie?

gewesen.

Abbildung 1: Beispiel für ein Schulbuch mit unnormiertem Frakturschriftbild[11]

---

11 Friedrich Gottfried Elteste, *Hübnerus enucleatus & illustratus, Zweymal zwey und funfzig Lectiones aus der Politischen Historie, [...]. Das II. Buch. Von der Assyrischen*

Im April 2014 stellte der vom GEI für OCR in Anspruch genommene Dienstleister auf die Version Abbyy FineReader Engine 11 um. Mit der neuen Version, die sich vor allem durch verbesserte Algorithmen für die Korrektur geometrischer Verzerrungen und eine optimierte Rauschunterdrückung bei hohen ISO-Werten auszeichnete,[12] wurden in der zweiten Projektphase deutsche Geschichtsschulbücher vor 1871, Schulbücher der Fächer Geografie und Politik, Realienbücher sowie Geschichts- und Geografieatlanten ab 1800 in Frakturschrift und in Antiqua-Schrift OCR-behandelt. Für Schulbücher vor 1800 mit einem vorwiegend unnormierten Frakturschriftbild erwies sich auch die neue Abbyy-Version als sehr fehlerhaft und darüber hinaus als äußerst kostenintensiv, so dass auf eine Texterkennung für diese Bestände zunächst verzichtet wurde.

Die durch OCR-generierten Volltexte sind auf »GEI-Digital« jeweils in einem eigenen Reiter zugänglich. Damit sich Nutzerinnen und Nutzer schnell im Digitalisat orientieren und relevante Textstellen fokussieren können, werden die über die Volltextsuche gefundenen Suchwörter in den Treffer-Images (Bildanzeige) farblich hervorgehoben. Die Volltexte sind darüber hinaus separat nachnutzbar und über eine OAI-PHM-Schnittstelle abrufbar.

Von den bis Juli 2017 insgesamt eine Million auf »GEI-Digital« bereitgestellten digitalisierten Seiten sind rund 89 % OCR-behandelt und damit im Volltext durchsuchbar. Die ca. 113.000 Seiten, die nicht OCR-behandelt vorliegen, betreffen Bestände mit überwiegend grafischen Darstellungen, wie zum Beispiel Atlanten und Bestände in Frakturschrift mit einem Erscheinungsjahr vor 1800. Seit 2017 fördert die DFG die Weiterentwicklung der OCR-Verarbeitung, so dass für diese Bestände mit stark heterogener Textgrundlage perspektivisch Lösungsansätze zu erwarten sind.[13]

Monarchie, Leipzig: Gleditsch 1741, 122, http://gei-digital.gei.de/viewer/resolver?ur n=urn:nbn:de:0220-gd-9555137.

12 Vgl. »ABBYY präsentiert FineReader Engine 11 OCR SDK«, https://www.abbyy.com/ de-de/news/abbyy-praesentiert-finereader-engine-11-ocr-sdk/#sthash.wn248Ity.dpuf, zuletzt geprüft am 21. August 2018.

13 Vgl. Deutsche Forschungsgemeinschaft, »Ausschreibung. Skalierbare Verfahren der Text- und Strukturerkennung für die Volltextdigitalisierung historischer Drucke«, 2017, http://www.dfg.de/download/pdf/foerderung/programme/lis/170306_ausschrei bung_verfahren_volldigitalisierung.pdf, zuletzt geprüft am 21. August 2018.

Die große Relevanz einer Volltexterkennung und die Bedeutung von qualitativ hochwertigen Volltexten für die Schulbuch- und Bildungsmedienforschung machte eine am GEI im Jahr 2014 durchgeführte Online-Befragung deutlich, die auch Fragen zum OCR-Angebot auf »GEI-Digital« umfasste. An der Befragung haben insgesamt 106 »GEI-Digital«-Nutzerinnen und -Nutzer teilgenommen. Ausgangspunkt waren die zu diesem Zeitpunkt mit Abbyy FineReader Engine 10 und Abbyy FineReader Engine 11 behandelten und auf »GEI-Digital« über das Goobi-Präsentationssystem Intranda Viewer bereitgestellten Volltexte. 70 % der Befragten sahen eine Volltextdurchsuchbarkeit generell als sehr wichtig an. 29 % der Befragten waren dabei mit der auf »GEI-Digital« zugänglichen OCR-Qualität sehr zufrieden, jeweils weitere 25 % waren weitestgehend zufrieden bzw. zufrieden. Gar nicht zufrieden bzw. nicht zufrieden waren 7,1 % bzw. 14,3 % der Befragten.

Im Rahmen der Befragung wurden darüber hinaus Perspektiven zur Nachnutzung der Texterkennung erfragt. Eine Exportmöglichkeit von Volltexten in Analysewerkzeuge wie beispielsweise TextGrid hielten 54 % der Umfrageteilnehmerinnen und -teilnehmer für sehr wichtig. Auf die Frage »Würden Sie selbst fehlerhafte Stellen im Volltext korrigieren, falls Sie welche finden und die Möglichkeit dazu hätten?« gaben 61,1 % der Befragten eine positive Rückmeldung. Aufschlussreich waren auch Angaben zur Relevanz bestimmter Funktionen und Suchmöglichkeiten. Eine Funktion zur Analyse von Volltexten wurde von 42 % als sehr wichtig und von weiteren 42 % als wichtig angesehen. Bei den Suchmöglichkeiten wurde der fehlertoleranten Suche nach Volltexten (44,4 % »stimme ich voll zu« und 44 % »stimme ich zu«) ein hoher Stellenwert eingeräumt.

Die Befragung zeigt, dass die Qualität der Volltexterkennung für die Forschung sehr wichtig ist und der derzeitige Stand der OCR-Entwicklungen, der sich auch in »GEI-Digital« widerspiegelt, als verbesserungswürdig bewertet wird. Eine Bereitschaft der Wissenschaftlerinnen und Wissenschaftler, Volltexte zu korrigieren, ist dabei durchaus gegeben. Eine Korrektur, wie es etwa das *Post Correction Tool* PoCoTo[14] ermöglicht, ist aber ebenso wie eine in den Projekten »EurViews«/»WorldViews« vorgenommene Transkription von Quellen sehr zeitaufwändig und setzt vor allem bei

---

14 Vgl. PoCoTo, https://github.com/cisocrgroup, zuletzt geprüft am 21. August 2018.

Transkriptionsverfahren eine Parallellektüre der Quellen voraus.[15] Erste Schritte zur Optimierung der Volltextqualität in Teilkorpora von »GEI-Digital« unternahm das GEI in Zusammenarbeit mit CLARIN-D. Im 2015/2016 durchgeführten CLARIN-D Kurationsprojekt »Quellen des Neuen. Realkundliches und naturwissenschaftliches Wissen für Dilettanten und Experten zwischen Aufklärung und Moderne«[16] wurden Volltexte von ausgewählten Schulbüchern manuell korrigiert, entsprechend der CLARIN-D-Standards im TEI-Format erfasst und anschließend in das Deutsche Textarchiv am CLARIN-Zentrum Berlin-Brandenburgische Akademie der Wissenschaften (BBAW) zur Nachnutzung integriert.[17]

Angesichts der auch für Druckwerke ab 1850 anhaltenden Fehler durch OCR-Software ist es vor allem für Vorhaben im Bereich der Digital Humanities, die wie das Projekt »Welt der Kinder« auf Grundlage von OCR-generierten Volltexten mit Text-Mining-Verfahren arbeiten, umso wichtiger, dass Bibliotheken ihre OCR-Fehlerraten ermitteln und diese offenlegen, da sie die mit Digital-Humanities-Tools erarbeiteten Ergebnisse und damit die wissenschaftliche Nachnutzung von Volltexten wesentlich beeinflussen. Um Nutzerinnen und Nutzern zu zeigen, dass auch eine »Volltextsuche [...] ganz gewiss nicht ein vollständiges Resultat liefern wird«[18], plädiert etwa Günter Mühlberger dafür, Scan und Volltext in einer Parallelansicht zugänglich zu machen. Denkbar wäre zudem, dass im Rahmen von digitalen Sammlungen Funktionen zur Analyse der Volltextqualität und zur Verbesserung von Suchfunktionen zur Verfügung gestellt werden. Fehlertolerante Suchmöglichkeiten (»unscharfe Suche«) für Volltexte, bei denen nicht

---

15 In den vom GEI durchgeführten Projekten »EurViews« (http://www.eurviews.eu/projekt.html) und »WorldViews« (http://worldviews.gei.de/) werden internationale Schulbücher des 19., 20. und 21. Jahrhunderts im TEI-Format multilingual ediert. Vgl. den Beitrag zu »Forschungsdaten in der internationalen Schulbuchforschung« von Steffen Hennicke, Bianca Pramann und Kerstin Schwedes in diesem Band.

16 CLARIN-D, http://www.gcdh.de/en/projects/clarin-d-sources-new, zuletzt geprüft am 21. August 2018. Vgl. den Beitrag »Schönere Daten« von Maret Nieländer und Andreas Weiß zur Datenaufbereitung in diesem Band.

17 Vgl. Hermann Tewes, *Menschenrassen und Völkertypen. Bd. 2*, Leipzig: Wachsmuth, 1913, http://www.deutschestextarchiv.de/tewes_menschenrassen_1913, zuletzt geprüft am 21. August 2018.

18 Günter Mühlberger, »Digitalisierung historischer Zeitungen aus dem Blickwinkel der automatisierten Text- und Strukturerkennung (OCR)«, in: *Zeitschrift für Bibliothekswesen und Bibliographie (ZfBB)* 58, 1 (2011), 10–18, 17.

nur eine exakte, sondern zudem eine ähnliche Zeichenfolge als Suchoption
fungiert, wären für die Nutzung von Volltexten ein Angebot, um Suchergebnisse zu verbessern. Für die inzwischen auf »GEI-Digital« verfügbare
große Anzahl an Digitalisaten bieten sich perspektivisch vor allem auto-
matisierte, auf computerlinguistischen Verfahren basierende OCR-Kor-
rekturmöglichkeiten an, wie sie etwa im »Bremer Ansatz«[19] erprobt wurden.[20]

Formale Metadaten für die Schulbuchforschung

Beim Nachweis und der Nutzung von Quellen nehmen formale Metadaten
in Form von Angaben zu Autor/Autorin, Titel, Erscheinungsjahr und -ort
sowie inhaltliche Metadaten in Form von Schlagwörtern eine Schlüsselrolle
ein, denn sie beschreiben Quellen und ermöglichen ein optimales Suchen
und Finden. Die Erfassung von Metadaten ist nicht zuletzt eine bibliothekarische Kernkompetenz, die seit dem digitalen Wandel mit umfangreichen
Nachweisen von Quellen in elektronisch verfügbaren Bibliothekskatalogen
einhergeht. Im Hinblick auf den Nachweis der digitalisierten historischen
Schulbücher konnte die Forschungsbibliothek von ihren umfassenden
Katalogisierungsarbeiten profitieren. Zum Zeitpunkt ihrer Digitalisierung
waren die Schulbücher bereits im Gemeinsamen Verbundkatalog (GVK)
des Gemeinsamen Bibliotheksverbunds (GBV) nachgewiesen. Die Erschließung der formalen Metadaten der im GEI vorhandenen historischen
Schulbücher erfolgte bis 2015 nach den Regeln für die alphabetische Katalogisierung in wissenschaftlichen Bibliotheken (RAK-WB). Mit der Einführung des Regelwerks *Resource Description and Access* (RDA) seit Anfang
2016 katalogisiert auch die Forschungsbibliothek nach RDA. Für Schulbü-

---

19 Vgl. Manfred Nölte u. a., »Automatische Qualitätsverbesserung von Fraktur-Volltexten
    aus der Retrodigitalisierung am Beispiel der Zeitschrift *Die Grenzboten*«, in: *o-bib. Das
    offene Bibliotheksjournal* 3, 1 (2016), http://dx.doi.org/10.5282/o-bib/2016H1S32-55.

20 Zum aktuellen Stand im Hinblick auf PostOCR-Verfahren vgl. Konstantin Baierer und
    Philipp Zumstein, »Verbesserung der OCR in digitalen Sammlungen von Bibliothe-
    ken«, in: *027.7 Zeitschrift für Bibliothekskultur / Journal for Library Culture* 4, 2 (2016),
    72–83, http://0277.ch/ojs/index.php/cdrs_0277/article/view/155/353, zuletzt geprüft
    am 29. August 2018.

cher gelten in beiden Regelwerken Sonderbestimmungen, das heißt, es werden für Schulbücher zusätzlich charakteristische Metadaten erfasst, um die Recherche quellenspezifisch zu erleichtern. So haben Schulbücher aus verschiedenen Verlagen oftmals ähnliche Titel[21] und häufig kommt es vor, dass verschiedene Ausgaben den gleichen Titel tragen. Schulbücher sind über ihre Titel demnach oft schwer voneinander zu unterscheiden, Angaben zu Ausgabe- und Auflagebezeichnungen sind in den Metadaten deshalb besonders wichtig. Typisch für Schulbücher ist darüber hinaus die Mehrbändigkeit, die sich in der Metadaten-Aufnahme eines übergeordneten Gesamttitels und der Erfassung von nachgeordneten Einzel- bzw. Stücktiteln ausdrückt. Dadurch verdoppelt sich der Aufwand der Katalogisierung beispielsweise im Vergleich zu Monografien aus dem Bereich aktueller wissenschaftlicher Literatur.

Für die Formalkatalogisierung historischer Schulbuchausgaben bis 1850 gelten darüber hinaus die Sonderregeln für »Alte Drucke«. Denen zufolge werden zusätzlich Illustratoren/Illustratorinnen, Bearbeiter/Bearbeiterinnen und Herausgeber/Herausgeberinnen in die Metadaten aufgenommen. Normierte Metadaten (Normdaten) zu Personen-, Orts- und Körperschaftsnamen stellen zudem sicher, dass historisch wechselnde Benennungen und Schreibweisen berücksichtigt und entsprechend bei der Suche gefunden werden können. Mit der in Deutschland 2012 eingeführten Gemeinsamen Normdatei (GND), die Normdaten u. a. für Personen, Körperschaften und Geografika umfasst, hat sich die vorhandene Anzahl sowie die Qualität an Normdaten auch für historische Schulbücher erheblich erhöht, so dass im Projekt »GEI-Digital« zunehmend mit Normdaten gearbeitet werden konnte. Für einige Schulbuchtitel, für die noch keine Normdaten vorlagen, wurden sie ergänzt. Der Schwerpunkt der Arbeit lag dabei auf Personennormdaten. Bis 2017 wurden im Rahmen von »GEI-Digital« insgesamt 6.747 Verknüpfungen zu Personennormdaten neu generiert.

---

21 Vgl. identische Gesamttitel in GEI-Digital: Wilhelm Friedrich Volger, *Leitfaden beim ersten Unterricht in der Geschichte*, Hannover: Hahn, 1834, http://gei-digital.gei.de/ viewer/image/PPN844993581/1/LOG_0003/; Josef Kösters und Catharina Müller, *Lehrbuch der Geschichte*, Münster: Schöningh, 1913, http://gei-digital.gei.de/viewer/re solver?urn=urn%3Anbn%3Ade%3A0220-gd-4154910.

Inhaltliche Metadaten für die Schulbuchforschung

Zusätzlich zur Formalerschließung katalogisiert die Forschungsbibliothek ihre gesamten Schulbuchbestände auch inhaltlich, auf Grundlage der Regeln für den Schlagwortkatalog (RSWK). Die dabei erfassten Schlagwörter fungieren als inhaltsbeschreibende Metadaten. Sie vervollständigen die formalen Metadaten und konkretisieren die Quellen nach ihren inhaltlichen Schwerpunkten, um eine thematische Such- und Findbarkeit der Quellen zu gewährleisten. Für Schulbücher besonders relevant sind die RSWK-Vorgaben zum Unterrichtsfach (z. B. Schlagwort »Geschichtsunterricht«), zur Schulart (z. B. die Schlagwörter »Höhere Schule«, »Elementarschule«) und zur Schulstufe (z. B. die Schlagwörter »Unterstufe«, »Schuljahr«). Über ein sogenanntes Formschlagwort wird die Art der vorliegenden Quelle festgehalten. Im Schulbuchbereich gehören Angaben wie »Schulbuch«, »Lehrmittel«, »Aufgabensammlung«, »Atlas« oder »Tabellenwerk« zu RSWK-Formschlagwörtern.[22]

Die RSWK-Schlagwörter bieten einen inhaltlichen Sucheinstieg nach einem in der GND festgelegten normierten Vokabular. Einige für die Schulbuchforschung wichtige Angaben decken sowohl die Regelwerke RAK-WB/RDA, als auch die RSWK allerdings nicht ab. Ähnliche Titel und fehlende Autorangaben stellen, wie bereits ausgeführt, eine besondere Herausforderung für die Recherche nach Schulbüchern dar. Die Forschungsbibliothek hat auf dieses Desiderat reagiert und eine Klassifikation für Schulbücher entwickelt, die den Anforderungen der Schulbuchforschung verstärkt gerecht werden soll. So umfasst die vom GEI erarbeitete Schulbuchklassifikation forschungspragmatisch begründete Angaben zum »Nutzungsland« (dem Land, in dem das Schulbuch im Unterricht zum Einsatz kommt), Angaben zu im Schulbuch verwendeten »Sprache(n)«, sowie die für deutsche historische Schulbücher besonders relevanten Angaben zum »Bildungslevel« und zum »Unterrichtsfach«. Eine im Vergleich zum RSWK-Formschlagwort weitaus differenziertere Erfassung der im GEI

---

22 Vgl. Deutsche Nationalbibliothek, »Regeln für den Schlagwortkatalog (RSWK)«, 2009, §767–773, 284–290, http://files.dnb.de/pdf/rswk_gesamtausgabe.pdf, zuletzt geprüft am 21. August 2018.

vorhandenen Arten von Lehrmaterialien wird über den »Dokumenttyp« abgebildet. Alle Angaben werden in Form von lokalen Notationen erfasst. Sowohl die inhaltliche Erschließung nach RSWK, als auch die vom GEI entwickelte Schulbuchklassifikation bieten für die Schulbuchforschung spezifische Suchoptionen im digitalen Kontext. Während Druckwerke, die Inhalte mehrerer Fächer umfassen, in der Forschungsbibliothek nur an einer Stelle aufgestellt werden können und die Bibliothek entscheiden muss, unter welchem Fach sie das Schulbuch aufstellt, können in den inhaltlichen Metadaten alle in einem Schulbuch abgedeckten Fächer abgebildet werden. Über eine inhaltliche Suche im OPAC des GEI oder im »International TextbookCat«, einem auf der Schulbuchklassifikation basierenden Recherchewerkzeug für Schulbücher,[23] ist das Schulbuch über die Gesamtheit seiner Fächer und über weitere schulbuchspezifische Schlagwörter such- und auffindbar. Als primäre Nachweisinstrumente sind in diesen Katalogen alle in »GEI-Digital« verfügbaren Schulbücher erfasst, wobei die gedruckte und die digitalisierte Quelle jeweils wechselseitig aufeinander verweisen. So wird bei der Titelanzeige der digitalen Quelle im OPAC oder im »International TextbookCat« deutlich, ob eine Druckausgabe vorhanden ist und bei der Titelanzeige eines Druckwerkes ist angegeben, ob es als digitale Parallelausgabe in »GEI-Digital« vorliegt. Ein entsprechender Link im OPAC oder im »International TextbookCat« führt die Nutzerinnen und Nutzer zum Digitalisat auf »GEI-Digital«.

Für historische Schulbücher ist die vom GEI geleistete inhaltliche Metadaten-Arbeit besonders wichtig, denn sie spiegeln historische Fach- und Schulentwicklungen wider. Umso dringlicher ist es, die inhaltlichen Metadaten nicht nur über den OPAC und den »International TextbookCat«, sondern auch über »GEI-Digital« zugänglich zu machen. Goobi ist derzeit so konfiguriert, dass ausschließlich die formalen Metadaten vom GBV automatisiert übernommen und diese nach intellektueller Prüfung ggf. ergänzt werden können. Die Datenübertragung in Goobi ist für die anschließende Präsentation der Digitalisate mit den entsprechenden Metadaten und im Hinblick auf Maßnahmen zur Langzeitsicherung der Daten hilfreich, erfasst aber nicht die im OPAC und »International TextbookCat« sichtbare in-

---

23 Vgl. Christian Scheel, »Multilingualität in einem internationalen Bibliothekskatalog« in diesem Band.

haltliche Erschließung. Gemeinsam mit dem Urban Complexity Lab der FH Potsdam hat das GEI deshalb das Visualisierungstool »GEI-Digital visualized« entwickelt.[24] Basierend auf den formalen Metadaten und der vom GEI entwickelten Schulbuchklassifikation macht das Visualisierungstool die Schulbücher anhand der Kategorien Zeit, Schulfächer, Bildungslevel, Verlage und Verlagsorte interaktiv recherchierbar. Die Suchkategorien können als Facetten miteinander kombiniert werden, so dass eine Recherche beispielsweise nach Geschichtsschulbüchern aus einem bestimmten Verlag möglich ist.

Strukturdaten für die Schulbuchforschung

Neben der Erfassung der formalen und inhaltlichen Metadaten wurden die digitalisierten Schulbücher mit Strukturdaten resp. Strukturelementen in Goobi manuell ausgezeichnet. Strukturdaten bilden einzelne Bestandteile eines Buches bzw. einer Quelle ab und erlauben mittels entsprechender Abfragen oder auch durch entsprechende visuelle Aufbereitung eine Navigation innerhalb der Digitalisate. Für »GEI-Digital« wurden Struktureinheiten auf Kapitelebene erfasst, so dass es möglich ist, in der in Schulbüchern oft sehr komplexen Kapitelstruktur anhand der Kapitelüberschriften zu navigieren. Es können aber auch »tieferliegende« Elemente – wie zum Beispiel Abbildungen – bei der Navigation durch das digitalisierte Werk angesteuert werden. Die Erfassung der Kapitel eines Schulbuches erfolgt nach Autopsie, das heißt, es werden die im jeweiligen Schulbuch genutzten Kapitelbezeichnungen verwendet. Zusätzlich wurden folgende Strukturelemente ausgezeichnet und auf »GEI-Digital« verfügbar gemacht:
- Einband: Als Gebrauchstexte haben historische Schulbücher ab ca. 1870 zumeist industriell hergestellte Pappeinbände, die den Buchblock einfassen.
- Deckblatt: Alternativbezeichnung für das Vorsatzblatt. Das Deckblatt hat in erster Linie die Aufgabe, die Einbanddecke mit dem Buchblock zu verbinden, um das Buch zu stabilisieren.

---

24 Vgl. »GEI-Digital visualized«, http://gei-digital.gei.de/visualized/#/, zuletzt geprüft am 21. August 2018.

- Titelseite bzw. Titelblatt: Beinhaltet unter anderem den Titel des Schulbuches.
- Frontispiz: Bezeichnet die dekorative oder informative Abbildung, die sich auf der zweiten bzw. auf der dem Titelblatt gegenüberliegenden Seite befindet.
- Widmung oder Danksagung: Als Teil des Titels ist die Widmung resp. die Danksagung Ausdruck der Verbundenheit des Autors/der Autorin oder des Herausgebers/der Herausgeberin an eine Person oder Institution.
- Inhaltsverzeichnis: Gliedert den Inhalt eines Werkes auf und wird in historischen Schulbüchern häufig auch als »Verzeichnis-Inhalt« bezeichnet.
- Vorwort: In historischen Schulbüchern werden Vorwörter teilweise auch benannt als »Zum Geleit«, »Ein Wort zuvor«, »Vorrede« u. ä. Hier finden sich für die historische Schulbuchforschung oftmals wichtige Hinweise etwa zur beruflichen Stellung der Autoren/Autorinnen oder der Herausgeber/Herausgeberinnen und zum regionalen oder fachlichen Einsatz des Schulbuchs.
- Abbildung: Darunter fallen auch Zeichnungen, Stiche und Illustrationen. Besonders in den Geschichts- und Geografieschulbüchern aus der Zeit des Deutschen Kaiserreichs sind zahlreiche Abbildungen vorhanden.[25]
- Tabelle: In historischen Schulbüchern kommt die Inhaltsdarstellung in Form von Zeilen und Spalten sehr häufig zur Anwendung.
- Karte: Die Darstellung eines räumlichen Gebildes auf einer Fläche ist in Schulbüchern häufig in verschiedenen Formaten vorhanden, u. a. als Klapp- bzw. Faltkarten.
- Tafel: Kommt in Schulbüchern sehr häufig vor und bezeichnet eine grafische Darstellung von (Lehr-)Inhalten.
- Stammtafel: Ist eine spezifische Form der Tafel zur Darstellung von Stammbäumen von Geschlechtern und Herrscherhäusern.
- Regententafel: Ist eine spezifische Form der Tafel zur Darstellung der historischen Abfolge von Regenten.
- Appendix: Bezeichnet den Anhang oder Zusatz zu einem (Schul-)Buch.

---

25 Zu Abbildungen im Schulbuch vgl. u. a. Carsten Heinze und Eva Matthes (Hg.), *Das Bild im Schulbuch. Beiträge zur historischen und systematischen Schulbuchforschung*, Bad Heilbrunn: Klinkhardt, 2010.

- Register: Bezeichnet eine systematische Anordnung von Informationen und kommt bei historischen Schulbüchern häufiger vor als bei aktuellen Schulbüchern.
- Errata: Ist ein Verzeichnis von Druck- und anderen Fehlern in einem Werk mit Hinweisen zu deren Korrektur.
- Werbung: Kommt bei Schulbüchern zumeist in Form von Verlagswerbung vor.
- Beilage: Bezeichnet korrespondierendes Zusatzmaterial.

Abbildung 2: Beispiel für ein Strukturelement »Widmung«[26]

Bei der Strukturdatenerfassung ist zwischen dem Strukturelement und dem Inhalt des Metadatenfeldes (Bezeichnung) zu unterscheiden. So kann z. B. eine Karte über das Bismarck-Archipel mit dem Strukturelement »Karte« und dem Inhalt »Bismarck-Archipel« als Bezeichnung ausgezeichnet werden. Die so generierten Metadaten werden als METS-Dateien gespeichert. Die bei »GEI-Digital« vorkommenden unterschiedlichen Bezeichnungen von Strukturelementen (z. B. Fachbegriffsregister, Bibliografie, Index usw.) erklären sich ebenfalls aus der Projektentscheidung, den in den historischen Schulbüchern verwendeten Begriffen bei der Strukturdatenerschließung

---

26 Detail aus: Heinrich Fuchs, *Um der Kinder willen*, Nürnberg: Korn 1909, 6, http://gei-di gital.gei.de/viewer/image/PPN799996475/10/LOG_0005/.

Vorrang einzuräumen. Bei der Suche über die »Metadaten« werden die Inhalte der Metadatenfelder (Bezeichnungen) wie das bereits erwähnte »Bismarck-Archipel« berücksichtigt. Strukturelemente wie die »Karte« werden bei der Präsentation der Suchergebnisse als Facette dargestellt.

Im Gegensatz zur Kapitelauszeichnung, wobei einzelne Kapitelüberschriften erfasst werden, werden alle anderen Strukturelemente inhaltlich nicht näher beschrieben. Sie dienen vorranging zur Navigation. Eine inhaltliche Konkretisierung etwa im Hinblick auf Abbildungen ist erst möglich, wenn Nutzerinnen und Nutzer das entsprechende Strukturelement »Abbildung« in »GEI-Digital« auswählen und konkret sichten.[27] Im Rahmen einer Volltextsuche sind die Strukturelemente aber separat als Facetten auf »GEI-Digital« auswählbar. Sucht man zum Beispiel den Begriff »Bismarck« über die Volltextsuche, können alle Abbildungen, die den Suchbegriff »Bismarck« enthalten, über die Auswahl von »Abbildungen« in der am linken Rand der Seite eingeblendeten Facettenoption »Strukturtyp« separat eingesehen werden. Eine entsprechende Volltextsuche ergibt, dass der Suchbegriff »Bismarck« derzeit auf »GEI-Digital« in 78 Abbildungen und vier Titelseiten vorhanden ist.

Am Ende der Projektförderung im Jahr 2016 standen insgesamt 118.000 Strukturelemente und 252.000 Metadaten auf »GEI-Digital« zur Verfügung. Bei den Metadaten wurden auch die Metadaten der auf »GEI-Digital« integrierten Bestände externer Bibliotheken im GBV erfasst, soweit dies noch nicht geschehen war. Bei ca. 900 der 5.400 digitalisierten Schulbücher waren Neukatalogisierungen im GBV erforderlich. Alle während des Digitalisierungsprozesses entstandenen formalen, strukturellen und technischen Metadaten liegen als valide METS/MODS-Dateien[28] vor und sie können über eine OAI-PHM-Schnittstelle abgerufen werden.

---

27 Eine inhaltliche Erschließung einzelner Abbildungen leisten Bilddatenbanken wie z. B. *Pictura Paedagogica Online (PPO). Das Bildarchiv zur Bildungsgeschichte*, http://opac. bbf.dipf.de/virtuellesbildarchiv/index.html, zuletzt geprüft am 21. August 2018. Langfristiges Ziel von »GEI-Digital« ist es, die Abbildungen aus den digitalisierten historischen Schulbüchern in der PPO nachzuweisen.

28 METS (*Metadata Encoding and Transmission Standard*) ist ein XML-Format zur Verwaltung von Metadaten von digitalen Objekten und dient somit zur Beschreibung digitalen Materials. Vgl. *Metadata Encoding & Transmission Standard*, http://www.loc. gov/standards/mets/, zuletzt geprüft am 21. August 2018. MODS (Metadata Object Description Schema) wiederum ist ein XML-Format für bibliografische Metadaten. Es

»GEI-Digital« aus User- und Usability-Sicht

Unter der Adresse http://www.gei-digital.de/ ist die Internetpräsentation für digitalisierte historische Schulbücher der am GEI vertretenen Fächer online zugänglich. Die Präsentation der digitalen Sammlung basierte ursprünglich auf dem auf das Goobi-Produktionssystem aufgesetzte Content Management System (CMS) TYPO3. Seit 2012 wird aufgrund einer besseren Volltextsuche der Goobi-Viewer mit der Version 2.0 eingesetzt. Die für die Benutzung erstellten Digitalisate im JPEG-Format werden durch ein Dokumentmanagementsystem so aufbereitet, dass ein Blättern in den digitalen Werken und das Anklicken einzelner Images möglich ist. Jede digitalisierte Schulbuchseite wird über eine eigene PURL (*Persistent Uniform Resource Locator*) adressiert und ist somit einzeln aufrufbar und für die wissenschaftliche Arbeit zitierfähig. Darüber hinaus sind alle Titel und Strukturelemente mit URNs (*Uniform Resource Name*) versehen, so dass sie dauerhaft unter der gleichen Bezeichnung wiederauffindbar bleiben. Da der DFG-Viewer als Standard-Viewer in Goobi Verwendung findet, sind die digitalisierten Schulbücher auch über den DFG-Viewer einsehbar. Die zahlreich in »GEI-Digital« integrierten Fremddigitalisate sind mit einem Besitznachweis der jeweiligen Institution versehen. Ein Link ermöglicht einen Wechsel in die primäre Präsentation der besitzenden Einrichtung oder in den DFG-Viewer.

Für die Suche greift »GEI-Digital« auf einen Solr-Index (Apache Lucene) zurück. »GEI-Digital« bietet damit seinen Nutzerinnen und Nutzern vielfältige Suchoptionen, wie z. B. eine Echtzeit-Indexierung, die Suche nach Facetten und das Highlighting von Suchergebnissen.

Auf der Startseite wird zunächst ein Überblick über die verschiedenen fachlichen Sammlungen gegeben. Davon ausgehend wird ein Einstieg in einzelne Fachschwerpunkte ermöglicht. Zum »Stöbern« eignet sich der über einen Reiter zugängliche alphabetisch aufgelistete Index über die Metadaten Autor, Titel, Erscheinungsort und Verlag. In der einfachen Suchfunktion können mit freien Suchwörtern alle Sammlungen durchsucht werden (Globale Suche). Dabei kann zwischen einer Suche über die Metadaten oder

---

wird vom Network Development and MARC Standards Office der Library of Congress entwickelt und verwaltet.

über die Volltexte differenziert werden. In der erweiterten Suchfunktion können verschiedene formale Erschließungsparameter wie z. B. Erscheinungsjahr und Signatur gesucht werden. Eine Suche in einzelnen oder mehreren Teilsammlungen ermöglicht zudem eine gezielte Suche in Bezug auf fachliche Schwerpunkte.

Die 2014 durchgeführte Online-Nutzerbefragung und ein Nutzerworkshop 2016 zielten auf Optimierungen im Bereich Usability. Im Mittelpunkt der Wünsche, die zugleich als Indikatoren zur Optimierung von digitalen Sammlungspräsentationen anzusehen sind, standen Funktionen, die verstärkt auf individualisierte Arbeitsmöglichkeiten ausgerichtet sind. Personalisierte und spezifisch durchsuchbare Ergebnislisten waren zum Beispiel ein vielfach genannter Wunsch. Die Volltextsuche nicht nur im Gesamtkorpus, sondern auch in ausgewählten Büchern oder Teilsammlungen zu ermöglichen, sahen Nutzerinnen und Nutzer genauso als erstrebenswert an wie die Option einer Suche nach Abbildungen in vorab ausgewählten bzw. recherchierten Teilkorpora. Der Wunsch, die auf »GEI-Digital« zugänglichen Schulbücher über eine Facettensuche nach Schulfächern, Bildungslevel etc. recherchieren zu können, wurde durch »GEI-Digital visualized« inzwischen realisiert.

Seit dem Online-Gang von »GEI-Digital« konnten die Zugriffszahlen, die mit dem System PIWIK erfasst werden, kontinuierlich gesteigert werden. 2017 lagen die Nutzungszahlen bei durchschnittlich 6.000 Besuchen und 60.000 Seitenansichten im Quartal. Obwohl »GEI-Digital« vor allem Schulbücher aus Deutschland umfasst, zeigen die Log-Dateien auch besonders viele Zugriffe aus den USA, aus Russland, Großbritannien, Polen, Frankreich, Italien, Kanada, Taiwan und Japan. Durch den kontinuierlichen Ausbau von »GEI-Digital«[29] und die Vernetzung mit anderen Projekten soll ein weiterer Anstieg der Nutzungszahlen erreicht werden.

---

29 Zum Ausbau des Korpus vgl. Anke Hertling und Sebastian Klaes, »Schulbücher als digitales Korpus für die Forschung: Die digitale Schulbuchbibliothek GEI-Digital« in diesem Band.

Datenoptimierung und Vernetzung mit anderen Projekten: Strategischer Ausblick

Alle auf »GEI-Digital« verfügbaren Quellen sind urheberrechtsfrei. Als Teil des kulturellen Erbes dürfen sie kopiert, verändert und verbreitet werden (*Public Domain*).[30] Die Metadaten stehen unter CC0-Lizenz, auch sie können ohne Einschränkung nachgenutzt werden. Die mit dieser Lizenz ermöglichte Nachnutzung der Daten versteht das GEI als Beitrag zur Förderung der Forschung am Medium Schulbuch. Eine besondere Rolle spielt dabei auch die Sichtbarkeit des Angebots. Seit Mai 2011 werden die Digitalisate automatisch in das Zentrale Verzeichnis Digitalisierter Drucke (ZVDD) eingespielt.[31] Die Digitalisate sind auch über die Deutsche Digitale Bibliothek (DDB)[32] und Europeana[33] zugänglich und im European Register of Microform and Digital Masters (EROMM)[34] nachgewiesen. Seit Juli 2012 sind die Quellen auch in BASE (Bielefeld Academic Search Engine) auffindbar.[35] Die Zusammenarbeit war für BASE Anlass, verstärkt Retro-Digitalisate aufzunehmen. Mit einem ausgewählten »GEI-Digital« Teilbestand wurde der Nachweis über das Virtual Language Observatory (VLO) der europäischen Forschungsinfrastruktur Common Language Resources and Technology Infrastructure (CLARIN) erprobt.[36] Derzeit werden GEI-spezifische und CLARIN-kompatible Metadatenprofile erstellt, so dass die erhobenen Metadaten vollumfänglich in CLARIN nutzbar gemacht werden sollen.

Die Vernetzung mit überregionalen Nachweissystemen befördert das Auffinden der Quellen über Suchmaschinen, so dass sich für diejenigen, die sich für historische Schulbücher interessieren und gleichzeitig »GEI-Digital« und die oben genannten Kataloge nicht kennen, die Chance erhöht, die

---

30 Vgl. Public Domain Mark 1.0, https://creativecommons.org/publicdomain/mark/1.0/deed.de, zuletzt geprüft am 21. August 2018.
31 Siehe http://www.zvdd.de/startseite/, zuletzt geprüft am 21. August 2018.
32 Siehe https://www.deutsche-digitale-bibliothek.de/, zuletzt geprüft am 21. August 2018.
33 Siehe https://www.europeana.eu/portal/de, zuletzt geprüft am 21. August 2018.
34 Siehe https://www.eromm.org/, zuletzt geprüft am 21. August 2018.
35 Siehe https://de.base-search.net/, zuletzt geprüft am 21. August 2018.
36 Vgl. Virtual Language Observatory (CLARIN), https://vlo.clarin.eu, zuletzt geprüft am 21. August 2018.

digitalisieren Schulbücher im Internet zu ermitteln. Immer wieder werden die digitalen Quellen auch für Ausstellungen oder Publikationen angefragt, eine für die Forschungsbibliothek wichtige Möglichkeit, öffentlichkeitswirksam zu agieren. In Kooperationen mit anderen Digitalisierungs- und DH-Projekten besteht darüber hinaus das Potential, die Datenqualität von »GEI-Digital« zu verbessern. Für das vom Leibniz-Institut für Ost- und Südosteuropaforschung (IOS) entwickelte Kartenportal »GeoPortOst«, das in Printpublikationen abgedruckte kartografische Materialien zu Ost- und Südosteuropa (»versteckte Karten«) nachweist und online zugänglich macht,[37] stellt die Forschungsbibliothek im Rahmen von »GEI-Digital« digitalisierte Geografie- und Geschichtslehrwerke, die besonders viele Karten aufweisen, zur Verfügung. »GeoPortOst« arbeitet mit Georeferenzierungen, um die historischen Karten zu verorten, in denen sich geopolitische Dynamiken, Polyethnizitäten und Migrationsbewegungen widerspiegeln.[38] Da die Karten in Schulbüchern bislang nicht OCR-erschlossen sind und kaum kartografische Angaben wie Koordinatensysteme und Maßstäbe enthalten, können Georeferenzierungen die historische Einordnung der in den Schulbüchern verwendeten Karten unterstützen, denn die abgebildeten Regionen werden dadurch eindeutig und mit aktuellen Koordinaten lokalisiert.

Die Anreicherung der Daten ist neben der Fortsetzung der Digitalisierung und der Optimierung der Usability einer der Schwerpunkte der weiteren Arbeit von »GEI-Digital«. Mittelfristig sollen die bereits im GBV erfassten normierten Orts- und Personennamen (GND) in Goobi integriert und somit auch über das Präsentationssystem verfügbar gemacht werden. Einen Mehrwert für die Suche soll durch die Goobi-Übernahme der im GBV vorhandenen Schlagwörter erzielt werden. Die »GEI-Digital«-Daten per *Linked Open Data* zur Verfügung zu stellen, wird langfristig angestrebt. Durch die Verlinkung offen zugänglicher, aber dezentral vorliegender Metadaten soll nicht nur eine verbesserte Auffindbarkeit erzielt werden.

---

37 Vgl. http://geoportost.ios-regensburg.de/, zuletzt geprüft am 21. August 2018.
38 Vgl. Hans Bauer, »KARTE². Nachweis und Visualisierung versteckter historischer Geoinformationen im Projekt GeoPortOst«, in: Institut für Ost- und Südosteuropaforschung (Hg.), *Jahresbericht 2014*, Regensburg, 2015, 132–141, http://www.ios-regens burg.de/fileadmin/doc/Jahresberichte/IOS-Jahresbericht2014.pdf, zuletzt geprüft am 21. August 2018.

Wenn Metadaten aus unterschiedlichen Informationssystemen zusammengeführt werden, können semantische Beziehungen hergestellt und komplexe Suchanfragen in Form von Sätzen oder Fragen elektronisch verstanden und entsprechend ausgewertet werden.[39] Über *Linked Open Data* wäre es zum Beispiel möglich, Personennamen von Schulbuchautorinnen und -autoren mit biografischen Informationen aus anderen Portalen wie zum Beispiel der Allgemeinen Deutschen Biographie (ADB) zu verknüpfen. Schulbuchautoren waren bis ins 19. Jahrhundert oftmals im Pfarrdienst tätig oder sie waren zugleich Autoren von Kinderbüchern oder Erziehungsratgebern. Diese Beziehungen könnten durch entsprechend verlinkte Infrastrukturen erstmals maschinell und über große Datenmengen hinweg sichtbar gemacht werden.

Literaturverzeichnis

»ABBYY präsentiert FineReader Engine 11 OCR SDK«, https://www.abbyy.com/de-de/news/abbyy-praesentiert-finereader-engine-11-ocr-sdk/#sthash.wn248Ity. dpuf, zuletzt geprüft am 21. August 2018.

Ausschuss für Wissenschaftliche Bibliotheken und Informationssysteme. »Positionspapier der DFG. Die digitale Transformation weiter gestalten – Der Beitrag der Deutschen Forschungsgemeinschaft zu einer innovativen Informationsinfrastruktur für die Forschung«, 2012, http://www.dfg.de/download/pdf/foerderung/programme/lis/positionspapier_digitale_transformation.pdf, zuletzt geprüft am 21. August 2018.

Baierer, Konstantin und Philipp Zumstein. »Verbesserung der OCR in digitalen Sammlungen von Bibliotheken«, in: *027.7 Zeitschrift für Bibliothekskultur / Journal for Library Culture* 4, 2 (2016), 72–83, http://0277.ch/ojs/index.php/cdrs_0277/article/view/155/353, zuletzt geprüft am 21. August 2018.

Bauer, Hans. »KARTE[2]. Nachweis und Visualisierung versteckter historischer Geoinformationen im Projekt GeoPortOst«, in: *Jahresbericht 2014*, Institut für Ost- und Südosteuropaforschung (Hg.), Regensburg, 2015, 132–141, http://www.ios-re

---

39 Vgl. Adrian Pohl und Patrick Danowski, »Linked Open Data in der Bibliothekswelt – Überblick und Herausforderungen«, in: Rolf Griebel, Hildegard Schäffler und Konstance Söllner (Hg.), *Praxishandbuch Bibliotheksmanagement*, Berlin: De Gruyter Saur, 2015, 392–409.

gensburg.de/fileadmin/doc/Jahresberichte/IOS-Jahresbericht2014.pdf, zuletzt geprüft am 21. August 2018.

Deutsche Forschungsgemeinschaft. »Ausschreibung. Skalierbare Verfahren der Text- und Strukturerkennung für die Volltextdigitalisierung historischer Drucke«, Bonn, 2017, http://www.dfg.de/download/pdf/foerderung/programme/lis/170306 _ausschreibung_verfahren_volldigitalisierung.pdf, zuletzt geprüft am 21. August 2018.

Deutsche Forschungsgemeinschaft. »DFG-Praxisregeln ›Digitalisierung‹. DFG-Vordruck 12.151-02/13«, http://www.dfg.de/download/pdf/foerderung/programme/ lis/praxisregeln_digitalisierung_2013.pdf, zuletzt geprüft am 21. August 2018.

Deutsche Forschungsgemeinschaft. »DFG-Praxisregeln »Digitalisierung«. DFG-Vordruck 12.151-12/16«, http://www.dfg.de/formulare/12_151/12_151_de.pdf, zuletzt geprüft am 21. August 2018.

Deutsche Forschungsgemeinschaft. »Merkblatt Erschließung und Digitalisierung. DFG-Vordruck 12.15-07/16«, http://www.dfg.de/formulare/12_15/12_15_de.pdf, zuletzt geprüft am 21. August 2018.

Deutsche Forschungsgemeinschaft. »Wissenschaftliche Literaturversorgungs- und Informationssysteme (LIS): DFG-Praxisregeln ›Digitalisierung‹. Stand: April 2009«, 2009, http://www.dfg.de/download/pdf/foerderung/programme/lis/praxis regeln_digitalisierung_2009.pdf, zuletzt geprüft am 21. August 2018.

Deutsche Nationalbibliothek. »Regeln für den Schlagwortkatalog (RSWK)«, 2009, §767–773, 284–290, http://files.dnb.de/pdf/rswk_gesamtausgabe.pdf, zuletzt geprüft am 21. August 2018.

Elteste, Friedrich Gottfried. *Hübnerus enucleatus & illustratus, Zweymal zwey und funfzig Lectiones aus der Politischen Historie,* Leipzig: Gleditsch, 1741, 122, http:// gei-digital.gei.de/viewer/resolver?urn=urn:nbn:de:0220-gd-9555137.

Fuchs, Heinrich. *Um der Kinder willen,* Nürnberg: Korn, 1909, 6, http://gei-digital. gei.de/viewer/image/PPN799996475/10/LOG_0005/.

Heinze, Carsten und Eva Matthes (Hg.). *Das Bild im Schulbuch. Beiträge zur historischen und systematischen Schulbuchforschung,* Bad Heilbrunn: Klinkhardt, 2010.

Kösters, Josef und Catharina Müller. *Lehrbuch der Geschichte,* Münster: Schöningh, 1913, http://gei-digital.gei.de/viewer/resolver?urn=urn%3Anbn%3Ade%3A0220- gd-4154910.

Mühlberger, Günter. »Digitalisierung historischer Zeitungen aus dem Blickwinkel der automatisierten Text- und Strukturerkennung (OCR)«, in: *Zeitschrift für Bibliothekswesen und Bibliographie (ZfBB)* 58, 1 (2011), 10–18.

Neuroth, Heike. »Die wissenschaftliche Bibliothek im Kontext von Forschungsinfrastrukturen«, in: *Evolution der Informationsinfrastruktur. Kooperation zwi-*

schen Bibliothek und Wissenschaft, Heike Neuroth, Norbert Lossau und Andrea Rapp (Hg.), Glückstadt: Werner Hülsbusch, 2013, 325–344.

Nölte, Manfred u. a. »Automatische Qualitätsverbesserung von Fraktur-Volltexten aus der Retrodigitalisierung am Beispiel der Zeitschrift *Die Grenzboten*«, in: *o-bib. Das offene Bibliotheksjournal* 3 (1), 2016, http://dx.doi.org/10.5282/o-bib/2016H1 S32-55.

Pohl, Adrian und Patrick Danowski. »Linked Open Data in der Bibliothekswelt – Überblick und Herausforderungen«, in: *Praxishandbuch Bibliotheksmanagement*, Rolf Griebel, Hildegard Schäffler und Konstanze Söllner (Hg.), Berlin: De Gruyter Saur, 2015, 392–409.

Tewes, Hermann. *Menschenrassen und Völkertypen. Bd. 2*, Leipzig: Wachsmuth, 1913, http://www.deutschestextarchiv.de/tewes_menschenrassen_1913, zuletzt geprüft am 21. August 2018.

Volger, Friedrich Wilhelm. *Leitfaden beim ersten Unterricht in der Geschichte*, Hannover: Hahn, 1834, http://gei-digital.gei.de/viewer/image/PPN844993581/1/ LOG_0003/.

Annekatrin Bock / Anke Hertling

Das Schulbuch im Wandel – Digitale Bildungsmedien und Open Educational Resources

Digital educational media and open educational resources (OER) are born-digital resources, and as such are tailor-made for research approaches from the digital humanities. This paper outlines the paradigm shift that has been caused within textbook research by these new resources and pinpoints how processes of collecting and securing digital educational media have become prerequisites for new research perspectives.

Grundsätzlich eröffnen sich mit der Digitalisierung im Hinblick auf Zugang und Bearbeitungsmöglichkeiten von Quellen für alle Wissenschaftsdisziplinen neue Möglichkeiten. Der mit der Digitalisierung einhergehende Wandel für die internationale Schulbuchforschung ist aber weitaus grundlegender. Mit guten Argumenten lässt sich die Umbenennung des gesamten Forschungsfeldes diskutieren, denn der primäre Untersuchungsgegenstand besteht seit einiger Zeit nicht länger allein aus Schul-*Büchern*. Intensiv setzen sich aktuelle Studien des Georg-Eckert-Instituts (GEI) mit bereits ausschließlich digital vorliegenden Bildungsmedien auseinander. Erforscht werden sowohl ihre Wissens-, Deutungs- und Identitätsangebote als auch die Produktion und Praktiken der Aneignung von digitalen Bildungsmedien wie z. B. im Rahmen von Studien zur Nutzung digitaler Medien an Deutschen Auslandsschulen[1] oder in sogenannten Notebook- bzw. Tablet-Klassen.[2] Dabei steht der mediale Wandel im

---

1 Vgl. Georg-Eckert-Institut, »DigDAS: Digitale Medien und deutsche Auslandsschulen«, http://www.gei.de/abteilungen/schulbuch-als-medium/digitale-auslandsschulen.html, zuletzt geprüft am 30. August 2018.
2 Vgl. Annekatrin Bock, Inga Niehaus und Maren Tribukait, »Abschlussbericht: Verwendung digitaler Bildungsmedieninhalte in Braunschweiger Notebook-Klassen«,

schulischen Kontext mit damit einhergehenden Handlungsimplikationen für den zukünftigen Umgang mit digitalen Bildungsmedien in der Schule im Mittelpunkt.

Aktuelle Forschungen zu Inhalten, zur Produktion und zur Verwendung von digitalen Bildungsmedien korrespondieren mit den weltweiten Entwicklungen auf dem internationalen Schulbuchmarkt. Zunehmend werden Schulbücher ausschließlich digital erzeugt, digital vertrieben und digital genutzt, in Form von PDF-Versionen oder als dynamische, interaktive und multimediale Lehrmittel. Diese inzwischen auch politisch geförderte Entwicklung[3] stellt nicht nur Schulen vor neue Aufgaben.[4] Bibliotheken und Archive, die Bildungsmaterialien sammeln, müssen ebenfalls Lösungen finden, um die Forschung zur Digitalisierung von schulischem Lehren und Lernen zu unterstützen und um dazu beizutragen, die neuen Quellen nachhaltig nutzbar zu machen. Haben Archive, Bibliotheken und Museen ihre Expertise im Bereich Retrodigitalisierung von historischem Quellenmaterial in zahlreichen Digitalisierungsprojekten unter Beweis gestellt, gilt es nun für *Digital-born*-Quellen Sammelprofile zu entwickeln und technische Infrastrukturen für ihre Archivierung und ihre langfristige Nutzung aufzubauen.

Eckert. Working Papers 5 (2015), http://www.edumeres.net/urn/urn:nbn:de:0220-2015-00109.

3 Vgl. Bundesministerium für Bildung und Forschung, »Bildungsoffensive für die digitale Wissensgesellschaft«, https://www.bmbf.de/files/Bildungsoffensive_fuer_die_digitale_Wissensgesellschaft.pdf, (Stand Oktober 2016), zuletzt geprüft am 18. Oktober 2018. Der »Digitalpakt Schule« der aktuellen Bundesregierung strebt an, dass Schülerinnen und Schüler »in allen Fächern und Lernbereichen eine digitale Lernumgebung nutzen können«, in: CDU, CSU und SPD, »Ein neuer Aufbruch für Europa. Eine neue Dynamik für Deutschland. Ein neuer Zusammenhalt für unser Land: Koalitionsvertrag zwischen CDU, CSU und SPD«, 7. Februar 2018, 39 f., https://www.ndr.de/nachrichten/koalitionsvertrag228.pdf, zuletzt geprüft am 30. August 2018.

4 Vgl. z. B. Annekatrin Bock, »OER in der Schule: Auf dem Weg, aber nicht angekommen«, 18. Oktober 2016, www.bpb.de/lernen/digitale-bildung/werkstatt/235441/oer-in-der-schule-auf-dem-weg-aber-nicht-angekommen, zuletzt geprüft am 30. August 2018.

Digitale Bildungsmedien weltweit

Im Hinblick auf einen Paradigmenwechsel auf dem Schulbuchmarkt zeigen sich weltweit durchaus unterschiedliche Dynamiken. In Asien, Südamerika und einigen arabischen Ländern existieren bereits eine Vielzahl digitaler Angebote für Schülerinnen und Schüler verschiedener Altersstufen. So stellen die Bildungsministerien von Indonesien[5], Sri Lanka[6], Syrien[7], dem Iran[8], Ecuador[9], Mexiko[10] oder der Mongolei[11] – um nur einige zu nennen – Schulbücher kostenlos als PDFs online zur Verfügung. In Afrika, wo sich in vielen Regionen oftmals mehr als zehn Schülerinnen und Schüler ein Schulbuch teilen müssen, tragen Bildungsmedien, die kostenlos auf Mobiltelefonen und Smartphones aufgerufen werden können, schon seit einiger Zeit zu einem verbesserten Zugang zu Bildung bei. Im Vergleich zu Entwicklungen, die auf mobile Endgeräte wie Tablets oder Laptops zielen, erreichen solche Angebote für Mobiltelefone oder Smartphones eine besonders große Anzahl von Nutzerinnen und Nutzern.[12] Der europäische und vor allem der deutsche Schulbuchmarkt reagierte über einen langen Zeitraum hinweg vergleichsweise zögerlich auf den digitalen Wandel. Zwar

---

5 Vgl. Bildungsministerium Indonesien, http://bsd.pendidikan.id/data/, zuletzt geprüft am 30. August 2018.

6 Vgl. Educational Publications Department Sri Lanka, http://www.edupub.gov.lk/BooksDownload.php, zuletzt geprüft am 30. August 2018.

7 Vgl. Bildungsministerium Syrien, http://moed.gov.sy/site/, zuletzt geprüft am 30. August 2018.

8 Vgl. Bildungsministerium Iran, http://www.chap.sch.ir/, zuletzt geprüft am 30. August 2018.

9 Vgl. Bildungsministerium Ecuador, https://educacion.gob.ec/documentos-pedagogicos/, zuletzt geprüft am 30. August 2018.

10 Vgl. Bildungsministerium Mexiko, http://libros.conaliteg.gob.mx/content/common/consulta-libros-gb/, zuletzt geprüft am 30. August 2018.; sowie Eugenia Roldán Vera, »From textbooks to tablets. The production of educational media in Latin America«, in: *Eckert. Das Bulletin* 16 (2016), 16–19, http://www.gei.de/publikationen/eckert-bulletin/eckert-bulletin-16-2016.html, zuletzt geprüft am 30. August 2018.

11 Vgl. Bildungsministerium Mongolei, http://econtent.edu.mn/content/library.html, zuletzt geprüft am 30. August 2018.

12 Vgl. Brigitte Döllgast, »Handy statt Buch: Literatur- und Leseförderung findet in Afrika mithilfe von Mobiltelefonen statt«, in: *BuB. Forum Bibliothek und Information*, 6 (2015), 380–383, http://b-u-b.de/wp-content/uploads/2015-06.pdf, zuletzt geprüft am 30. August 2018.

gibt es viele Schulbücher, die ebenfalls digital im PDF-Format vorliegen, aber es sind oft kostenpflichtige Angebote von Schulbuchverlagen. Um sich verstärkt im Bereich digitaler Bildungsmedien zu engagieren, fehlt es aus der Perspektive der Schulbuchproduzierenden an entsprechenden politischen Rahmenbedingungen sowie an Rechtssicherheit in Deutschland, aber auch an einer angemessenen technischen Ausrüstung in den Schulen sowie an der Medienkompetenz von Lehrerinnen und Lehrern.[13]

Die Veränderungsprozesse im Bereich Schulbuch lassen sich bislang insbesondere an den internationalen Entwicklungen festmachen. 2016 erhielt die Forschungsbibliothek des GEI erstmals zwei Tablets. Das *Class Book* aus Vietnam war eine Schenkung eines langjährigen Kooperationspartners des Instituts. Das Tablet umfasst Lehr- und Lernmaterialien aller Klassenstufen und die Schülerinnen und Schüler können auf multimediale und interaktive Elemente zugreifen. So ist für das Fach Geografie ein Film über die Flora und Fauna Vietnams integriert und für die Primarstufe finden sich interaktive Module, z. B. zum Schreibenlernen.[14] Das *iSchool*-Tablet aus Sambia bietet ebenfalls interaktive Möglichkeiten. Es ist für die Primarstufe konzipiert, sieht aber gleichfalls Erwachsene im Selbststudium als Zielgruppe. Neben multimedialen Lerneinheiten, die zum Teil in den Regionalsprachen Nyanja, Bemba, Kaonde, Lozi, Lunda, Luvale und Tonga verfügbar sind, bietet *iSchool* eine vorinstallierte Version der Wikipedia, Werkzeuge für Textverarbeitung, Präsentationen und ein Malprogramm an. Über eine App können zusätzliche Lernmaterialien auf das Tablet geladen werden.[15]

In Deutschland ist 2018 mit dem *mBook* für das Fach Geschichte erstmals ein digitales Schulbuch mit dem Preis »Schulbuch des Jahres« (Sek. I, Kategorie Gesellschaft) ausgezeichnet worden.[16] Basierend auf einer Ent-

---

13 Vgl. Verband Bildungsmedien e. V., »Alles Digital oder was? In Deutschlands Schulen bricht ein neues Zeitalter an«, https://www.bildungsmedien.de/index.php/positionen/bildung-und-digitalisierung, zuletzt geprüft am 30. August 2018.

14 Vgl. Anke Hertling, »Digital Textbooks as a Challenge to the Library Collection«, in: *Eckert. Das Bulletin* 16 (2016), 48–51, http://www.gei.de/publikationen/eckert-bulletin/eckert-bulletin-16-2016.html, zuletzt geprüft am 30. August 2018.

15 Vgl. iSchool, http://ischool.zm/#introduction, zuletzt geprüft am 30. August 2018.

16 Vgl. »Schulbuch des Jahres 2018 – Sekundarstufe I«, http://www.gei.de/stipendien-prei se/schulbuch-des-jahres/preistraeger/2018.html, zuletzt geprüft am 30. August; MBook-Projekt, https://de.wikipedia.org/wiki/MBook-Projekt, zuletzt geprüft am

wicklungsstrategie, die das Institut für digitales Lernen auf Grundlage geschichtsdidaktischer Forschungsergebnisse erarbeitet hat, wird das *mBook* seit 2017 von Cornelsen weiterentwickelt. Deutsche Schulbuchverlage setzen inzwischen zunehmend auf digitale Lehr- und Lernmöglichkeiten. Mit seiner ZOOM-App als digitale Erweiterung zum gedruckten Schulbuch verfolgt u. a. Westermann ein Augmented-Reality-Konzept. Durch das Scannen einer Seite bietet die App zusätzliche mit mobilen Endgeräten kompatible Inhalte – wie etwa Hörtexte, Erklärfilme oder Slideshows – an. Perspektivisch wird darüber hinaus über einen Virtual-Reality-Ansatz nachgedacht, der die Grenzen zwischen der realen und der digitalen Lernumgebung endgültig auflöst.[17]

Als prototypische Vertreter von digitalen Bildungsmedien unterscheiden sich die genannten Beispiele in einem oder in mehreren der folgenden Kriterien von gedruckten Schulbüchern[18]:

Materialität: Die Materialität von digitalen Bildungsmedien manifestiert sich im jeweiligen Trägermedium (Notebooks, Smartphones, Tablets, Whiteboards), während die digitalen Inhalte immateriell vorliegen. Dies bedeutet im Kern, dass die Hardware, mit der auf Bildungsmedieninhalte zugegriffen wird, die Nutzungspraktiken bzw. die Möglichkeiten der Interaktion mit den Inhalten rahmt.

Multimedialität: Im Gegensatz zum gedruckten Schulbuch, das ausschließlich textuelle (sprachliche/semiotische) und visuelle Informationen anbietet, verbinden digitale Bildungsmedien verschiedene Modalitäten wie beispielsweise visuelle, auditive und audiovisuelle Inhalte.

Interaktivität: Während für Druckmedien das Primat des Speicherns kennzeichnend ist, gilt bei interaktiven digitalen Bildungsmedien das Pri-

30. August 2018 sowie Christoph Bunnenberg, »Digitale Schulgeschichtsbücher«, in: Daniel Bernsen und Ulf Kerber (Hg.), *Praxishandbuch Historisches Lernen und Medienbildung im Digitalen Zeitalter*, Berlin/Toronto: Barbara Budrich, 2017, 222–224.

17 Vgl. »Und es hat Zoom gemacht! Augmented Reality bei Westermann«, in: *Dpr # 10/ 2017 digital publishing report. Das Digitale Magazin für die Medienbranche: kuratiert, kommentiert, eingeordnet* 10 (2017), 15–16, http://digitalpublishingreport.de/dpr_ Heft10_2017.pdf, zuletzt geprüft am 30. August 2018.

18 Vgl. Christian Nosko, »Entwicklungschancen und Sackgassen: Das digitale Schulbuch kommt zu sich selbst«, in: Manuel Froitzheim, Kathrin Schuhen und Michael Schuhen (Hg.), *Das elektronische Schulbuch. Fachdidaktische Anforderungen und Ideen treffen auf Lösungsvorschläge der Informatik*, Münster: LIT, 2016, 8–9.

mat des Interagierens und Verarbeitens. Interaktive digitale Bildungsmedien reagieren auf Aktionen von Nutzerinnen und Nutzern. Dabei agieren sowohl die Person als auch die Medientechnik. Wenn ein hoher Grad an Interaktivität besteht, kann sogar von Verarbeitung und Modifikation der Medien gesprochen werden. Ein Beispiel hierfür wäre der Inhalt eines Wikis, der von Schülerinnen und Schülern diskutiert und danach verändert im System hinterlegt wird.

Individualisierung: Schulbücher werden traditionell als Massenmedien bezeichnet, die sich, in hoher Stückzahl produziert, an ein großes, heterogenes und disperses Publikum richten. Während Schulbücher aber unidirektional rezipiert werden, setzen digitale Bildungsmedien auf Individualisierung, d. h. auf individuell auswählbare Inhalte und auf die Anpassung an die Bedürfnisse der Lernenden. Individualisierte Lernangebote kommunizieren direkt mit dem Individuum, z. B. wenn sie in Rückmeldeschleifen die nächste Aufgabe der jeweils individuellen Kompetenzstufe anpassen oder wenn mit Tools die Reflexion über die eigenen Lernpraktiken zum integralen Bestandteil des Lernprozesses wird.

Vernetzung: Der Begriff der vernetzten oder konvergenten Bildungsmedien fokussiert die komplexe synchrone Verknüpfung der Inhalte über verschiedene Kanäle und Modalitäten. Über Verlinkungen können Inhalte erweitert oder theoretisches Wissen mit praktischen Beispielen veranschaulicht werden. Vernetzte digitale Medien senden nicht mehr von einem Zentrum in die Peripherie (one-to-many), sondern verschiedene Akteure kommunizieren miteinander (many-to-many).

Offenheit: Der Begriff der Offenheit von digitalen Bildungsmedien ist vor allem im Kontext der Open Educational Resources (OER) von Bedeutung. OER bezeichnen gemeinfreie Lehr- und Lernmaterialien. Der Zugang zu diesen Materialien ist im Unterschied zu proprietären Materialien offen und in der Verwendung kostenfrei. Die Materialien werden unter einer Lizenz veröffentlicht, welche die Bearbeitung und Weitergabe der Inhalte ermöglicht. Die Standards und die Software, die bei der Entwicklung, der Bearbeitung und der Nutzung verwendet werden, sollten ebenfalls quelloffen (Open Source) vorliegen.

Die genannten Merkmale von digitalen Bildungsmedien werfen nicht nur neue Forschungsfragen auf, sondern sie wirken sich auch unmittelbar auf die Erwerbung, die Erschließung und die Archivierung der Quellen aus und berühren damit alle Arbeitsbereiche der Forschungsbibliothek des GEI. Grundsätzlich ist festzuhalten, dass sich mit digitalen Bildungsmedien der Sammelfokus vom physischen Schulbuch hin zum immateriellen Content verschiebt. Das Paradigma der Materialität erscheint für die Schulbuchsammlung des GEI zunehmend obsolet, da die Inhalte von digitalen Bildungsmedien in Form von Bits und Bytes und damit immateriell vorliegen. Welche Herausforderungen sich dadurch für die Sammlung von digitalen Bildungsmedien ergeben, wird im Folgenden näher skizziert.

Implikationen für die Sammlungsstrategie

Als Grundlage für den Ausbau der internationalen Schulbuchsammlung am GEI fungieren spezifische Erwerbungsrichtlinien, über die die Forschungsbibliothek die Sammlung von Schulbüchern ihrer Schwerpunktfächer Geschichte, Geografie, Politik, Sozialkunde, Werteerziehung/Religion sowie von deutschsprachigen Lesebüchern und internationalen Fibeln steuert. Eine Abgrenzung zwischen Schulbüchern und weiterführenden zusätzlichen Lehr- und Lernmaterialien ist seit Sammlungsbeginn durchaus problematisch und diese Problematik verschärft sich noch einmal angesichts der Vielfalt von digitalen Bildungsmedien. Digitale Angebote in Form von Lehr- und Lernsoftware und entsprechenden Applikationen erschweren die Fokussierung auf einen klar umrissenen Sammlungsgegenstand. Ein Hauptkriterium für die Sammlung im GEI stellt die explizite Verwendung von Lehr- und Lernmaterialien in Schulen dar, wobei für die Sammlung von deutschen Schulbüchern die Zulassungsverzeichnisse der Bundesländer ein wichtiger Anhaltspunkt sind, denn sie regeln den schulischen Einsatz von Lernmitteln.[19] Die meisten Bundesländer erwähnen inzwischen digitale Medien in ihren Zulassungsverordnungen. So findet sich in den Verordnungen zum Beispiel in Bayern (2016) und Hessen (2013) der Hinweis, dass

---

19 Schulbücher für berufliche Schulen sowie Schulbücher für die Oberstufe bedürfen grundsätzlich nicht der Zulassung. Einen Überblick über die in deutschen Bundesländern zugelassenen Schulbücher gibt das Rechercheinstrument GEI-DZS. Vgl. »GEI-DZS. Datenbank der Zugelassenen Schulbücher für die Fächer Geographie, Geschichte, Sozialkunde (Politik) in Deutschland«, http://gei-dzs.edumeres.net/suche/, zuletzt geprüft am 30. August 2018.

neben gedruckten Schulbüchern auch »digitale Medien (digitale Schulbücher)«[20] zugelassen werden. Im Schulbücherzulassungserlass von Sachsen-
Anhalt (2013) bedürfen digitale Schulbücher keiner erneuten Zulassung,
wenn sie mit den Druckwerken übereinstimmen. Digitale Medien mit einem
das »Schulbuch ergänzende oder ersetzende Lernsoftware oder Lernmittel
mit interaktiven Zugängen sind den Schulbüchern als Druckwerke«[21] hingegen nicht gleichgestellt und sie unterliegen nicht dem Zulassungsverfahren. Andere Bundesländer wie Berlin, Hamburg oder das Saarland verzichten ganz auf staatliche Zulassungsverfahren. Hier liegt es an den
Lehrkräften zu entscheiden, welche Lernmaterialien eingesetzt werden –
eine Tendenz, in der Sebastian Seitz von der Technologiestiftung Berlin die
Chance sieht, digitale Angebote verstärkt in den Unterricht zu integrieren.[22]

Als weltweit einzigartige Institution, die internationale Schulbücher der
gesellschaftswissenschaftlichen Fächer systematisch sammelt, sieht die
Forschungsbibliothek des GEI ihre Verantwortung darin, der Forschung
auch digitale Bildungsmedien zur Verfügung zu stellen. In einem ersten
Schritt wurde das neue Sammelobjekt gemeinsam mit Wissenschaftlerinnen und Wissenschaftlern am Institut definiert und es wurde eine strate-
gische Ausrichtung der Sammlung von digitalen Bildungsmedien erarbeitet.
Digitale Bildungsmedien versteht das GEI als einen Begriff, der sich primär
auf *Digital-born*-(Bildungs-)Medien bezieht, also auf Medien, die aus-

---

20 Bayerische Staatskanzlei, »Zulassungsverordnung (ZLV) vom 17. November 2008
    (GVBl. 902, BayRS 2230-3-1-1-K), die zuletzt durch Verordnung vom 11. März 2016
    (GVBl. 65) geändert worden ist«, http://www.gesetze-bayern.de/Content/Document/
    BayZLV/, zuletzt geprüft am 30. August 2018. Land Hessen, »§ 2 SchbZVO. Verordnung
    über die Zulassung von Schulbüchern und digitalen Lehrwerken«, http://www.rv.hes
    senrecht.hessen.de/lexsoft/default/hessenrecht_rv.html?doc.hl=1&doc.id=hevr-AssBF
    SchulAPrVHE2011rahmen&documentnumber=1&numberofresults=1&showdoccase
    =1&doc.part=R&paramfromHL=true#docid:7117374,3,20130618, zuletzt geprüft am
    30. August 2018.
21 Zur Zulassung von Schulbüchern im Land Sachsen-Anhalt, »RdErl. des MK vom 18.04.
    2013 35-82200«, https://www.bildung-lsa.de/lernmittel_an_schulen__schulbuchver
    zeichnis.html, zuletzt geprüft am 15. Mai 2018.
22 Vgl. Smart Classroom Learning, »Open Educational Resources (OER) – ein Interview
    mit Sebastian Seitz von der Technologiestiftung Berlin«, 15. März 2015, https://smartc
    lassroomlearning.org/2015/03/15/open-educational-resources-oer-ein-interview-mit-
    sebastian-seitz-von-der-technologiestiftung-berlin/, zuletzt geprüft am 30. August
    2018.

schließlich als digitale Angebote zur Verwendung mit entsprechenden Endgeräten konzipiert und produziert worden sind. Digitale Bildungsmedien, die im Rahmen eines explizit gesellschaftlich formulierten Bildungsauftrages erstellt und verwendet werden und im Regelfall institutionell verankert und mit einem gesellschaftlichen und pädagogischen Zweck verbunden sind, sind für das GEI vorrangiger Forschungsgegenstand. Als besonderer Referenzrahmen für Forschungen am GEI fungiert der schulische Kontext, da er politisch und bildungspraktisch eine herausragende Rolle einnimmt.

Relevant für die Forschung am GEI und somit für die Sammlung der Forschungsbibliothek sind demnach schulbezogene digitale Bildungsmedien, d. h. *Digital-born*-Bildungsmedien, die in schulischen Kontexten verwendet werden. Ausgehend von dieser engeren Definition erweiterte die Forschungsbibliothek 2016 ihre Erwerbungsrichtlinien.[23] Da weiterhin vielfach gedruckte Schulbücher angeboten werden, folgt der Bestandsaufbau dem Profil einer »hybriden Bibliothek«[24], wobei die Erwerbung e-preferred ausgerichtet ist. E-preferred bedeutet, dass bei einer inhaltlich übereinstimmenden Parallelversion von Schulbuch und digitaler Version die digitale Version bevorzugt erworben wird. Erste Erfahrungen zeigen, dass die digitalen Angebote erheblich kostenintensiver ausfallen als gedruckte Werke, sodass die e-preferred-Strategie nur unter der Voraussetzung einer Erhöhung des Erwerbungsetats umzusetzen ist. Die Vielfalt an Lizenz- und Geschäftsmodellen wird dabei den zukünftigen Bestandsaufbau kennzeichnen. Digitale Bildungsmedien werden nicht im klassischen Sinne gekauft, sondern es werden Lizenzen erworben, welche die Nutzungsrechte für den Zugriff, das Ausdrucken, das Downloaden oder das Speichern der Inhalte regeln.

Mit dem Erwerb von Lizenzen geht der Anspruch auf Eigentum eines Werkes verloren, denn Lizenzen gewähren lediglich das Recht auf Zugang

---

23 Vgl. Georg-Eckert-Institut, »Digitale Bildungsmedien erweitern das Erwerbungsprofil«, in: *Jahresbericht 2016*, 2017, 28–29, http://www.gei.de/publikationen/jahresbericht. html, zuletzt geprüft am 30. August 2018.
24 Zum Begriff der »hybriden Bibliothek« u. a. Klaus Kempf, »Sammlung ade? Bestandsaufbau im digitalen Zeitalter«, in: Klaus Ceynowa und Martin Herrmann (Hg.), *Bibliotheken. Innovation aus Tradition. Rolf Griebel zum 65. Geburtstag*, Berlin: De Gruyter Open, 2015, 371–408, hier 376–377.

zum Werk.[25] Mit einer Lizenz erhält man Zugriffsrechte zum jeweiligen Werk oder zu einer Plattform, über die digitale Bildungsmedien angeboten werden. Besonders problematisch sind derzeit die Lizenzmodelle von kommerziellen Anbietern wie Schulbuchverlagen. Sie bieten bislang ausschließlich Lizenzen an, die explizit auf einen begrenzten Nutzerkreis (Lehrerinnen und Lehrer, Schülerinnen und Schüler, Schulklassen) oder auf limitierte Nutzungszeiten ausgerichtet sind. Wie Silvia Herb von der Universitätsbibliothek Bielefeld erklärt, werden Bibliotheken von den Schulbuchverlagen »schlicht nicht als Markt für ihr[e] Produkt[e]«[26] angesehen. Im Unterschied zur Forschungsbibliothek des GEI sammeln Bibliotheken Schulbücher entweder nicht oder nur ausgewählt und deshalb werden sie als Geschäftspartner von den Verlagen kaum in Betracht gezogen. Sogenannte Campuslizenzen, die einen Zugang für eine Nutzergruppe innerhalb eines bestimmten IP-Bereichs – z. B. einer Hochschule – gewähren, sind zwar bei wissenschaftlichen E-Books üblich, aber für digitale Bildungsmedien sind sie noch nicht vorgesehen.

Zusätzlich zu seinem Sammelauftrag erfüllt das GEI eine Archivfunktion für seinen Bibliotheksbestand. Die erworbenen Schulbücher werden als nationales Kulturerbe in der Forschungsbibliothek langfristig aufbewahrt und die Sammlung erfolgt auch retrospektiv, d. h. es werden historische Schulbücher zur Vervollständigung des Bestandes angeschafft. Dieser gesetzliche Auftrag des GEI bedeutet, dass die Forschungsbibliothek sowohl an einem Zugang zum Werk als auch an einer digitalen Archivkopie des Werks interessiert ist. Nur wenn die Daten und damit die Inhalte der Bildungsmedien digital gesichert vorliegen, kann die Forschung die Quellen langfristig nutzen.

Die Forschungsbibliothek befindet sich derzeit in intensiven Gesprächen mit Schulbuchverlagen und Buchhändlern, um gemeinsam Vertriebsmodelle für die bibliothekarische Erwerbung und Sicherung von digitalen Bildungsmedien zu entwickeln. Ausgehend von ihren eigenen Samm-

---

25 Zum Prinzip »Access vs. Ownership« vgl. ebd., 381.
26 Silvia Herb und Diane Korneli-Dreier, »Schulbücher finden nur schwer in den Bestand Wissenschaftlicher Bibliotheken«, in: *BuB. Forum Bibliothek und Information* 10 (2017), 516, http://b-u-b.de/wp-content/uploads/2017-10.pdf, zuletzt geprüft am 30. August 2018; vgl. auch Hertling, »Digital Textbooks as a Challenge to the Library Collection«, 49.

lungsbedarfen erarbeitet sie Nutzungsprofile und Anwendungsszenarien als Grundlage für Lösungen, die den Ansprüchen von Verlagen und Bibliotheken gleichermaßen gerecht werden. Damit verbundene Verhandlungen über kommerzielle Lizenzmodelle entfallen bei der Gruppe der Open Educational Resources (OER). OER sind gemeinfrei und erlauben auf Basis freier Lizenzen ihre kostenlose Verwendung und Veränderung. Gerade für öffentliche Bibliotheken sowie für Hochschulbibliotheken liegt in der Bereitstellung und Nutzbarmachung von OER das Potenzial, sich als Ort der digitalen (Weiter-)Bildung neu zu positionieren.[27] Für das GEI stellt sich angesichts seiner oben genannten Sammlungsdefinition indessen die grundsätzliche Frage nach der Integration von OER in Form von digitalen Kopien.

OER sammeln?

OER wurden 2002 durch das UNESCO Forum on Open Courseware definiert und später in der »2012 Paris OER Declaration« bestätigt als »teaching, learning and research materials in any medium, digital or otherwise, that reside in the public domain or have been released under an open license that permits no-cost access, use, adaptation and redistribution by others with no or limited restrictions.«[28] Die drei Kriterien – 1) des kostenfreien Zugangs, 2) einer Lizenz, welche die Weiterbearbeitung und Weitergabe der ggf. veränderten Materialien erlaubt sowie 3) der Verwendung offener Software, Dateiformate und Standards bei der Erstellung und Bearbeitung der Ma-

---

27 Vgl. u. a. Jürgen Plieninger, »Open Educational Resources als Dienstleistungen von Bibliotheken«, in: *Bibliotheksdienst* 49, 12 (2015), 1173–1176, https://www.degruyter.com/downloadpdf/j/bd.2015.49.issue-12/bd-2015-0142/bd-2015-0142.pdf, zuletzt geprüft am 30. August 2018, sowie Gabriele Fahrenkrog, »Lernort Öffentliche Bibliothek und Open Educational Resources (OER) – Zusammenbringen, was zusammen gehört«, in: *Informationspraxis* 2, 1 (2016), 1–24, http://journals.ub.uni-heidelberg.de/index.php/ip/article/view/26628, zuletzt geprüft am 30. August 2018.
28 UNESCO, »2012 Paris OER Declaration«, 22. Juni 2012, http://www.unesco.org/new/fileadmin/MULTIMEDIA/HQ/CI/WPFD2009/English_Declaration.html, zuletzt geprüft am 30. August 2018.

terialien[29] – werden in der Diskussion um OER unterschiedlich berücksichtigt bzw. ausgelegt und somit wird auch der Begriff in unterschiedlicher Weise verwendet. Werden alle drei Kriterien streng angelegt, erfüllen nur wenige Materialien die formulierten Anforderungen für OER. Insbesondere das Kriterium der offenen Software wird häufig nicht eingehalten; andererseits wird Kostenfreiheit als einziges Kriterium in der Regel abgelehnt.

OER subsumieren die ganze Vielfalt an digitalen Lehr- und Lernmaterialien und beziehen Materialien für universitäre und andere außerschulische Kontexte mit ein. »OERs range from textbooks to curricula, syllabi, lecture notes, assignments, tests, projects, audio, video and animation«[30], heißt es in der 2015 von der UNESCO neu veröffentlichten OER-Definition. Der Ansatz von OER basiert auf Prinzipien anderer, teils schon seit Langem etablierter Open-Bewegungen wie Open Source, Open Content oder Open Access. Wie diese müssen sich OER im Spannungsfeld zwischen Idealismus, akademischer Anerkennung und Verantwortung für die Inhalte positionieren und dafür transparente Standards der Qualitätssicherung und der technischen Anschlussfähigkeit finden.

Die Möglichkeiten im Lern- und Lehrbereich, die mit OER und frei nachnutzbaren Bildungsmaterialien verbunden sind, diskutiert das GEI nicht nur theoretisch. Entwickelt wurden an die Bildungspraxis gerichtete digitale Angebote wie zum Beispiel die Online-Plattform DeuFraMat, über die seit 2002 Materialien zur deutsch-französischen Geschichte und Geografie bereitgestellt wurden.[31] Das Projekt »Zwischentöne« bietet Zugang zu multimedialen Unterrichtsmodulen und greift dabei aktuelle und auf Curricula basierende Themen auf, um explizit Leerstellen in Schulbüchern zu ergänzen. Insbesondere Themen aus dem Kontext einer zunehmend pluralistischen (Post-)Migrationsgesellschaft rückt »Zwischentöne« in den Fokus und gestaltet exemplarische Unterrichtseinheiten für die Sekundarstufen I und II in den Fächern Geschichte, Politik, Ethik/Religion und

---

29 Für einen Überblick über die verschiedenen Lizenzen vgl. »creative commons«, https://
     creativecommons.org/licenses/, zuletzt geprüft am 30. August 2018.
30 UNESCO, »What are Open Educational Resources (OERs)?«, http://www.unesco.org/
     new/en/communication-and-information/access-to-knowledge/open-educational-
     resources/what-are-open-educational-resources-oers/, zuletzt geprüft am 30. August
     2018.
31 Vgl. DeuFraMat, http://deuframat.de/, zuletzt geprüft am 30. August 2018.

Geografie, anhand derer sich allgemeine gesellschaftliche, historische und politische Fragestellungen multiperspektivisch diskutieren lassen.[32]

Die auf der Plattform »Zwischentöne« zur Verfügung gestellten Materialien sind über eine CC-BY-NC-ND-4.0-Lizenz nutzbar. Die Materialien dürfen demnach bei Veränderung/Bearbeitung nicht weiter verbreitet werden. »Zwischentöne« erfüllt somit nicht die strengen OER-Voraussetzungen. Eine der Hürden im Projekt ist, dass die Autorinnen und Autoren der Unterrichtsmodule vielfach auf urheberrechtlich geschütztes Bild- und Quellenmaterial zurückgreifen. Zwar stimmen die Urheber und Urheberinnen solcher Quellen einer Veröffentlichung im Rahmen von »Zwischentöne« zu, für eine Weiterverbreitung resp. Veränderung der Materialien müssten aber zusätzliche Rechte erworben werden. Plattformen, die OER zur Verfügung stellen, umgehen diese Schwierigkeit, indem sie die digitalen Materialien selbst produzieren und auf journalistische oder fachwissenschaftliche Fotos und Texte anderer Urheberinnen und Urheber verzichten.[33] Den damit einhergehenden Ressourceneinsatz versucht das GEI verstärkt über Projektförderung abzudecken, sodass Lehrenden und Lernenden zukünftig – ganz im Sinne von OER – nicht nur ein freier, sondern auch ein kreativer Zugang zu den Inhalten von »Zwischentöne« gewährt werden soll.

Zahlreiche Studien und OER-Initiativen machen immer wieder deutlich, dass »öffentliche Gelder nicht nur in die Anschaffung von Büchern [sic!] sondern auch in die Erstellung von OER fließen«[34] sollten, um OER nachhaltig zu fördern. Polen, Norwegen oder die USA wären hierbei als vor-

---

32 Vgl. »Zwischentöne. Materialien für Vielfalt im Klassenzimmer«, http://www.zwischen toene.info, zuletzt geprüft am 30. August 2018. Auch andere kostenfrei zugängliche digitale Angebote des GEI eignen sich zur Nachnutzung im schulischen Kontext. Vgl. Tim Hartung, Maret Nieländer und Rocco Lehmann, »Schulbücher zum Unterrichtsgegenstand machen: Wie können passive Rezipienten zu medienkritischen Nutzern von Bildungsmedien werden?«, in: *Pädagogik* 69, 10 (2017), 38–42.

33 OER Materialien sind auch auf der Lernplattform segu zu finden. Vgl. »Selbstgesteuert entwickelnder Geschichtsunterricht (segu). Lernplattform für offenen Geschichtsunterricht«, https://segu-geschichte.de/, zuletzt geprüft am 30. August 2018.

34 Leonhard Dobusch, »Open Education in USA weiter am Vormarsch: Schulbezirk stellt um, Bildungsministerium stellt ein«, 16. September 2015, https://netzpolitik.org/2015/open-education-in-usa-weiter-am-vormarsch-schulbezirk-stellt-um-bildungsministerium-stellt-ein/, zuletzt geprüft am 30. August 2018.

bildhaft zu nennen. Verstärkt sind zudem überregional kooperierende und koordinierende Aktivitäten wie der Aufbau einer vernetzten Infrastruktur zur Zusammenführung und Weiterentwicklung der bereits bestehenden Initiativen, Portale und Materialien notwendig.[35] Neben der vom Deutschen Institut für Internationale Pädagogische Forschung (DIPF) eingerichteten »Informationsstelle OER«[36] macht die »OER World Map«[37] entsprechende Aktivitäten weltweit sichtbar. Diese Informationsdienste sind auch Grundlage für die Erwerbungstätigkeiten der Forschungsbibliothek des GEI, die die internationalen OER-Entwicklungen aufmerksam verfolgt. Da OER zum großen Teil Zusatzmaterialien für den Unterricht darstellen und die Nutzung vielfach außerschulisch verankert ist, wurden für die Sammlung von OER vor allem inhaltliche Kriterien aufgestellt. Als digitale Kopie gesichert werden OER demnach,

– wenn ein enger Bezug zu den Forschungen am GEI und zum gesellschaftswissenschaftlichen (Fächer-)Schwerpunkt der Forschungsbibliothek gegeben ist und
– wenn sie in schulbezogenen Kontexten zum Einsatz kommen.

Ein wichtiger Indikator zur Aufnahme von OER in die Sammlung ist, dass sie auf Plattformen von Bildungsministerien angeboten werden und sich Verweise auf entsprechende Lehrplanrichtlinien finden lassen. Ein systematischer Aufbau einer OER-Sammlung, die auf eine möglichst konsistente oder gar vollständige Quellengrundlage zielt, ist hingegen nicht realisierbar. Auch im Hinblick auf die für OER notwendigen technischen Infrastrukturen wäre dieses Anliegen nicht zu bewältigen. OER laden per Definition zur Modifikation und Erstellung vielfältiger Versionen ein, die wiederum von technischer Seite vollständig archiviert werden müssten. Die Forschungs-

---

35 Vgl. Deutscher Bildungsserver, »Machbarkeitsstudie zum Aufbau und Betrieb von OER-Infrastrukturen in der Bildung«, Februar 2016, https://open-educational-resources.de/wp-content/uploads/OER_Machbarkeitsstudie_Bericht.pdf, zuletzt geprüft am 30. August 2018.
36 Deutsches Institut für Internationale Pädagogische Forschung (DIPF), »OERinfo. Information Transfer Vernetzung zu Open Educational Resources«, https://open-educational-resources.de/, zuletzt geprüft am 30. August 2018.
37 Mapbox, »OER World Map«, https://oerworldmap.org/resource/, zuletzt geprüft am 30. August 2018.

bibliothek sieht es daher vielmehr als ihre Aufgabe an, ihre Nutzerinnen und Nutzer auf die vielfältigen OER-Angebote aufmerksam zu machen und sie im Umgang mit OER und den verschiedenen Lizenzformen zu schulen.

Von der digitalen Kopie zur Simulation: Technische Infrastrukturen

Die Frage, wie der Zugang und die Sicherung von digitalen Bildungsmedien technisch realisiert werden können, ist für das GEI derzeit ohne Zweifel die größte Herausforderung. So müssen die Inhalte der digitalen Bildungsmedien in Form einer digitalen Kopie gesichert werden. Für Bildungsmedien, die im PDF-Format vorliegen, wird aktuell die Nachnutzung der Open-Source-Software DSpace erprobt. DSpace kommt am GEI u. a. für die Sicherung von Open-Access-Publikationen zur Anwendung, sodass es naheliegt, sie für digitale Bildungsmedien weiterzuentwickeln und ein elektronisches Rechtemanagement für unterschiedliche Zugriffsmöglichkeiten aufzubauen. In einem elektronischen Rechtemanagement können die entsprechenden Lizenzregelungen hinterlegt werden, sodass zum Beispiel bei einer Campuslizenz sichergestellt wäre, dass der Zugriff auf die digitale Kopie nur im IP-Bereich des GEI erfolgt. Trägermedien bzw. Endgeräte wie Tablets sind für die Sammlung nicht vorgesehen, da sie proprietäre Systeme darstellen. Die digitalen Inhalte sollen in diesen Fällen migriert werden, wobei die Möglichkeit einer Datenmigration noch vor der Integration in die technische Infrastruktur geprüft werden müsste.

Im Rahmen des von der DFG geförderten Fachinformationsdienstes (FID) »Erziehungswissenschaft und Bildungsforschung« hat die Forschungsbibliothek 2018 zudem begonnen, ein Anforderungsprofil für eine technische Infrastruktur für digitale Bildungsmedien mit multimedialen und interaktiven Elementen zu erarbeiten. DSpace ermöglicht die Sicherung von multimedialen Inhalten. Allerdings haben diese einen besonders hohen Innovationszyklus und sie liegen in den unterschiedlichsten Formaten vor; es gibt kaum internationale Standards, die einen verlustfreien Zugang aus unterschiedlichen Betriebssystemen und Programmen ermöglichen.[38] Lösungsansätze bieten Emulationstechniken wie sie bei der Archivierung von Video- oder Computerspielen Verwendung finden. »Mittels eines Emulators wird versucht, die ursprüngliche Hard- und Softwareumgebung möglichst originalgetreu nachzuahmen, wodurch das ursprüngliche Leseprogramm funktionsfähig bleibt«[39], erklärt der Informatiker Jens-Martin Loebel. Gemeinsam mit Partnern und mit Unterstützung der Deutschen Forschungsgemeinschaft (DFG) hat die Deutsche Nationalbibliothek (DNB) Emulationsverfahren für Bibliotheken, Archive und Museen getestet und das Bereitstellungssystem EMiL (*Emulation of Multimedia Objects in Libraries*) entwickelt.[40] EMiL erscheint vielversprechend für die Bedürfnisse des GEI, multimediale und interaktive Lernumgebungen für die Forschung nachhaltig zu sichern. Inwieweit allerdings alle Parameter von digitalen Bildungsmedien über eine Sicherungskopie abgebildet werden können, ist noch eine offene Frage. Insbesondere mit den Kriterien der Interaktivität und Vernetzung als Kennzeichen von digitalen Bildungsmedien verbinden sich nichtlineare und mehrdimensionale Anwendungen, die eine Sicherung zu einem höchst komplexen Vorgang machen. Zu relativieren ist demnach die Erwartung der Forschung, dass digitale Bildungsmedien als authentische Originale archiviert werden können.

---

38 Vgl. Jens-Martin Loebel, »Probleme und Strategien der Langzeitarchivierung multimedialer Objekte«, in: Otthein Herzog u. a. (Hg.), *INFORMATIK 2007. Informatik trifft Logistik, Beiträge der 37. Jahrestagung der Gesellschaft für Informatik e. V.*, Bd. 2., Bremen: Köllen, 2007, 509–514, 511, und Tobias Möller-Walsdorf, »Langzeitarchivierung und -bereitstellung im E-Learning Kontext«, in: Heike Neuroth u. a. (Hg.), *Nestor-Handbuch. Eine kleine Enzyklopädie der digitalen Langzeitarchivierung*, o. J., 23–28, https://zkm.de/de/projekt/bereitstellung-von-multimedia-objekten-durch-emulation-emil, zuletzt geprüft am 18. Oktober 2018.

39 Loebel, »Probleme und Strategien der Langzeitarchivierung multimedialer Objekte«, 512.

40 Vgl. EMiL, »Bereitstellung von Multimedia-Objekten durch Emulation«, https://zkm.de/de/projekt/bereitstellung-von-multimedia-objekten-durch-emulation-emil, zuletzt geprüft am 15. Mai 2018.

Ausblick: Infrastrukturen auf Augenhöhe mit der Forschung

Den medialen Wandel im schulischen Bildungsbereich versteht das Georg-Eckert-Institut als Chance, bewährte Forschungs- und Sammlungsstrukturen zu reflektieren und seine Arbeit entsprechend aktueller Entwicklungen zu perspektivieren. Auch wenn es in einzelnen Ländern wie Südkorea oder Polen Initiativen gibt, Schulbücher fast ausschließlich in digitaler Form zu veröffentlichen, ist eine endgültige Ablösung des gedruckten Schulbuchs zeitnah nicht zu erwarten. Die Sammlung im GEI bleibt dementsprechend weiterhin hybrid und ist damit verstärkt davon geprägt, dass sowohl aktuelle gedruckte Schulbücher als auch digitale Bildungsmedien zu erwerben sind. Beide Quellenbestände sollen nicht nur über digitale Infrastrukturen nutzbar, sondern auch vor Ort sichtbar und schnell zugänglich sein. Deshalb hat die Forschungsbibliothek bis zur endgültigen Umsetzung ihrer Sammlungs- und Sicherungsstrategie QR-Codes an den Regalen der Schulbuchsammlung angebracht, die die Nutzerinnen und Nutzer unmittelbar zu im Internet verfügbaren digitalen Bildungsmedien führen. Darüber hinaus werden mobile Endgeräte wie Tablets zur Verfügung gestellt, um die Informationsversorgung nutzerfreundlich auszurichten.

Dem Anspruch von Bibliotheken, Quellen für die Forschung langfristig verfügbar zu machen, kommt im schnelllebigen Informationszeitalter eine besondere Bedeutung zu. Angesichts der Fülle von digital vorliegenden Informationen müssen Bibliotheken ihre Sammelprofile schärfen und digitale Werkzeuge entwickeln, die zur Bereitstellung, Aufarbeitung und Bündelung von digitalen Informationen beitragen. Gerade vor dem Hintergrund, dass Schulbücher und digitale Bildungsmedien kaum von anderen Bibliotheken gesammelt werden, strebt die Forschungsbibliothek des GEI an, ihre Archivfunktion auch im Bereich der Sicherung von digitalen Bildungsmedien in Form von digitalen Kopien zu realisieren. Zugleich bietet das Internet erweiterte Möglichkeiten der Vernetzung mit anderen Akteuren. Virtuell werden im »International TextbookCat« Daten von international vorhandenen Schulbuchsammlungen zusammengeführt[41] und es wäre wünschenswert, das Nachweisinstrument auch für Zugänge zu di-

---

41 Vgl. Christian Scheels Beitrag zu »Multilingualität in einem internationalen Bibiliothekskatalog« in diesem Band.

gitalen Bildungsmedien auszubauen. Die Sicherung von digitalen Kopien müsste dabei nicht zwingend im GEI erfolgen, sondern könnte als eine gemeinsam zu bewältigende Aufgabe der Partner des »International TextbookCat« verstanden werden.

Mit einer kooperativen Zusammenarbeit von Infrastrukturanbietern und mit der Bereitstellung von digitalen Werkzeugen ergeben sich für die Forschung zu digitalen Bildungsmedien neue Ansätze. Neben Data-Mining-Verfahren sind Forschungen im Bereich Mensch-Computer-Interaktion denkbar, die zugleich den kulturwissenschaftlichen Ansatz im GEI erweitern würden. Denn es gibt spannende Fragen zu beantworten: Wie verändert sich die Schülerrolle, wenn Schülerinnen und Schüler mit den personalisierten Angeboten von digitalen Bildungsmedien arbeiten und wie verändern sich die Beziehungen zwischen Schülerinnen und Schülern untereinander oder zwischen Lehrenden und Lernenden, wenn Schülerinnen und Schülern durch digitale Technologien mehr Eigenverantwortung für ihren Lernprozess eingeräumt wird? Digitale Bildungsmedien in den überregionalen Aufbau und die internationale Vernetzung von Infrastrukturen einzubeziehen ist deshalb ein attraktives Angebot für die Forschung und diese gemeinsame Herausforderung stärkt nicht zuletzt die Zusammenarbeit zwischen Bibliothek und Wissenschaft.

Literatur

Bayerische Staatskanzlei. »Verordnung von Lernmitteln (Zulassungsverordnung – ZLV) Vom 17. November 2008 GVBI. S. 902) BayRS 2230-3-1-1-K«, 17. November 2008, http://www.gesetze-bayern.de/Content/Document/BayZLV/, zuletzt geprüft am 30. August 2018.

Bock, Annekatrin. »OER in der Schule: Auf dem Weg, aber nicht angekommen«, 18. Oktober 2016, www.bpb.de/lernen/digitale-bildung/werkstatt/235441/oer-in-der-schule-auf-dem-weg-aber-nicht-angekommen, zuletzt geprüft am 30. August 2018.

Bock, Annekatrin, Inga Niehaus und Maren Tribukait. »Abschlussbericht: Verwendung digitaler Bildungsmedieninhalte in Braunschweiger Notebook-Klassen«, *Eckert. Working Papers* 5, 2015, http://www.edumeres.net/urn/urn:nbn:de:0220-2015-00109, zuletzt geprüft am 30. August 2018.

Bundesministerium für Bildung und Forschung. »Bildungsoffensive für die digitale Wissensgesellschaft«, https://www.bmbf.de/files/Bildungsoffensive_fuer_die_digitale_Wissensgesellschaft.pdf, (Stand Oktober 2018), zuletzt geprüft am 18. Oktober 2018.

Bunnenberg, Christoph. »Digitale Schulgeschichtsbücher«, in: *Praxishandbuch Historisches Lernen und Medienbildung im Digitalen Zeitalter*, Daniel Bernsen und Ulf Kerber (Hg.), Berlin/Toronto: Barbara Budrich, 2017, 222–224.

CDU, CSU und SPD. »Ein neuer Aufbruch für Europa. Eine neue Dynamik für Deutschland. Ein neuer Zusammenhalt für unser Land: Koalitionsvertrag zwischen CDU, CSU und SPD«, 17. Februar 2018, https://www.ndr.de/nachrichten/koalitionsvertrag228.pdf, zuletzt geprüft am 30. August 2018.

Deutscher Bildungsserver. »Machbarkeitsstudie zum Aufbau und Betrieb von OER-Infrastrukturen in der Bildung«, Februar 2016, https://open-educational-resources.de/wp-content/uploads/OER_Machbarkeitsstudie_Bericht.pdf, zuletzt geprüft am 30. August 2018.

Dobusch, Leonhard. »Open Education in USA weiter am Vormarsch: Schulbezirk stellt um, Bildungsministerium stellt ein«, 16. September 2015, https://netzpolitik.org/2015/open-education-in-usa-weiter-am-vormarsch-schulbezirk-stellt-um-bildungsministerium-stellt-ein/, zuletzt geprüft am 30. August 2018.

Döllgast, Brigitte. »Handy statt Buch: Literatur- und Leseförderung findet in Afrika mithilfe von Mobiltelefonen statt«, in: *BuB. Forum Bibliothek und Information* 6, 2015, 380–383, http://b-u-b.de/wp-content/uploads/2015-06.pdf, zuletzt geprüft am 30. August 2018.

Fahrenkrog, Gabriele. »Lernort Öffentliche Bibliothek und Open Educational Resources (OER) – Zusammenbringen, was zusammen gehört«, in: *Informationspraxis* 2 (1), 2016, 1–24, http://journals.ub.uni-heidelberg.de/index.php/ip/article/view/26628, zuletzt geprüft am 30. August 2018.

Georg-Eckert-Institut. »DigDas: Digitale Medien und deutsche Auslandsschulen«, http://www.gei.de/abteilungen/schulbuch-als-medium/digitale-auslandsschulen.html, zuletzt geprüft am 30. August 2018.

Georg-Eckert-Institut. »Digitale Bildungsmedien erweitern das Erwerbungsprofil«, in: *Jahresbericht 2016*, 2017, 28–29, http://www.gei.de/publikationen/jahresbericht.html, zuletzt geprüft am 30. August 2018.

Hartung, Tim, Maret Nieländer und Rocco Lehmann. »Schulbücher zum Unterrichtsgegenstand machen: Wie können passive Rezipienten zu medienkritischen Nutzern von Bildungsmedien werden?«, in: *Pädagogik* 69 (10), 2017, 38–42.

Herb, Silvia und Diane Korneli-Dreier. »Schulbücher finden nur schwer in den Bestand Wissenschaftlicher Bibliotheken«, in: *BuB. Forum Bibliothek und Information* 10, 2017, 516–517, http://b-u-b.de/wp-content/uploads/2017-10.pdf, zuletzt geprüft am 30. August 2018.

Hertling, Anke. »Digital Textbooks as a Challenge to the Library Collection«, *Eckert. Das Bulletin 16*, 2016, 48–51, http://www.gei.de/publikationen/eckert-bulletin/ eckert-bulletin-16-2016.html, zuletzt geprüft am 30. August 2018.

Kempf, Klaus. »Sammlung ade? Bestandsaufbau im digitalen Zeitalter«, in: *Bibliotheken. Innovation aus Tradition. Rolf Griebel zum 65. Geburtstag*, Klaus Ceynowa und Martin Herrmann (Hg.), Berlin: De Gruyter Open, 2015, 371–408.

Land Hessen. »§ 2 SchbZVO. Verordnung über die Zulassung von Schulbüchern und digitalen Lehrwerken«, http://www.rv.hessenrecht.hessen.de/lexsoft/default/hes senrecht_rv.html?doc.hl=1&doc.id=hevr-AssBFSchulAPrVHE2011rahmen&do cumentnumber=1&numberofresults=1&showdoccase=1&doc.part=R&param fromHL=true#docid:7117374,3,20130618, zuletzt geprüft am 30. August 2018.

Land Sachsen-Anhalt. »Zulassung von Schulbüchern im Land Sachsen-Anhalt. RdErl. des MK vom 18.04.2013 35-82200«, https://www.bildung-lsa.de/schule/ lernmittel_an_schulen__schulbuchverzeichnis.html, zuletzt geprüft am 18. Oktober 2018.

Loebel, Jens-Martin. »Probleme und Strategien der Langzeitarchivierung multimedialer Objekte«, in: *INFORMATIK 2007. Informatik trifft Logistik, Beiträge der 37. Jahrestagung der Gesellschaft für Informatik e. V.*, Bd. 2., Otthein Herzog u. a. (Hg.), Bremen: Köllen, 2007, 509–514.

Möller-Walsdorf, Tobias. »Langzeitarchivierung und -bereitstellung im E-Learning Kontext«, in: *Nestor-Handbuch. Eine kleine Enzyklopädie der digitalen Langzeitarchivierung*, Heike Neuroth u. a. (Hg.), o. J., 23–28, http://nestor.sub.uni-goet tingen.de/handbuch/artikel/nestor_handbuch_artikel_272.pdf, zuletzt geprüft am 30. August 2018.

Nosko, Christian. »Entwicklungschancen und Sackgassen: Das digitale Schulbuch kommt zu sich selbst«, in: *Das elektronische Schulbuch. Fachdidaktische Anforderungen und Ideen treffen auf Lösungsvorschläge der Informatik*, Manuel Froitzheim, Kathrin Schuhen und Michael Schuhen (Hg.), Münster: LIT, 2016, 7–19.

Plieninger, Jürgen. »Open Educational Resources als Dienstleistungen von Bibliotheken«, *Bibliotheksdienst* 49 (12), 2015, 1173–1176, https://www.degruyter.com/ downloadpdf/j/bd.2015.49.issue-12/bd-2015-0142/bd-2015-0142.pdf, zuletzt geprüft am 30. August 2018.

Roldán Vera, Eugenia. »From textbooks to tablets. The production of educational media in Latin America«, *Eckert. Das Bulletin 16*, 2016, 16–19, http://www.gei.de/ publikationen/eckert-bulletin/eckert-bulletin-16-2016.html, zuletzt geprüft am 30. August 2018.

Smart Classroom Learning. »Open Educational Resources (OER) – ein Interview mit Sebastian Seitz von der Technologiestiftung Berlin«, 15. März 2015, https://smartc lassroomlearning.org/2015/03/15/open-educational-resources-oer-ein-interview

-mit-sebastian-seitz-von-der-technologiestiftung-berlin/, zuletzt geprüft am 30. August 2018.

»Und es hat Zoom gemacht! Augmented Reality bei Westermann«, in: *Dpr # 10/2017 digital publishing report. Das Digitale Magazin für die Medienbranche: kuratiert, kommentiert, eingeordnet* 10, 2017, 15–16, http://digitalpublishingreport.de/dpr_Heft10_2017.pdf, zuletzt geprüft am 30. August 2018.

UNESCO. »2012 Paris OER Declaration«, 22. Juni 2012, http://www.unesco.org/new/fileadmin/MULTIMEDIA/HQ/CI/WPFD2009/English_Declaration.html, zuletzt geprüft am 30. August 2018.

UNESCO. »What are Open Educational Resources (OERs)?«, http://www.unesco.org/new/en/communication-and-information/access-to-knowledge/open-educational-resources/what-are-open-educational-resources-oers/, zuletzt geprüft am 30. August 2018.

Verband Bildungsmedien e. V. »Alles Digital oder was? In Deutschlands Schulen bricht ein neues Zeitalter an«, https://www.bildungsmedien.de/index.php/positionen/bildung-und-digitalisierung, zuletzt geprüft am 30. August 2018.

Maret Nieländer / Andreas Weiß

»Schönere Daten« – Nachnutzung und Aufbereitung für die Verwendung in Digital-Humanities-Projekten

The usability of digital analytical methods and the validity of their results are heavily dependent upon the quality and quantity of the digital source material they are applied to. Our article describes and compares two divergent approaches to working within research projects that utilised data from the digital textbook library »GEI-Digital«. The two digital humanities projects »Quellen des Neuen« and »Children and their World« evaluated and investigated the feasibility of digitally supported research, and were coordinated through the Georg Eckert Institute and implemented in collaboration with a range of external partners. During the »Children and their World« project a large corpora was subjected to automated processes whereas the CLARIN-D data curation project »Quellen des Neuen« manually processed a much smaller selection of material.

Das Georg-Eckert-Institut (GEI) betreibt nicht nur internationale Schulbuchforschung, sondern stellt gemäß seines gesetzlichen Infrastrukturauftrags auch umfangreiche Quellengrundlagen für diese Forschung zur Verfügung. Nicht alles ist dabei so »handfest« beziehungsweise ortsgebunden wie die mehr als 177.000 Schulbücher und 77.000 wissenschaftlichen Werke in der Forschungsbibliothek in Braunschweig. Das Institut bietet auch webbasierte Forschungsinformationsdienste und arbeitet an der Digitalisierung seiner historischen Bestände.

Metadaten (wie z.B. bibliografische Angaben) und Daten (wie z.B. Volltexte, Aufsätze etc.) werden dabei über eigene Benutzeroberflächen bereitgestellt, die gemäß den Anforderungen der Forschungsgemeinschaft bzw. des zugrunde liegenden Forschungsprojektes entwickelt wurden. Sie entsprechen dem jeweiligen Stand der Technik bezüglich Informationsextraktion und Nutzerfreundlichkeit zum Zeitpunkt ihrer Entstehung bzw.

der jeweils letzten Überarbeitung. Grundsätzlich sollen die digitalen Angebote einfache und verlässliche Recherchen und Ergebnisansichten ohne Kenntnis von Programmier- oder Abfragesprachen ermöglichen. Angebote wie »GEI-Digital«, »edu.data«, »edu.docs« und andere stehen weltweit zur Verfügung und sind zentral über das Portal »Edumeres« erreichbar. Die digitale Schulbuchbibliothek »GEI-Digital« stellt zudem über Schnittstellen (APIs) den Zugang zu Rohdaten bereit, die es ermöglichen, damit in Projekten wie den hier vorgestellten weiterzuarbeiten.[1]

Seit Mitte der 2010er Jahre werden am Institut Forschungsprojekte durchgeführt, die das Potential der Digitalität nutzen bzw. ausloten und weiterentwickeln. Dieser Artikel stellt zwei dieser Digital-Humanities-Projekte vor, die für die Bearbeitung ihrer jeweiligen Forschungsfragen einen fast gegensätzlichen Umgang mit dem verfügbaren Datenmaterial wählten. Im Folgenden beschreiben wir die Projekte mit ihrem jeweiligen Arbeitsablauf zur Aufbereitung der Daten, um dann Unterschiede, Vor- und Nachteile der verschiedenen Herangehensweisen zu diskutieren.

Vorab ist zu erwähnen, dass die beiden Projekte unterschiedliche Ziele bzw. Teilziele verfolgten, auf die wir nicht in gleichem Maße eingehen werden. Von Interesse ist an dieser Stelle vor allem die Aufbereitung der Quellendaten.[2]

Gemeinsam war den Projekten, dass sie Daten und Metadaten der digitalen Schulbuchbibliothek »GEI-Digital« heranzogen und dass ihre Ergebnisse dazu beitragen, den Gebrauch dieses Datenbestandes für die Nutzerinnen und Nutzer langfristig zu erleichtern und zu verbessern. Beide Projekte sind Beispiele für den Einsatz von Digital-Humanities-Tools und -Methoden in der Schulbuchforschung. Ihre Gegenüberstellung kann helfen, deren Voraussetzungen, Potentiale und Grenzen zu erkennen.

Das Kurationsprojekt »Quellen des Neuen« diente ausdrücklich dem Erproben von Arbeitsabläufen zur Anpassung und Vereinheitlichung von Datenbeständen für eine Integration in die CLARIN-D Infrastruktur (mehr

---

1 Zu »GEI-Digital« siehe auch die beiden ersten Beiträge in diesem Band von Anke Hertling und Sebastian Klaes.

2 Ein weiteres Beispiel für Möglichkeiten der Datenaufbereitung für ein Digital-Humanities-Projekt ist die digitale Edition »WorldViews«. Dieses wird im Beitrag zu »Forschungsdaten in der internationalen Schulbuchforschung« von Steffen Hennicke, Bianca Pramann und Kerstin Schwedes in diesem Band vorgestellt.

zu CLARIN-D im Abschnitt 1.1). Es sollte geklärt werden, in welchem Verhältnis Aufwand und Ertrag einer Datenkuration für historische Forschungsprojekte stehen. Als Ausgangspunkt diente eine historische Forschungsfrage nach realkundlichem und naturwissenschaftlichem Wissen für verschiedene Zielgruppen zwischen Aufklärung und Moderne. Es sollte untersucht werden, inwieweit Forschungen und Schriften des Göttinger Naturkundlers und Universitätsgelehrten Johann Friedrich Blumenbach Eingang in die Schulbücher entsprechender Fächer fanden.

Zunächst wurden verschiedene Forschungsdesigns bzw. Nutzungsszenarien für die betrachteten Quellentypen entwickelt, die dann das Vorgehen bei der Zusammenstellung eines geeigneten Korpus und der Aufbereitung der Daten bestimmen würden. Im Verlauf des Projektes wurde letztlich eine begrenzte Menge von Schulbuchquellen mit Bezug zu Blumenbachs Forschung ausgewählt, die von gedrucktem, OCR-behandeltem Text in ein digitales Datenformat (TEI) umgewandelt werden sollten.

Das Projekt »Welt der Kinder« hingegen arbeitete von Anfang an mit einer sehr viel größeren Menge digitaler Daten. Hier waren drei Partner beteiligt, die zusammen unterschiedliche aber gleichberechtigte Teilziele verfolgten: historisch-hermeneutische Forschung, informatische Textextraktion und Informationswissenschaft als Projektbegleitung und -analyse. Die Historiker am GEI fragten nach dem Wissen über die Welt, das Kinder im 19. Jahrhundert aus Schulbüchern erhalten konnten. Untersucht wurde, wie sich diese globalen Wissensbestände zum zur Globalisierung gegenläufigen Prozess der Nationalstaatsbildung und seinen Selbstdefinitionen verhielten. Hierzu sollten große Textmengen mit *Distant-reading*-Methoden[3] untersuchen werden; im Hintergrund stand immer die Frage, ob und wie geisteswissenschaftliche Fragestellungen von diesen Methoden profitieren können. In diesem Projekt stellten Informatiker digitale Werkzeuge

---

3 Der Begriff des *distant reading* (»aus der Ferne lesen«) wurde vom Literaturwissenschaftler Franco Moretti geprägt, um die digital gestützte, vornehmlich statistisch-quantitative Analyse im Unterschied zur intensiven menschlichen Lektüre (dem *close reading*) zu beschreiben. Vgl. Franco Moretti, *Distant Reading*, übersetzt von Christine Pries, Konstanz: Konstanz University Press, 2016. Auch der häufig genutzte Begriff des Text Mining impliziert, dass Texte nicht im Ganzen gelesen werden, sondern dass in ihnen computergestützt nach bestimmten Mustern und Informationen »geschürft« wird.

zur Verfügung und arbeiteten zusammen mit Informationswissenschaft-
lern an Algorithmen und einer Benutzeroberfläche, die das zu untersu-
chenden Korpus optimal nutzbar machen sollten.

Im Folgenden werden wir die Projekte mit ihren spezifischen Zielen und
den gewählten Arbeitsabläufen der Datenaufbereitung vorstellen. Am Ende
werden wir auf die Erkenntnisse eingehen, die wir aus unserer Arbeit in
diesen Projekten für die weitere digital-historische Forschung gewonnen
haben.

1   Das Kurationsprojekt »Quellen des Neuen«

Das Projekt »Quellen des Neuen: Realkundliches und naturwissenschaftliches Wissen für Dilettanten und Experten zwischen Aufklärung und Moderne« wurde von Februar 2015 bis Januar 2016 am Göttingen Centre for
Digital Humanities durchgeführt. Kooperationspartner und Datengeber
waren das »Blumenbach Online«-Projekt der Akademie der Wissenschaften
zu Göttingen sowie die digitale Schulbuchbibliothek »GEI-Digital« des
Georg-Eckert-Instituts. Unterstützt wurde das Projekt von den CLARIN-D-
Zentren an der Berlin-Brandenburgischen Akademie der Wissenschaften
(BBAW) und dem Institut für Deutsche Sprache Mannheim (IDS).

1.1   CLARIN-D, die CLARIN-D-Facharbeitsgruppen und deren
Kurationsprojekte

Das Projekt war eines von verschiedenen Kurationsprojekten, die zu dieser
Zeit von Facharbeitsgruppen verschiedener geisteswissenschaftlicher Dis-
ziplinen in CLARIN-D durchgeführt wurden. CLARIN-D ist der deutsche
Zweig des 2012 gegründeten europäischen Infrastruktur-Projektes für die
Geisteswissenschaften. Das Kürzel steht für Common Language Resources
and Technology Infrastructure, zu Deutsch etwa Gemeinsame Sprachdaten
und technologische Infrastruktur. Die Grundidee hierbei ist es, digital
vorliegende »Sprachdaten« verschiedener Fächer sowie Werkzeuge zu ihrer
Bearbeitung in ganz Europa bzw. weltweit (gegebenenfalls nach einem
Login über ein Forschungsinstitut) zur Verfügung zu stellen. CLARIN-D

besteht derzeit aus neun zertifizierten Zentren, die jeweils auf bestimmte Datentypen und -formate spezialisiert sind. Es ist der Anspruch CLARIN-Ds, eine »Forschungsdateninfrastruktur für die Geistes- und Sozialwissenschaften [bereitzustellen], die Forschende beim Auffinden, Aufbewahren und Auswerten von Forschungsdaten unterstützt.«[4] Um die ursprünglich vor allem computerlinguistische Basis des Verbundprojektes zu erweitern und die Bedarfe der Forschung bei der Weiterentwicklung im Blick zu behalten, wurden in CLARIN-D verschiedene Facharbeitsgruppen gegründet. Sie testen die Infrastruktur und beraten sowohl die Zentren als auch an der Nutzung interessierte Mitglieder ihrer jeweiligen Communities. Seit 2014 sind auch Sozial- und Geschichtswissenschaften in entsprechenden Facharbeitsgruppen daran beteiligt, die internationale Infrastruktur mitzugestalten.

Die Facharbeitsgruppe »Neuere Geschichte«[5] in CLARIN-D konzipierte und begleitete das Kurationsprojekt »Quellen des Neuen«. Ziel war es, Sprachdaten (in diesem Fall historische Textquellen) auszuwählen, die für möglichst viele historische Fragestellungen von Interesse sind, und diese so aufzubereiten, dass sie möglichst sichtbar und anschlussfähig zur Verfügung stehen. Dabei sollten auch Erfahrungen bezüglich möglicher Arbeitsabläufe gesammelt und kommuniziert sowie Aufwand und Ertrag diskutiert werden.

1.2 Die Ausgangslage

Im Projekt wurden zunächst verschiedene Forschungsdesigns bzw. Nutzungsszenarien für die betrachteten Quellentypen entwickelt. So wären mögliche Forschungsfragen, inwiefern Blumenbachs Forschungsagenda und schulische Curricula korrespondierten, wie sich Blumenbachs Kommunikationsnetzwerk gestaltete oder ob er bestimmte Fachbegriffe prägte.

---

4 Vgl. den Vorstellungstext von Erhard Hinrichs, https://www.clarin-d.net/de/home, zuletzt geprüft am 20. Juni 2018.
5 Ende 2016 fusionierten die Facharbeitsgruppen »Neuere Geschichte« und »Zeitgeschichte« zur F-AG »Geschichtswissenschaften«. Sie hat derzeit 73 Mitglieder; die Leitung und Koordination liegen gemeinschaftlich beim Zentrum für Zeithistorische Forschung Potsdam, dem GEI und dem Deutschen Historischen Institut Washington.

Gefragt werden könnte aber z. B. auch nach der Konstruktion des »Neuen« oder »Wahren« in Schulbüchern, nach der Darstellung von Wissenschaft und nach dem Verständnis von Natur und Schöpfung bei Blumenbach und in Schulbüchern etc. Hier zeigte sich bereits, dass viele dieser Fragen die Einbindung weiterer Quellenbestände nötig gemacht hätten. Das in den Geschichtswissenschaften verbreitete Vorgehen, die Quellenkorpora und Forschungsfragen im Verlaufe der Forschung immer wieder anzupassen, ist bei Digital-Humanities-Projekten oftmals kaum möglich. Hier muss das zu untersuchende Quellenkorpus oftmals schon zu Projektbeginn definiert werden, da es die weitere Vorverarbeitung und die dadurch ermöglichten Analysemethoden vorgibt.

Zu Beginn des Projektes lagen die Blumenbach-Publikationen bereits fehlerfrei transkribiert vor. Sie waren zudem bereits nach dem Standard 5 (Level 3 und 5) der *Text Encoding Initiative* (TEI)[6] in XML ausgezeichnet und insofern maschinenlesbar und durchsuchbar. Für die Metadaten waren Mapping-Informationen für die bibliothekarischen Standards FRBR, ISO, AACR und DC vorhanden.[7] Im Unterschied zu den transkribierten Blumenbach-Publikationen wurden die Volltexte der Schulbücher in »GEI-Digital« durch eine automatische Texterkennung generiert, die sich als teilweise sehr fehleranfällig erwies. Diese mittels OCR (*Optical Character Recognition*) erzeugten Texte besaßen eine Strukturauszeichnung nach bibliothekarischen Standards, die etwa einzelne Kapitelüberschriften, nicht aber Absätze, Hervorhebungen oder Inhalte wie Personen- oder Ortsnamen erfasste und somit ansteuerbar machte. Die bibliografischen Angaben, also die Metadaten der Quellen, lagen in den Formaten METS/MODS, DC und MARCXML vor.[8]

Im Projekt wurden verschiedene Optionen der Datenaufbereitung dis-

---

6 Vgl. hierzu http://www.tei-c.org/index.xml und http://www.tei-c.org/Guidelines/P5/, zuletzt geprüft am 20. Juni 2018.

7 Vgl. Gerhard Lauer, »Johann Friedrich Blumenbach – online (Projektbericht für das Jahr 2014)«, in: *Jahrbuch der Akademie der Wissenschaften zu Göttingen. 2014,* Boston/ Berlin: De Gruyter, 2015, 244–247, http://www.blumenbach-online.de/fileadmin/wikiu ser/Daten_Digitalisierung/Jahresberichte/JFB-online_Jahresberichte.html#2014, zuletzt geprüft am 20. Juni 2018.

8 Vgl. auch die Beschreibung zur Erschließung und Datenaufbereitung im Artikel »›GEI-Digital‹ als Grundlage für Digital-Humanities-Projekte« von Anke Hertling und Sebastian Klaes in diesem Band.

kutiert. Überlegungen, die Blumenbach-Online-Quellen als Trainingsdaten für eine maschinelle Verbesserung der »GEI-Digital«-Daten zu nutzen oder ein Profil des CLARIN-eigenen Metadatenformates CMDI[9] für Schulbuchquellen zu erstellen und die vorhandenen Metadaten entsprechend anzupassen, wurden verworfen, da die Kuration auch für Historiker und Historikerinnen ohne Programmierkenntnisse durchführbar sein sollte. Als Ziel wurde schließlich vereinbart, die gescannten, OCR-bearbeiteten und frei lizensiert vorliegenden Texte aus »GEI-Digital« so weit aufzuwerten, dass sie mit digitalen Methoden untersucht werden können, mit anderen Quellen kompatibel sind und in einem CLARIN-D-Repositorium dauerhaft gespeichert werden können. Hierfür wurde zusammen mit dem CLARIN-D-Zentrum an der Berlin-Brandenburgischen Akademie der Wissenschaften ein Workflow entwickelt, der die Nachnutzung dort vorhandener Technik und Expertise beinhaltete. Dafür wurden teils die Historikerinnen und Historiker des Projektes geschult, teils wurden Aufgaben direkt von Mitarbeitern und Mitarbeiterinnen des CLARIN-D-Zentrums übernommen. Die Daten des »Blumenbach Online«-Projektes erfüllten die genannten Projektziele bereits weitestgehend. Vor allem für die Schulbücher aus »GEI-Digital« waren fehlerfreie – also texttreue – Volltexte mit Strukturauszeichnung, Annotationen und Metadaten in CLARINs CMDI-Format zu erstellen. Diese würden über die Plattform des Deutschen Textarchivs (DTA) zur Verfügung gestellt werden und somit Teil des dortigen Referenzkorpus deutscher Sprache werden. Der dafür etablierte Arbeitsablauf wird im Folgenden vor allem aus Sicht der Historiker und Historikerinnen im Projekt dargestellt.

---

9 Die *Component Metadata Infrastructure* (CMDI) wurde von CLARIN entwickelt, um die Vielzahl der existierenden Metadaten-Formate für Sprachdaten und Tools kompatibel zu machen. Vgl. hierzu: https://www.clarin.eu/content/component-metadata, zuletzt geprüft am 20. Juni 2018.

1.3   Die Datenkuration

A.   Datenerhebung/Digitalisierung (ggfs. mit Dienstleistern) und
       Datentransfer

Das Kurationsprojekt nutzte Daten nach, die von »Blumenbach-Online«
und »GEI-Digital« bereits erhoben und nach unterschiedlichen Standards
aufbereitet wurden. Im Falle von »Blumenbach-Online« lagen diese Standards bereits so dicht an denjenigen des Zielrepositoriums, dass sich das
Kurationsprojekt im Weiteren auf die Daten aus »GEI-Digital« konzentrierte. »GEI-Digital« stellt die Digitalisate historischer Schulbücher als
Public Domain zur Verfügung und gibt die Metadaten unter der CC0-Lizenz
frei. Die Metadaten können über eine OAI-Schnittstelle[10], die gescannten
Texte als PDF[11] heruntergeladen werden.

Die meisten der zu Beginn des Projektes skizzierten Forschungsfragen
basierten auf der Annahme, dass das Gesamtkorpus von »GEI-Digital« mit
Werkzeugen der Digital Humanities (DH) untersucht werden könnte.
Stattdessen wurden die in »GEI-Digital« implementierten Suchfunktionen
genutzt, um Bücher mit Bezug zu Blumenbach und seiner Forschung zu
finden. Von ihnen wurden zehn zwischen 1846 und 1913 erschienene Werke
mit insgesamt rund 3000 Seiten für die weitere Kuration ausgewählt, die in
unterschiedlichen Städten für die Fächer Realienkunde, Geschichte oder
Geografie publiziert wurden. Die Hälfte der Bücher war in Frakturschrift
gesetzt. Ihr Umfang variierte von 59 Seiten (mit zwei Spalten á 100 Zeilen)
bis 700 Seiten (á 50 Zeilen). Da die im Projekt ausgewählten Bücher auch
über das DTA als Edition publiziert werden sollten, wurden in diesem Fall
die Originalscans in hoher Auflösung und die OCR-erfassten Texte (TIFFs
und ABBYY-XML) auf einer externen Festplatte an das CLARIN-Zentrum
der BBAW geliefert. Dort wurden sie so hinterlegt, dass die Projektmitar-
beiter und Projektmitarbeiterinnen (per sshfs-Manager) Fernzugriff er-

---

10 Vgl. die Informationen zur Nutzung der OAI-Schnittstelle unter http://gei-digital.gei.
     de/viewer/pages/oaiinfo/, zuletzt geprüft am 20. Juni 2018.
11 In der jeweiligen Ansicht des Buches unter dem Reiter »Bibliographische Daten« unter
     »Downloads«.

hielten und die Daten mit dem vom DTA zur Verfügung gestellten Programm ZOT (ZoningTool)[12] bearbeiten konnten.

## B.	Teilautomatische Layouterkennung

Digitale Editionen sind nicht nur der buchstabengetreuen Wiedergabe verpflichtet, sondern bemühen sich auch um eine möglichst originalgetreue Strukturierung des Textes.[13] Die Auszeichnung von Listen, Absätzen, Bildern usw. ermöglicht sowohl die spätere Suche nach diesen Strukturen als auch eine näherungsweise originalgetreue Darstellung des äußeren Erscheinungsbildes. Diese ist nicht nur leserfreundlicher als reiner Fließtext, sondern nicht selten auch bedeutungstragend und somit für die Forschung relevant. Am CLARIN-Zentrum wurde zunächst eine automatische Layouterkennung auf Grundlage der durch die ABBYY-OCR-Software vorgenommenen *Page Segmentation* durchgeführt. Die erkannten Textzonen wurden sodann klassifiziert (*Segment Classification*): Hierbei werden Faktoren wie die Position einer erkannten Textzone auf der Seite, ihre Größe, die Größe der enthaltenen Zeichen etc. einbezogen. Das Ergebnis dieses Schritts war die Markierung verschiedener Textzonen mit Koordinaten im Bild, sowie die Benennungen der dadurch repräsentierten Strukturen mit Labels. Eine solche Strukturauszeichnung nach TEI könnte auch direkt in den (ABBYY-)XML-Dateien vorgenommen werden. Durch die Nachnutzung der ABBYY-Strukturdaten und die Verwendung von ZOT zur Definition bestimmter »Textzonen« wird sie jedoch vereinfacht und teilweise automatisiert. Die resultierenden XML-Daten können dann in einem XML-Editor nachkorrigiert werden.

12	Vgl. auch die Dokumentation zu dieser Software unter http://www.deutschestextar chiv.de/doku/software#ZOT, zuletzt geprüft am 20. Juni 2018.
13	Zu Kriterien für digitale Editionen vgl. z.B. Patrick Sahle, unter Mitarbeit von Georg Vogeler und den Mitgliedern des Instituts für Dokumentologie und Editorik (IDE), »Kriterienkatalog für die Besprechung digitaler Editionen«, Version 1.1, Juni 2014 unter https://www.i-d-e.de/publikationen/weitereschriften/kriterien-version-1-1/, zuletzt geprüft am 20. Juni 2018.

C.   Strukturauszeichnung mit dem Werkzeug ZOT des DTA

Mit Hilfe des am DTA genutzten Programms ZOT konnte die in Schritt B maschinell erstellte Vorstrukturierung kollaborativ korrigiert und ergänzt werden. Nach der Verbindungsherstellung mit den Servern der BBAW können in ZOT die einzelnen Digitalisate ausgewählt werden. Sie zeigen bereits farbig umrahmt die automatisch erkannten Strukturen (wie etwa Absätze und Fußnoten), denen bereits bestimmte Labels zugewiesen wurden (z. B.»fn« für Fußnoten). Hier arbeitet man sozusagen mit dem Blick des Setzers und markiert, korrigiert und ergänzt Strukturmerkmale wie Absätze, Seitenzahlen, Überschriften usf. Nach der Markierung einer solchen Zone mit der Maus öffnet sich in ZOT ein Dialogfenster, mit dem sich das passende Label zuweisen lässt. Falls bei der Zonierung Fehler unterlaufen oder Strukturen übersehen werden, können diese nachträglich im nächsten Schritt in der Korrekturumgebung des Deutschen Textarchivs DTAQ berichtigt werden.

Als problematisch haben sich in diesem Projekt hochstrukturierte Vorlagen wie Tabellen, Listen und bestimmte Grafiken erwiesen, die für die Quellengattung Schulbuch typisch sind. Sie sind mit der derzeitigen Technik der OCR und der maschinellen Layouterkennung noch nicht gut zu erfassen und erfordern entsprechend aufwändige Nachbearbeitung. Auch der Gebrauch verschiedener Struktureinheiten wie Kapitel, Unterkapitel, Paragrafen, Listen und Aufzählungen bereitete Schwierigkeiten, vor allem wenn diese Einteilungen mittels römischen und arabischen Ziffern, Paragrafen, Buchstaben usw. einmal quer zueinander liefen, was den Anforderungen von TEI-XML an logisch verschachtelte Strukturen entgegensteht.

D.   Konvertierung in das DTA-Basisformat, Metadaten-Aufnahme und Integration in die Korrekturumgebung

Die fertige Zonierung, also die Markierung der Strukturen, wurde am CLARIN-D-Zentrum kontrolliert und in das TEI-XML-Basisformat des Deutschen Textarchivs (DTABf) konvertiert. Dabei wurden die OCR-Textdaten mit den Zoning-Daten vereinigt, so dass ein XML-Text im TEI-basierten DTA-Basisformat vorlag. Die Metadaten wurden aus vorhandenen Metadatensätzen übernommen und manuell mit Informationen über die weiter erfolgte Datenbearbeitung ergänzt. Zur Erfassung einzelner Ressourcen wie der hier bearbeiteten Schulbücher steht auch ein Metadatenformular zur Verfügung, mit dem ein DTABf-konformer TEI-Header erzeugt wird[14]. Dieser wird dann automatisch nach CMDI (und/oder Dublin Core) konvertiert. Die Texte wurden dann in die Korrekturumgebung des Deutschen Textarchivs (DTAQ) integriert. Dort konnte er von den Projektmitarbeiterinnen und -mitarbeitern nach Anmeldung im System weiter kontrolliert und bearbeitet werden.

E. Kontrolle und Korrektur der OCR-Textdaten und der XML-Strukturierung in DTAQ

Abbildung 1: Arbeiten im DTAQ, XML-Ansicht (Ausschnitt)

---

14 Vgl. den entsprechenden Eintrag im »CMDI Component Registry« unter https://cata log.clarin.eu/ds/ComponentRegistry/#/?itemId=clarin.eu:cr1:p_1345180279115&_k= dojfdn, zuletzt geprüft am 20. Juni 2018.

Im DTAQ-eigenen Texteditor wurden die OCR-Fehler berichtigt; mit dem ergänzenden XML-Editor konnten weitere formale und inhaltliche Auszeichnungen entsprechend der Vorgaben des DTA-Basisformates[15] vorgenommen werden. Diese Änderungen werden mithilfe des GIT-Versionsverwaltungssystems dokumentiert. Falls ein Phänomen auch nach Konsultation der Richtlinien nicht bearbeitet werden kann, ermöglicht ein Ticketsystem den Verweis an Experten und Expertinnen des DTA.

F.   Persistente IDs

Die Daten wurden dann am CLARIN-D-Zentrum mit persistenten Identifikatoren (*persistant identifiers*, PIDs) versehen, die eine dauerhafte Referenzierbarkeit gewährleisten.

1.4   Ergebnisse und Erfahrungen

Für die Bearbeitung einer normalen Seite war in diesem Projekt mit einem Zeitaufwand von insgesamt ca. 15–20 Minuten zu rechnen. Diese Zeit verkürzte sich, wenn in DTAQ außer der OCR-Korrektur und der schon mit ZOT vorgenommenen Strukturauszeichnung keine weiteren Auszeichnungen vorgenommen wurden. Die Bearbeitungszeit konnte sich jedoch auch erheblich verlängern, wenn die OCR-Ausgangsdaten besonders fehlerhaft und die Seitenstruktur anspruchsvoll waren, wenn die Auszeichnung bislang unbekannter Phänomene recherchiert werden musste oder wenn Software oder Internetverbindung nicht schnell und stabil waren.

---

15 Vgl. die Dokumentation des Basisformates unter http://www.deutschestextarchiv.de/doku/basisformat/index.html, zuletzt geprüft am 20. Juni 2018.

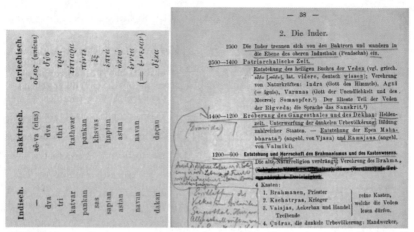

Abbildung 2: Details zweier Digitalisate als Beispiel für aufwändig zu kuratierende Seiten[16]

Der hohe Aufwand hatte zur Folge, dass nicht alle 3.000 Seiten innerhalb der hierfür vorgesehenen Projektlaufzeit vollständig bearbeitet werden konnten. Die zu Beginn des Projektes skizzierten Forschungsfragen wären mit dem kuratierten Teilkorpus noch nicht valide zu beantworten. Die Vorteile dieses Vorgehens lagen vielmehr in der erheblich verbesserten Nutzungsmöglichkeit der kuratierten Daten für andere Forschungsprojekte und -kontexte, indem sie das DTA als Referenzkorpus für neuhochdeutsche Sprache bereicherten:

– Die kuratierten Ressourcen sind jetzt über das Repositorium und die weiteren Angebote des betreuenden CLARIN-D-Zentrums verfügbar[17]: Sie können über CLARINs Virtual Language Observatory (VLO) gefunden und über CLARINs Federated Content Search (FCS) im Verbund mit weiteren CLARIN-Korpora durchsucht werden.[18]

---

16 Eine im Original hochkant abgedruckte Tabelle mit fremdsprachlichen Einträgen sowie ein stark strukturierter Text mit handschriftlichen Anmerkungen und Streichungen; beide Beispiele aus: Edmund Meyer, *Alte Geschichte. Leitfaden der Geschichte in Tabellenform*, Berlin: Weidmann, 1890, 22 und 38. Die Ergebnisse der OCR finden sich unter http://gei-digital.gei.de/viewer/!fulltext/PPN648845621/32/ und http://gei-digital.gei.de/viewer/!fulltext/PPN648845621/48/, zuletzt geprüft am 20. Juni 2018.

17 Vgl. »Das CLARIN-Servicezentrum des Zentrums Sprache an der BBAW«, http://clarin.bbaw.de, zuletzt geprüft am 20. Juni 2018.

18 Siehe das Virtual Language Observatory unter https://vlo.clarin.eu, https://www.clarin.

– Es sind verschiedene (Meta-)Datenformate vorhanden, um die Daten nachzunutzen (TEI, TCF, CMDI, DC, (X)HTML, plain text).

– Nach der Datenkuration ist eine verlässliche Suche im Text möglich. Erst durch die Korrektur der OCR-Fehler wird sichergestellt, dass Volltextsuchen – z. B. nach dem Namen »Blumenbach« – alle Treffer im Text finden können.

– Durch die Integration in das Deutsche Textarchiv (DTA) kann man mit einer *Keyword-in-Context*-(KWIC)-Darstellung Textstellen aus den neu integrierten und allen bereits im DTA vorhandenen Werken direkt miteinander vergleichen. Zu den dort möglichen statistischen Analysen gehören die von Wortschatz, Frequenzen, Lemmalisten und Verteilungen. So lässt sich z. B. die Konjunktur eines Begriffes wie »Naturkunde« oder die mit Blumenbach assoziierte »Schädelkunde« über die Zeit und in verschiedenen Subkorpora bestimmen.

– Das DTA bietet eine automatische linguistische Analyse historischer Wortformen, die auch zur orthografischen Normierung von Texten genutzt wird. Zusammen mit der Indizierung durch die Suchmaschine DDC ermöglicht dies auch linguistische Abfragen, um bestimmte Wortformen und -kombinationen zu finden. Es wird dadurch z. B. möglich, bei der Suche nach dem Lemma »Tatsache« auch Schreibvarianten wie »Thatsache« finden und umgekehrt. Ebenso lassen sich die zugehörigen Wortformen (z. B. »Tatsachen«) zu finden.

– Mithilfe des Analysewerkzeugs DiaCollo[19] kann ermittelt werden, mit welchen Wörtern ein Wort im jeweils untersuchten Korpus typischerweise zusammen vorkommt. Diese Kollokationen von Begriffen können auch im zeitlichen Verlauf untersucht werden, um z. B. ihren Bedeutungswandel zu verfolgen.

eu/content/content-search sowie die Federated Content Search unter https://spraak banken.gu.se/ws/fcs/2.0/aggregator/, zuletzt geprüft am 20. Juni 2018.

19 Vgl. hierzu die Beschreibung und Kurzanleitung des Werkzeuges unter http://clarin-d. net/de/kollokationsanalyse-in-diachroner-perspektive, zuletzt geprüft am 20. Juni 2018.

2   Das Projekt »Welt der Kinder«

Das interdisziplinäre Projekt »Welt der Kinder. Weltwissen und Weltdeutung in Schul- und Kinderbüchern zwischen 1850 und 1918« wurde im Rahmen des Leibniz-Wettbewerbs der Leibniz-Gemeinschaft gefördert und lief von Januar 2014 bis Januar 2018. Die Koordinationsstelle war am Georg-Eckert-Institut angesiedelt. Beteiligte Partner mit eigenen Mitarbeiterstellen waren neben dem GEI das Labor für Ubiquitous Knowledge Processing (UKP) an der Technischen Universität Darmstadt, das Deutsche Institut für Internationale Pädagogische Forschung (DIPF) und die Universität Hildesheim. Weitere Projektpartner waren das Institut für Sozialanthropologie und Empirische Kulturwissenschaft (ISEK) an der Universität Zürich sowie das Göttingen Centre for Digital Humanities (GCDH) der Universität Göttingen, das Schweizerische Institut für Kinder- und Jugendmedien (SIKJM), die Bayerische Staatsbibliothek und die Bibliothek der Technischen Universität Braunschweig. Das Projekt sollte in den Digital Humanities etablierte Verfahren wie Topic Modeling und Semantic Analysis auf ihren Nutzen für die Geschichtswissenschaften testen. Dafür wurde mit »GEI-Digital« ein bereits vorhandenes Korpus gewählt – nicht zuletzt, da es kaum möglich ist, ähnlich große Korpora für nur ein Forschungsprojekt digital aufzubereiten. Damit stellt sich das Projekt der alltäglichen Realität vieler historischer Projekte, die mit bereits digitalisierten Korpora arbeiten.

Ausgehend von der begründeten Annahme, dass Schulbücher ein wichtiges Medium des Transportes offiziellen Wissens waren und sind, interessierte die Forschenden besonders, wie die erste Globalisierungswelle, die nachhaltig die Sicht auf die Welt nicht nur von Erwachsenen, sondern auch und vor allem für Kinder und Heranwachsende veränderte, in Schulbüchern des ausgehenden 19. Jahrhunderts thematisiert wurde. Das Wissen, das Kindern zugänglich gemacht wurde, wuchs exponentiell und musste den Bedürfnissen der neuen Nationalstaaten angepasst werden. Daher waren einige der Kernfragen im Projekt: Welchen Anteil hatten die Beschreibungen der Heimatregion und des Vaterlandes im Vergleich zum außereuropäischen Raum? Was lernten Kinder aus diesen kontrastierenden Darstellungen? Wie unterschied sich dieses Wissen in den unterschiedlichen Schultypen, Provinzen und Staaten des Kaiserreiches und gab es geschlechtsspezifische Unterschiede?

2.1   Welche Daten?

Grundlage des Korpus sollten Schulbücher des 19. Jahrhunderts sowie Kinder- und Jugendbücher aus demselben Zeitraum sein, wobei wir uns hier auf die Verarbeitung der Schulbücher konzentrieren. Da das Korpus von »GEI-Digital« sich beständig erweitert, wurden Realien-, Geschichts- und Geografieschulbücher aus dem Untersuchungszeitraum des Projektes 1850 bis 1918 ausgewählt. Allerdings sind auf der webbasierten Plattform auch teilweise ältere Werke dieser Sammlungen durchsuchbar.[20] Daraus ergibt sich, dass die wichtigste Berechnung der Topics auf etwa 3.500 Büchern basiert, was etwa 600.000 Seiten und 59.000.000 Tokens entsprach.[21] Tokens sind die Textbausteine, auf denen die weitere Verarbeitung und Berechnungsgrundlage der Analyse der Texte beruht, sprich die lexikalische Grundeinheit und kleinste logisch zusammenhängende Einheit. Dies diente dazu, eine möglichst flexible Arbeitsumgebung zu bieten und die Daten webbasiert zugänglich zu machen.

Obwohl mit »GEI-Digital« ein strukturiertes, durchsuchbares Korpus vorlag, war dieses noch nicht weit genug aufbereitet, um eine komplexe wissenschaftliche Fragestellung untersuchen zu können. So sollten die Daten zusätzlich nach bestimmten Facetten sortiert werden können, zum Beispiel danach, für welche Region/welches Land das Schulbuch bestimmt war oder ob es für nur ein Geschlecht konzipiert wurde (reine Mädchen- oder Knabenschulbücher). Hierfür mussten zusätzliche Metadaten erhoben und bereits vorhandene kontrolliert und verbessert werden. Gleichzeitig sollte diese Datenaufbereitung flexibel und für weitere Fragestellungen offen sein.

Ein Vorteil am Beginn des Projektes bestand darin, dass die Daten bereits in verschiedenen maschinenlesbaren Formaten vorlagen, zum Beispiel die XML-Dateien im METS/MODS-Format. So konnten sie durch eine webba-

---

20 Diese basiert auf Solr, einem Servlet (also einem Dienstleistungsprogramm) für Java-Anwendungen, das die Suchanfragen webbasiert (also »online«) verarbeitet und dann die Ergebnisse anzeigt.

21 Vgl. Carsten Schnober und Iryna Gurevych, »Combining Topic Models for Corpus Exploration. Applying LDA for Complex Corpus Research Tasks in a Digital Humanities Project«, in: *Proceedings of the 2015 Workshop on Topic Models: Post-Processing and Applications, TM '15*, New York: ACM, 2015, 11–20, 12.

sierte Plattform, die auf Apache (einem Open-Source-Webserver für Java Servlets, und deshalb für unser Solr geeignet) arbeitet, durchsucht und auswertbar gemacht werden. Da schon bei der Digitalisierung und OCR-Erkennung der Bücher jede Seite mit einer automatisch generierten *Pica Production Number* (PPN) versehen wurde, konnten nun die Suchergebnisse mit der Fundseite verlinkt werden, so dass der Wissenschaftler oder die Wissenschaftlerin das maschinell gelieferte Ergebnis dort selbst »händisch« kontextualisieren konnte. Wichtig ist dies, damit die in den Datenbanken hinterlegten und für Solr aufbereiteten Daten jederzeit mit den Seiten von »GEI-Digital« verbunden und auf diese verlinkt werden können, sprich die Originalseite bei Internetzugang aufgerufen werden kann. Hierzu muss allerdings eine eindeutige Identifizierung garantiert sein; in unserer Arbeit mit den Massendaten stellte sich heraus, dass einige PPNs falsch vergeben waren, allerdings nur zu einem verschwindend geringen Anteil. Die Seiten-ID auf wdk.gei.de hingegen beruht auf den projektinternen Verfahren, wobei die ersten vier Ziffern für das Werk und die letzten für die werkinternen Seitenzahlen stehen. Somit nutzt wdk.gei.de sowohl das Verweissystem von »GEI-Digital« wie ein eigenes und kann somit innerhalb des Korpus zum Beispiel Suchergebnisse anhand der Seiten neu zusammenstellen.

Allerdings sollte die Anwendung von Digital Humanities zu mehr als nur einer relativ simpel organisierten Schlagwortsuche führen. Sollen zum Beispiel Topics gefunden werden, die ein Themenfeld pro Einheit (zum Beispiel Seite oder ganzes Werk) finden, müssen erst die Daten bereinigt und dann die Topics in mehreren Evaluationsschritten verbessert werden. Diese Schritte werden im Folgenden vorgestellt.

2.2   Daten bereinigen

Die Verlässlichkeit von Topic Modeling ist, wie bei jedem statistischen Verfahren, vor allem angewiesen auf möglichst »saubere Daten«, also klar erkenn- und identifizierbare Wörter. Bei historischen Texten müssen die OCR-behandelten Volltexte erst einmal bereinigt werden, sprich Lesefehler korrigiert, Schreibweisen normalisiert und an moderne Wörterbücher angepasst werden.[22] Dieses Problem stellte sich auch im oben beschriebenen Projekt »Quellen des Neuen«, wo diese Anpassungen manuell an einer weit kleineren Datenmenge durchgeführt wurden. Ebenso wie die manuelle ist auch die automatische Datenbereinigung sehr arbeitsintensiv, da in iterativen, also wiederholten Verfahren erst die häufigsten Fehler erkannt, dann korrigiert und danach die »kleineren« Fehler gesucht und erkannt werden müssen. Hierzu müssen die Wörterbücher ergänzt und eigene Datenbanken angelegt werden. Dies ist uns im Projekt auch nicht vollständig gelungen; die Projektpartner sprachen sogar von einem »large, noisy, and heterogeneous corpus«.[23] Die Probleme lagen dabei sowohl auf der Ebene des Textes selbst (OCR-Fehler) als auch auf der Ebene der Nachbearbeitung: Zum einen sind die Lexika, die normalerweise für die Schreibweisen-Normalisierung deutscher Texte genutzt werden, für historische Texte nicht geeignet; sie erkennen zum Beispiel orthografische Veränderungen und Sinnverschiebungen nicht. Zum anderen sind digitale Lexika speziell für historische Schreibweisen nur auf Englisch oder auf ein zu spezifisches Korpus zugeschnitten (zum Beispiel frühneuzeitliche Apothekerhandschriften). Zusätzlich finden sich unterschiedliche Schrifttypen im »GEI-Digital«-Korpus. Neben Antiqua-Schriften, die für Maschinen leicht zu lesen sind, enthält das Korpus auch unterschiedliche Fraktur-Schriften, was das Training zusätzlich erschwert. Hinzu kamen noch gelegentliche Zitate in Altgriechisch, Hebräisch oder Französisch.

Zudem sind die Texte der Schulbücher voller Abkürzungen und Tabellen; ebenso sind Überschriften oder Bildunterschriften nicht immer klar ausgezeichnet. Damit diese nicht die Anzeige und die statistischen Verfahren zu sehr verfälschten, wurden Filter eingebaut. Diese Filter sind wichtig bei der Topic-Berechnung, da man mit ihnen mögliche Fehlerquellen »abschalten« kann, die Topic-Listen verfälschen können. Der wichtigste grenzt die Berechnung der Topics auf eine Einheit ein, die aus mindestens 50 Wörtern und mindestens 3 Sätzen besteht, mit einem geringen Anteil von Sonderzeichen pro Wort. Ebenso können noch die Filter »mindestens 5 Worteinheiten/Wort« und »Medientypen filtern« hinzuge-

---

22 Siehe hierzu auch den Beitrag von Ben Heuwing und Andreas Weiß zur »Suche und
     Analyse von großen Textsammlungen« in diesem Band.
23 Schnober und Gurevych, *Combining Topic Models for Corpus Exploration*, 11.

wählt werden, doch sind beide nicht so wirkmächtig beziehungsweise ausgereift wie der erste Filter. Da so aber auch Ergebnislisten eingeschränkt sind, können die Filter auch ausgeschaltet werden, so dass alle Daten in die Topic-Berechnung einfließen. Diese Funktion wurde vor allem für weitere Berechnungsversuche und eine mögliche Erweiterung des Korpus implementiert.

Trotz dieser Schwierigkeiten zeigte sich eine Verbesserung im Vergleich zur im Projekt »GEI-Digital« durchgeführten OCR-Erkennung. Dies war möglich, da versucht wurde, bei der OCR-Erkennung entstandene Fehler besser in den Griff zu bekommen. So wurde eine eigene Datenbank mit den häufigsten OCR-Lesefehlern angelegt; zum Beispiel der Verwechselung von i und l (z. B. Asla anstatt Asia). Zur Ergebnisanzeige und besseren Vergleichbarkeit wurde mit einer dezenten Visualisierung gearbeitet; so kann die Produktion der ausgewählten Schulbücher über einen bestimmten Zeitverlauf hinweg angezeigt werden. Ebenso können die Ergebnisse zur Weiterbearbeitung in einer Excel-Tabelle extrahiert werden.

Als Problem für die Aktualisierung der Datenbestände (»GEI-Digital« wird beständig erweitert, das Korpus der Benutzeroberfläche »Welt der Kinder«-Explorer auf wdk.gei.de dagegen nur begrenzt) stellten sich Datentransfer und Rechnerkapazitäten heraus. Da keine permanente Verbindung (Tunnel) zwischen den Servern der TU Darmstadt und denen des GEI eingerichtet werden konnte, mussten die Daten per Festplatte verschickt werden. Ebenso mussten Testläufe und Evaluationen koordiniert werden, da alle Rechnerprozesse auf Servern des UKP in Darmstadt liefen. Das bedeutete, dass die Termine hierfür koordiniert werden mussten, wie auch die Arbeit mit der Solr-Plattform selbst, da diese immer wieder während der Aktualisierungen für eine bestimmte Frist im Netz nicht zugänglich war.

Metadaten wie Schultyp, Geschlecht und Region, Auflage etc. wurden zwar, soweit vorhanden, weitgehend aus den Metadaten von »GEI-Digital« und dem OPAC der Forschungsbibliothek des GEI übernommen, dann aber in intellektueller Arbeit von den studentischen Hilfskräften sowie dem Historiker-Doktoranden des Projektes, Maik Fiedler, anhand von Titelseiten und Vorwörtern überprüft und ergänzt. Hierzu wurde eine Google-Refine-Datenbank angelegt, damit die Darmstädter Kollegen diese Ergänzungen in die Projekt-Datenbank einpflegen konnten. Google-Refine wurde gewählt, da dieses Programm zum einen kostenlos ist, zum anderen hier die Daten für alle angemeldeten Projektpartner auf einem Server zentral zugänglich waren und parallel bearbeitet werden konnten. Ebenso erleichtert es für gleiche Treffer die schnelle, gruppenweise Einpflegung großer Mengen an Metadaten.

Diese Metadaten sowie die in späteren Experimenten extrahierten Orts- und Personen-Entitäten sind prinzipiell für Annotationen geeignet, auch für automatische Annotationen sowie die Integration in Ontologien.[24] Hierzu wurden auch einige Versuchsanordnungen konzipiert, die aber noch weitgehend unbefriedigend blieben. Allerdings zeigten sich hier dieselben Probleme wie oben bei der Korpusbereinigung: OCR-Fehler, fehlende Wörterbücher und wissenschaftlichen Standards entsprechende Datenbanken, mit denen die Projektdaten verknüpft werden konnten. Ein zusätzliches Problem ist die Uneindeutigkeit der Namen: Um alle Eigennamen in den Schulbuchtexten eindeutig zu identifizieren und sie dann mit Normdaten, die zum Beispiel in der *Deutschen Biographie* hinterlegt sind, automatisch zu verknüpfen, müssen die Personen eindeutig von Wissenschaftlerinnen und Wissenschaftlern identifiziert und händisch zugeordnet werden. Dieser Aufwand konnte im Projekt nicht geleistet werden. Auch frühere Versuche mit dem Annotations-Tool Pundit blieben aufgrund dessen strenger Architektur und des hohen Arbeitsaufwandes unbefriedigend, wenn sie auch vielversprechende Ansätze zeigten. Trotz alledem erleichterten die Werkzeuge die Durchsuchung großer Textmengen und die Sortierung der Suchergebnisse. So zeigt sich, dass zumindest einigen Kindern, abhängig von Schulstufe und Schulbuch, ein durchaus differenziertes, breites Wissen über die Welt zur Verfügung stand. Selbst »kleine« Bücher brachten immer wieder Wissensbestände über die eigene Heimat oder Deutschland hinaus.

---

24 Zu den unterschiedlichen Bedeutungen des Begriffs in Informatik und Philosophie vgl. Johannes Busse u.a., »Was bedeutet eigentlich Ontologie? Ein Begriff aus der Philosophie im Licht verschiedener Disziplinen«, in: *Informatik Spektrum* 37 (2014), 286–297, https://doi.org/10.1007/s00287-012-0619-2.

3 Zusammenfassung und Diskussion:

Im CLARIN-Kurationsprojekt »Quellen des Neuen« wurde für die Datenaufbereitung ein hoher Standard einer anderen Institution gewählt, der für das Gebiet als Best Practice gilt.[25] Die durch OCR gewonnenen Volltexte von »GEI-Digital« wurden den Standards des Deutschen Textarchivs angepasst, d. h. ihre Fehler wurden korrigiert und der Text strukturell und inhaltlich mit dem TEI-Basisformat des DTA annotiert. Die Metadaten wurden dabei in einen entsprechenden TEI-Header integriert, der auch in CMDI konvertiert wurde.

Dieser qualitative Ansatz, der vom Arbeitsaufwand und Ergebnisqualität her einer digitalen Edition nahe kommt, wirkt sich ungünstig auf die kuratierbare Menge aus. Die kuratierten Daten sind optimal nachnutzbar; um jedoch z. b. eine oder mehrere der eingangs beispielhaft genannten Forschungsfragen zum Verhältnis universitärer und schulischer Lehre am Beispiel J. F. Blumenbachs zu bearbeiten, hätte eine vielfach größere Datenmenge kuratiert werden müssen.

Im »Welt der Kinder«-Projekt wurde auf OCR-Fehlerkorrektur weitgehend und auf Annotationen vollständig verzichtet. Dafür konnte dann mit wesentlich größeren Textmengen gearbeitet werden (quantitativ, eher repräsentativ). Hier geht es vor allem um das Auffinden bestimmter Bücher bzw. Textabschnitte und Worte durch Facetten- und Volltextsuche; dazu können sowohl die Volltexte als auch die Metadaten herangezogen werden (hier vor allem über die Facettensuche). Um eine bessere Strukturierung der Daten zu ermöglichen, wurden im Projekt zusätzlich mit großem Aufwand Metadaten erhoben und basale Visualisierungen ermöglicht. Zwar sind die Daten noch immer ziemlich »schmutzig«, aber die verwendeten *Distant Reading Tools* wurden jedoch so weit wie im Projekt möglich auf diese Probleme abgestimmt. Damit sind die Daten für eine eventuelle Nachnutzung in anderen Projekten zwar nicht so »schön« wie im CLARIN-Kurationsprojekt, dafür wurde jedoch vergleichsweise kosten- und zeitgünstig ein sehr großes Korpus für historische Forschungsfragen erschlossen.

---

25 Vgl. Deutsches Textarchiv, »Ziel und Fokus des DTA-Basisformats« unter http://www. deutschestextarchiv.de/doku/basisformat/ziel.html#topic_ntb_5sd_qs__rec, zuletzt geprüft am 20. Juni 2018.

Was also sind die Erkenntnisse dieser beiden Projekte für die Fachgemeinschaften und die Projektbeteiligten?

»Quellen des Neuen«

Die CLARIN-D-Facharbeitsgruppe »Geschichte« sammelt und priorisiert
Ressourcen, deren Integration in die internationale Forschungsinfrastruktur aus fachlicher Sicht wünschenswert ist. Hemmnisse sind hierbei oftmals
die Bestimmungen des Urheber- und Datenschutzrechts, z. B. wenn keine
explizite Einwilligung für die weitere Verwendung von den Urhebern und
Urheberinnen eingeholt worden ist oder werden kann – und dies obwohl
CLARIN technisch in der Lage ist, den Zugang auf bestimmte, authentifi-
zierte Nutzergruppen zu beschränken. Zweiter, mindestens ebenso wichtiger Hinderungsgrund bleibt die unzureichende Qualität der Daten in vielen
Projekten. Digitalisierungs- und Forschungsprojekte werden bislang nur
selten mit hinreichend Mitteln geplant und ausgestattet, um eine nach
heutigem Stand optimale Nachnutzbarkeit und Anschlussfähigkeit gewährleisten zu können. Priorität für Infrastrukturanbieter wie Bibliotheken
und Archive hat zunächst die Bereitstellung einer möglichst breiten Quel-
lenbasis, auch wenn dies zunächst »nur« den Mehrwert des orts- und zeit-
unabhängigen Lesens der Quellen am Bildschirm bedeutet. Es bleibt zu
hoffen, dass die Technologien der automatischen Zeichen- und Layouterkennung in Zukunft soweit verbessert werden können, dass sich DH-
Projekte auf die inhaltliche Erschließung konzentrieren können. Hier gilt es,
einen Kompromiss (oder ein Nebeneinander) zu finden zwischen etablierten Standards, einer möglichst quellenspezifischen und einer auf spezielle Forschungsfragen ausgerichteten Aufbereitung und Annotation der
Daten. So ermöglicht das im Projekt »Quellen des Neuen« genutzte DTA-
Basisformat eine sehr gute Durchsuchbarkeit und maximale Anschlussfähigkeit zu weiteren digitalen Ressourcen. Eine spezifisch für Schulbuchquellen konzipierte Textauszeichnung wäre hingegen auch an der Auszeichnung von Autoren- und Quellentexten, Aufgabenstellungen (für die
Schülerinnen und Schüler) und pädagogischen Anmerkungen (für die
Lehrkräfte) interessiert. Auch die farbliche und grafische Gestaltung des
Informationsangebotes könnten, zumal in jüngeren Lehrwerken, für die
Community der Schulbuchforschung von besonderem Interesse sein. Noch
spezifischer – und damit weniger nachnutzbar – wären Annotationen, die

darauf zielen, ganz bestimmte Forschungsfragen zu beantworten. So könnte es für Fragen der Raumforschung oder Begriffsgeschichte z. B. notwendig sein, neben einer Annotation von (mit Geoinformationen verknüpfbaren) Ortsnamen auch mehr oder weniger verwandte Konzepte wie »Heimat«, »Paradies« oder ungenaue Angaben wie »am Stadtrand« zu annotieren.

Für die Historiker und Historikerinnen im Projekt »Quellen des Neuen« hat sich zudem gezeigt, dass die Vorteile der Digitalisierung nicht ohne ein gewisses Grundverständnis für die Funktionsweise von Analysewerkzeugen und die Implikationen verschiedener Schritte der Vorverarbeitung digitaler Texte zu haben sind. Hierfür braucht es entsprechende Lehr- und Fortbildungsangebote sowie die Zusammenarbeit mit erfahrenen Nutzerinnen und Nutzern wie auch Entwicklerinnen und Entwicklern, wie sie in diesem Fall vom CLARIN-Zentrum der BBAW ermöglicht wurde. Bei der Projektplanung sind Überlegungen zur Repräsentativität der digital verfügbaren Quellen und der Aussagekraft verschiedener computergestützter Analyseverfahren bei unterschiedlicher Qualität der Daten unerlässlich. Zudem ist zu fragen, ob und wie eine Nachnutzbarkeit für verschiedene Fächer und Forschungsgemeinschaften zu gewährleisten ist.

»Welt der Kinder«

Im Projekt »Welt der Kinder« wurde deutlich, dass auch ein vergleichsweise Low-tech-Projekt kosten- und personalintensiv und ganz wesentlich abhängig vom Engagement der beteiligten Projektpartner sowie den technischen Vorbereitungen ist. Gleichzeitig stellte es vom Umfang des Korpus eines der größten Digital-Humanities-Projekte dar, das erstmals für die Geschichtswissenschaften in großem Umfang evaluierend digitale Werkzeuge wie Topic Modeling testete.

Von der Projektstruktur wäre es besser, wenn mehr freie Möglichkeiten zum Experimentieren eingeplant würden – technisch und methodisch. Hierbei müsste dann stärker zwischen Tests und Probeläufen, die vor allem der technisch-informatorischen Seite dienen, und der Evaluation der hermeneutischen Befunde getrennt werden – ohne dass beide gegeneinander ausgespielt werden dürfen. Das Projekt »Welt der Kinder« hat zwar gezeigt, dass mit schon existierenden Werkzeugen historische Fragestellungen bearbeitet werden können, solange sich diese vor allem auf statistische Verfahren stützen. Ebenso müssen digitale Korpora nicht neu angelegt werden, solange sie den oben genannten technischen Minimalstandards entsprechen. Für eine Weiterentwicklung der digitalen Geschichtswissenschaften müssen zum einen aber Historiker und Historikerinnen die technischen und methodischen Voraussetzungen digitaler Verfahren besser verstehen und akzeptieren und zum anderen stärker als bisher zur Weiterentwicklung digitaler Werkzeuge beitragen. »Welt der Kinder« zeigte daher, dass eine so aufwendige Aufbereitung des Korpus wie im Projekt »Quellen des Neuen« nicht unbedingt nötig ist, um große Korpora für historische Fragestellungen zugänglich(er) zu machen.

Da die oben geforderten technischen Kenntnisse bei den meisten Historikerinnen und Historikern (noch) nicht vorhanden sind, sollte man über die Grundvoraussetzungen und Grundlagen eines solchen Projektes diskutieren. So wäre eine längere Projektlaufzeit von mind. 5 Jahren wünschenswert sowie Anschlussprojekte, die sinnvoll die im Projekt angelegten Weiterentwicklungsmöglichkeiten ausbauen. Das sind natürlich alles Kostenfragen. Allerdings hat das Projekt gezeigt, dass die Verknüpfung vorhandener Ressourcen und die Anpassung existierender Tools ein vergleichsweise kostengünstiger Weg ist, der ansprechende Resultate zeigt. Jedoch blieben auch hier die Spannungen zwischen den unterschiedlichen Fachdisziplinen erhalten, die aber bei einem so experimentellen Projekt immer gegeben sind. So ist für Historikerinnen und Historiker Datenmanagement und -aufbereitung nachgeordnet gegenüber dem Zugang zu großen Text-/Datenmengen, leichter Durchsuchbarkeit und übersichtlicher Strukturierung/Sortierung. Da dieser Aspekt in »Welt der Kinder« immer wichtig blieb und gleichzeitig alle Daten und die Projektplattformen so aufbereitet wurden, dass Daten exportier- und nachnutzbar sind, ist das bisherige Feedback aus den geisteswissenschaftlichen Communities sehr positiv. Aber auch die Informatiker und Informationswissenschaftler dieses Projektes konnten ihren Erfahrungsschatz erweitern. Sie lernten zum Beispiel, dass digitale Werkzeuge für heutige Texte nicht ohne Weiteres auf historische Texte übertragbar sind. Projekte wie die hier vorgestellten zeigen so die Schwierigkeiten, aber auch die Vorteile interdisziplinären Arbeitens, wenn alle Projektpartner sich auf Binnen- wie gemeinsame Außenkommunikation einlassen und bereit sind, sowohl die Voraussetzungen des eigenen Arbeitens als auch Wünsche an das Projekt und Herausforderungen durch andere Fächerkulturen klar zu benennen.

Aufgrund der Erfahrungen mit den beiden hier beschriebenen Projekten hat das Georg-Eckert-Institut entschieden, die Forschungsinfrastrukturen für die Bildungsmedienforschung weiter zu verbessern, indem die digitalen Daten sowohl für qualitative Analysen als auch für Text Mining optimiert werden. Hierbei arbeiten verschiedene Abteilungen eng zusammen, um sowohl die Werkzeuge weiterzuentwickeln als auch die bisherigen Arbeitsergebnisse auf Dauer der Öffentlichkeit zugänglich zu machen. So beschloss das Institut, seine Datenhaltung zu zertifizieren, um mittelfristig assoziiertes CLARIN-Zentrum (Typ B) zu werden. Hierzu werden CLARIN-Standards wie CMDI-Profile für alle Werke in »GEI-Digital« implementiert und dabei nach Möglichkeit für die Bedürfnisse der internationalen Schulbuchforschung angepasst oder erweitert. Im Rahmen eines weiteren DH-Projektes (»WorldViews«) wurde bereits ein an das DTA-Basisformat angelehntes, schulbuchspezifisches TEI-Profil entwickelt. Rückmeldungen aus der Forschung zeigen zudem den Bedarf, den »Welt der Kinder«-Explorer mit den wachsenden Beständen von »GEI-Digital« zu synchronisieren und neben Projektdokumentationen weitere Schulungsmaterialien zur Nutzung der Rechercheoberfläche bereitzustellen.

Literatur

Berlin-Brandenburgische Akademie der Wissenschaften. »Das CLARIN-Servicezentrum des Zentrums Sprache an der BBAW«, https://clarin.bbaw.de/de/, zuletzt geprüft am 20. Juni 2018.

Busse, Johannes u. a. »Was bedeutet eigentlich Ontologie? Ein Begriff aus der Philosophie im Licht verschiedener Disziplinen«, in: *Informatik Spektrum* 37, 2014, 286–297, https://doi.org/10.1007/s00287–012–0619–2.

CLARIN-D. »DiaCollo: Kollokationsanalyse in diachroner Perspektive«, http://clarin-d.net/de/kollokationsanalyse-in-diachroner-perspektive, zuletzt geprüft am 20. Juni 2018.

CLARIN – European Research Infrastructure for Language Resources and Technology. »CMDI Component Registry«, https://catalog.clarin.eu/ds/ComponentRegistry/, zuletzt geprüft am 20. Juni 2018.

Dies. »Component Metadata«, https://www.clarin.eu/content/component-metadata, zuletzt geprüft am 20. Juni 2018.

Dies. »CLARIN Virtual Language Observatory«, https://vlo.clarin.eu, zuletzt geprüft am 20. Juni 2018.

Dies. »[Federated] Content Search«, https://spraakbanken.gu.se/ws/fcs/2.0/aggrega tor/, zuletzt geprüft am 20. Juni 2018.

Deutsches Textarchiv. »DTA-Basisformat«, http://www.deutschestextarchiv.de/ doku/basisformat/index.html, zuletzt geprüft am 20. Juni 2018.

Dies. »Ziel und Fokus des DTA-Basisformats«, http://www.deutschestextarchiv.de/ doku/basisformat/ziel.html#topic_ntb_5sd_qs__rec, zuletzt geprüft am 20. Juni 2018.

Dies. »Software im Deutschen Textarchiv. 3 Makrostrukturierung der Bilddigitalisate (ZOT)«, http://www.deutschestextarchiv.de/doku/software#ZOT, zuletzt geprüft am 20. Juni 2018.

GEI-Digital. Die digitale Schulbuchbibliothek. »Zur Nutzung der OAI-Schnittstelle«, http://gei-digital.gei.de/viewer/pages/oaiinfo/, zuletzt geprüft am 20. Juni 2018.

Hinrichs, Erhard. »Willkommen bei CLARIN-D«, https://www.clarin-d.net/de/ home, zuletzt geprüft am 20. Juni 2018.

Lauer, Gerhard. »Johann Friedrich Blumenbach – online (Projektbericht für das Jahr 2014)«, in: *Jahrbuch der Akademie der Wissenschaften zu Göttingen. 2014*, Boston/ Berlin: De Gruyter, 2015, 244–247, http://www.blumenbach-online.de/fileadmin/ wikiuser/Daten_Digitalisierung/Jahresberichte/JFB-online_Jahresberichte.html# 2014, zuletzt geprüft am 18. Juli 2018.

Meyer, Edmund. *Alte Geschichte. Leitfaden der Geschichte in Tabellenform*. Berlin: Weidmann 1890, http://gei-digital.gei.de/viewer/image/PPN648845621/1/, zuletzt geprüft am 29. August 2018.

Moretti, Franco. *Distant Reading*, übersetzt von Christine Pries, Konstanz: Konstanz University Press, 2016.

Sahle, Patrick, unter Mitarbeit von Georg Vogeler und den Mitgliedern des Instituts für Dokumentologie und Editorik (IDE). »Kriterienkatalog für die Besprechung digitaler Editionen«, Version 1.1, Juni 2014, https://www.i-d-e.de/publikationen/ weitereschriften/kriterien-version-1-1/, zuletzt geprüft am 20. Juni 2018.

Schnober, Carsten, und Iryna Gurevych. »Combining Topic Models for Corpus Exploration: Applying LDA for Complex Corpus Research Tasks in a Digital Humanities Project«, in: *Proceedings of the 2015 Workshop on Topic Models: Post-Processing and Applications, TM '15*, New York: ACM, 2015, 11–20.

II. Informationsextraktion und -aggregation

Ernesto William De Luca / Tim Hartung / Christian Scheel

Digitale Infrastrukturen für die Digital Humanities in der internationalen Schulbuchforschung

The article describes the work on digital infrastructures by the Georg Eckert Institute for International Textbook Research and details the preliminary work and planning undertaken for the integration of the various digital information and research infrastructures as well as some of the visualisations developed for these services as a digital humanities tool. The integration of the data is a prerequisite for aggregation and presentation in order to fulfil user requests.

Das Georg-Eckert-Institut für internationale Schulbuchforschung (GEI) beherbergt die größte internationale Schulbuchsammlung weltweit.[1] Es kann daher kaum verwundern, dass die Bereitstellung von digitalen Infrastrukturen, die auf Daten der Bibliothekskataloge und der entwickelten digitalen Angebote basieren, eine wichtige Rolle in der Institutsarbeit spielt. Je nach Schwerpunkt unterstützen diese Infrastrukturen Forschende bei der Recherche und Zusammenstellung von Quellen, bei deren Analyse und Auswertung und/oder deren Publikation und Speicherung.

In Zusammenarbeit mit der Forschungsbibliothek und Wissenschaftlerinnen und Wissenschaftlern aus anderen Abteilungen werden diese Angebote von der Abteilung für Digitale Informations- und Forschungsinfrastrukturen (DIFI) des GEI betreut und teilweise auch konzipiert und erstellt.

---

1 Forschung und Schulbuchsammlung des GEI konzentrieren sich dabei in erster Linie auf sogenannte »sinnstiftende Fächer« wie Geschichte, Geografie, Sozialkunde/Politik und Werteerziehung/Religion sowie auf korrespondierende Lehrpläne und deutschsprachige Lesebücher, vgl. http://bibliothek.gei.de/ und http://www.gei.de/das-institut.html, zuletzt geprüft am 31. August 2018.

In diesem Beitrag werden wir zunächst die Arbeit der Abteilung, die bestehenden digitalen Angebote sowie die Pläne zu deren Weiterentwicklung kurz vorstellen. Wir werden dann vor allem auf zwei Bereiche eingehen: Erstens auf die Integration der verschiedenen digitalen Informations- und Forschungsinfrastrukturen und zweitens auf Visualisierungen als Werkzeug der Digital Humanities. Die Integration der Daten ist hierbei Voraussetzung dafür, dass diese entsprechend der Anfragen von Nutzerinnen und Nutzern aggregiert und dargestellt werden können.

1   Erstellung und Weiterentwicklung digitaler Infrastrukturen

Die Arbeit der Abteilung DIFI verbindet Service und eigene Forschung, gestützt auf das »zirkuläre Modell wissenschaftlicher Wertschöpfung«, bei dem sich die Bereiche Forschung, Forschungsinfrastruktur und Wissenstransfer des GEI gegenseitig befruchten. Die Abteilung konzentriert sich dabei auf folgende, miteinander verbundene Bereiche:

- Bereitstellung der IT-Infrastruktur für das Institutspersonal und Gäste vor Ort, wie Nutzerinnen und Nutzer der Bibliothek, Forschungsstipendiaten und -stipendiatinnen, sowie für diejenigen, die auf vom GEI gehostete internetbasierte Forschungsinfrastrukturen zugreifen.
- Konzeptionelle (Weiter-)Entwicklung, Bereitstellung und Wartung der digitalen Forschungsinfrastrukturen. Hierzu zählen insbesondere die Online-Angebote, also die Internetdienste des GEI. Forschungsergebnisse und Daten aus allen Abteilungen einschließlich der Forschungsbibliothek bilden dabei das Rückgrat eines jeden Online-Inhalts.
- Durchführung und Unterstützung von Forschung im Bereich der Digital Humanities zur (Weiter-)Entwicklung digitaler Werkzeuge und Methoden für die Bildungsmedienforschung. Dabei werden disziplinspezifische Themen anhand der digitalen Bestände des GEI und seiner Partner untersucht. Solche Prozesse werden in enger Zusammenarbeit mit Mitarbeiterinnen und Mitarbeitern aus verschiedenen Fachdisziplinen durchgeführt, innerhalb der anderen Forschungsabteilungen getestet und im Verlauf der Projekte bewertet.

Mit den Möglichkeiten des Digitalen und der Schaffung entsprechender Infrastrukturen speziell für die Schulbuchforschung beschäftigt sich das Institut bereits seit mehr als zehn Jahren.[2] Ziel dieser Infrastrukturen ist es, die dargeboten Informationen (etwa der Quellengattungen »Schulbuch«, »Lehrplan«, »wissenschaftlicher Aufsatz« usw.) ihren Inhalten angemessen, gleichzeitig aber auch möglichst offen und anschlussfähig für Methoden und Fragestellungen verschiedener wissenschaftlicher Disziplinen anzubieten. Die Angebote sollen also sowohl die klassische Recherche und Bereitstellung für die Analyse durch einzelne Leserinnen und Leser unterstützen als auch die computergestützte Analyse großer Datenmengen mit Methoden der Digital Humanities ermöglichen.

Bezüglich seiner digitalen Infrastrukturen verfolgt das GEI in seiner Roadmap einen Drei-Wege-Ansatz:

1. Alle am Institut oder von Partnern generierten, für die internationale Schulbuchforschung relevanten Daten werden integriert und harmonisiert. Hierzu zählen z. B. bibliografische Angaben, Datenbanken und Publikationen zu Themen der Schulbuchforschung. Das Institut strebt an, ein »Global Textbook Resource Center« (GLOTREC) zu etablieren, das als eine internationale, mehrsprachige Referenz- und Informationsarchitektur für Schulbücher fungiert. Kernstück hierfür ist das geplante »Repository of Textbook Research«, das auf entsprechende Vorarbeiten der Projekte »WorldViews«[3] und »International TextbookCat«[4] aufsetzen wird.

---

2 In diesem Band werden einige zentrale Dienste in eigenen Beträgen vorgestellt, so etwa die digitale historische Schulbuchbibliothek »GEI-Digital«, der internationale und multilinguale Schulbuchkatalog »International TextbookCat«, das virtuelle Netzwerk für die Schulbuchforschung Edumeres, und eines seiner Module, die Schulbuchrezensionen von »edu.reviews«. Weitere Beiträge beschreiben die Forschung in Digital-Humanities-Projekten wie »Welt der Kinder«, in denen ebenfalls Infrastrukturen erstellt und erprobt werden. Und auch die präsentierten Überlegungen zum Umgang mit genuin digitalen Bildungsmedien sowie zum Umgang mit Daten, die im Verlauf von Forschungsprozessen entstehen, fließen in die Konzeption digitaler Infrastrukturen ein.

3 Vgl. Steffen Hennicke et al., »WorldViews: Access to International Textbooks for Digital Humanities«, in: *Digital Humanities 2017. The Alliance of Digital Humanities Organizations (ADHO)*, Montreal: McGill University, 2017, 254–256.

4 Teile dieses Projektes werden im Folgenden noch genauer beschrieben.

2. Werkzeuge der Digital Humanities werden für die Schulbuchforschung (weiter-) entwickelt und nutzbar gemacht. So wurden z. B. im Projekt »Welt der Kinder« historische Schulbücher des 19. Jahrhunderts mit zusätzlichen Metadaten versehen und auf Seitenebene mit automatisch erkannten Themenmodellen (Topic Models)[5] annotiert, um neben freiem Browsing auch komplexe inhalts- und metadatengesteuerte Suchprozesse in den Quellen zu ermöglichen.[6]

3. Für die Speicherung bzw. Veröffentlichung speziell von Forschungsdaten werden Workflows und Infrastrukturen entwickelt. Unter Forschungsdaten verstehen die Verfasser die Daten, die im oder für einen Forschungsprozess erhoben oder erstellt werden (wie z. B. Messreihen, geführte Interviews, Notizen zu Quellen etc.). Sie liegen »Endprodukten« wie Aufsätzen und Büchern zugrunde, werden dort aber nicht vollständig und explizit dargelegt. Für bestimmte Typen von Forschungsdaten wurden im Rahmen des Projektes »WorldViews« bereits Lösungen entwickelt. Das Institut arbeitet hier zudem mit der Leibniz-Gemeinschaft und Initiativen wie CLARIN-D zusammen.

Perspektivisch sollen diese drei Wege zu einem System verschmelzen, das alle verfügbaren Daten zu Schulbüchern und Schulbuchforschung weltweit integriert. Die angestrebten Lösungen sollen so ineinandergreifen, dass Forscherinnen und Forscher die für sie relevanten Daten zentral auffinden, mit den Werkzeugen bearbeiten und bestimmte bearbeitete bzw. erhobene Daten und Forschungsergebnisse auch entsprechend archivieren und publizieren können.

Abbildung 1 gibt einen Überblick über digitale Infrastrukturen des GEI, deren Datenbestände bislang in verteilten Repositorien gelagert sind. Mit Ausnahme des Bibliothekskatalogs (OPAC) wurden hierbei alle Nutzeroberflächen mit ihren jeweiligen Suchen am Institut konzipiert. Im oberen Bereich der Abbildung sind Angebote aufgeführt, deren Daten am Institut generiert werden. Bis auf den OPAC und die Institutshomepage gei.de sind

---

5 Vgl. Leonhard Hennig, Ernesto William De Luca und Sahin Albayrak, »Learning Summary Content Units with Topic Modeling«, in: *Proceedings of the 23rd International Conference on Computational Linguistics (COLING 2010)*, 2010, 391–399.

6 Vgl. den Beitrag zu »Suche und Analyse in großen Textsammlungen« von Ben Heuwing und Andreas Weiß in diesem Band.

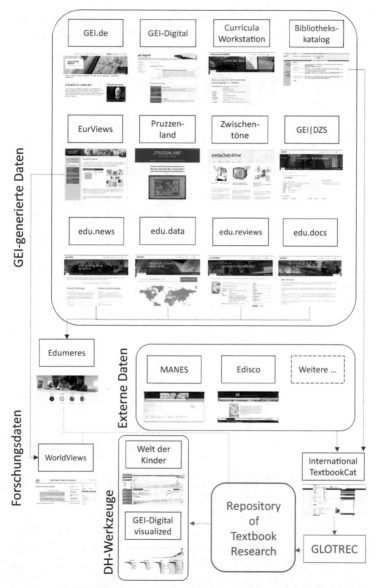

Abbildung 1: Digitale Infrastrukturen und Planungen für ein zentrales Repositorium am GEI

alle diese Dienste auch über die Plattform Edumeres erreichbar, bzw. dort verlinkt. Das Institut integriert aber auch zunehmend externe Daten, vor allem bibliografische Angaben zu Bildungsmedien. Sie stammen von kooperierenden Instituten und Forschenden anderer Länder und werden der internationalen Schulbuchforschung mit dem multilingualen Katalog»International TextbookCat« zugänglich gemacht.

Im Folgenden werden wir vor allem auf die ersten beiden Themen des oben beschriebenen Drei-Wege-Ansatzes eingehen: Auf die weitere Integration von Daten, die weiter vernetzt, und in einem»Repository of Textbook Research« (Abbildung 1 unten) zusammengeführt werden sollen, sowie auf Visualisierungen als Instrument von Digital-Humanities-Projekten, die auf diese Daten zugreifen und innovative Zugänge für sie ermöglichen. Für die Überlegungen speziell zu Forschungsdaten sei an dieser Stelle auf den diesbezüglichen Beitrag am Ende dieses Bandes verwiesen.[7]

2   Integration der Digitalen Informations- und Forschungsinfrastrukturen

Im Laufe der Jahre wurde am Georg-Eckert-Institut eine Vielzahl digitaler Angebote implementiert, die für die Schulbuchforschung relevant sind. Sie beinhalten unter anderem Open-Access-Texte, Webseiten, Datenbanken, Bibliotheksdaten, Lehrpläne, TEI-markierte Schulbücher, Schulbuchrezensionen, Forschungsprojektbeschreibungen und Daten über Institutionen und Forschende. Auf diese digitalen Dienste greifen Nutzerinnen und Nutzer normalerweise über eine Nutzeroberfläche in einem Webbrowser, dem sogenannten Front-End oder der Präsentationsschicht, zu. Dort werden Informationen bzw. Daten in bestimmten Rubriken und auf Unterseiten (wie z. B. bei einer Institutshomepage) oder in Teilmengen als Antworten auf bestimmte Suchanfragen (also als dynamisch veränderliche Inhalte) ausgeliefert. Hinter dieser Nutzeroberfläche steht, für die Nutzerinnen und Nutzer unsichtbar, das sogenannte Back-End oder die Programmierungsebene. Hierbei handelt es sich um eine Datenbank, bzw. ein

---

7 Vgl. den Beitrag von Steffen Hennicke, Bianca Pramann und Kerstin Schwedes zu »Forschungsdaten in der internationalen Schulbuchforschung« in diesem Band.

Repositorium[8], in dem die Masse an Daten strukturiert hinterlegt ist. Hinzu kommt meist ein Suchindex, der diese Daten erschließt.

Der Suchindex beschleunigt die Suche ähnlich einem Stichwortregister in einem gedruckten Buch. Das Problem besteht nun darin, dass es bislang kein einheitliches Stichwortregister für *alle* Bücher (sprich: für alle digitalen Angebote) gibt. Die historisch gewachsenen digitalen Infrastrukturen des GEI, aber auch vieler anderer Institute, sind bislang kaum miteinander vernetzt. Die Plattform Edumeres bündelt solche Angebote, doch sind ihre Module dann jeweils nur einzeln und zumeist nur auf Deutsch oder Englisch durchsuchbar. Um wirklich *alle* existierenden Informationen zu finden, die für die eigenen Forschungsfragen relevant sein könnten, müssten Forschende derzeit noch sämtliche Angaben zu laufenden und abgeschlossenen digitalen Projekten auf der Institutswebseite anschauen, die entsprechenden Webseiten aufsuchen und sich dort in die jeweilige Suchlogik einarbeiten.

Der technische Hintergrund hierfür ist, dass die Inhalte bislang in unterschiedlichen Dateiformaten, mit projektspezifischen (Metadaten-)Annotationen gespeichert werden. Die Ausgestaltung der Datenbanken bzw. Repositorien wird dann jeweils den Anforderungen der darin gespeicherten Daten angepasst, sodass sie untereinander nicht automatisch kompatibel sind. Die Folge ist, dass jedes digitale Angebot individuelle Suchindizes besitzt, die durch Solr-Indexserver realisiert werden: Isolierte Datensilos entstehen.

Zwar können die Daten der zentralen Angebote des »International TextbookCat« und »GEI-Digital« durch technisch versierte Nutzerinnen und Nutzer in verschiedenen Formaten heruntergeladen, also den »Silos« entnommen und nach Belieben weiterverarbeitet werden. Aber nicht alle Angebote verfügen über hierfür geeignete Programmierschnittstellen (APIs) oder standardisierte Datenmodelle. Eine bequeme Nutzung sowie der Austausch von Daten innerhalb des GEI oder mit externen Diensten werden so bislang verhindert. Weitere Synergieeffekte bleiben aus, solange

---

8 Ein Repositorium ist eine Sonderform der Datenbank, die vor allem der langfristigen Speicherung dient. Repositorien wie DSpace oder Fedora können die in ihnen enthaltenen (Meta-)Daten (Datenbanken, aber auch Software, Modelle etc.) durchsuchbar machen und Services zur Verfügung stellen, die auch automatisch abgerufen werden können.

die Daten keine semantische Kontextualisierung erfahren, also nicht mit relevanten Informationen aus anderen Quellen verknüpft werden, die ihre Bedeutung festlegen oder genauer erklären könnten. So würde eine konsequente Verknüpfung mit Geo- und Personen-Normdaten es erlauben, mit einer Suchanfrage z. B. alle Erwähnungen von Städten eines bestimmten Kontinentes oder (bekannten) Personen, die an einem bestimmten Ort lebten, zu ermitteln.

Aus diesem Grund plant das Institut, sämtliche anfallenden und für die Forschung relevanten Daten- und Metadatenformate zu integrieren. Dies gilt auch für die Daten internationaler Kooperationspartner. Das Ziel ist, einen interoperablen, standardisierten, mehrsprachigen Zugang zu allen verfügbaren Daten zur Schulbuchforschung zu schaffen. Die in verschiedenen Formaten vorhandenen Daten sollen dafür über standardisierte Schnittstellen so weiterverarbeitet und verknüpft werden, dass die Nutzer und Nutzerinnen mithilfe geeigneter Weboberflächen auch ohne Informatikkenntnisse die für die eigene Anfrage relevantesten Ergebnisse erhalten können. Vorarbeiten hierfür wurden in den Projekten »International TextbookCat« und »WorldViews« geleistet.

Datenintegration im »International TextbookCat« und in »WorldViews«

Die zunehmende Internationalisierung von Datenbanken (wie z. B. Bibliothekskatalogen) macht mehrsprachige und sogar unterschiedliche alphabetische Zugänge (also z. B. mit kyrillischen oder chinesischen Schriftzeichen) erforderlich. 2018 wurde deshalb der »International TextbookCat«[9] erstellt, in dem solch unterschiedliche Daten integriert werden. Die Integration wurde durch ein einheitliches Klassifikationssystem realisiert, das auf sprachunabhängigen Codes basiert. Auf diese Klassifikation wurden dann die verschiedenen Ausgangs-Datenmodelle gemappt, also übertragen. Dabei werden beispielsweise verschiedene Bezeichnungen für eine Sprache, die sich in den verschiedenen Ausgangsdatenbanken finden (für »Deutsch«

---

9 Vgl. http://itbc.gei.de/, zuletzt geprüft am 31. August 2018; siehe auch Christian Scheel und Ernesto William De Luca, *Fusing International Textbook Collections for Textbook Research – Digital Cultural Heritage*, Berlin: Springer, 2018 (im Erscheinen).

etwa DE, ger, Deutsch, German, Aleman, …) auf den entsprechenden einheitlichen ISO-Code gemappt. Es wird somit eine Standardisierung und Homogenisierung von Daten erreicht. Im Ergebnis erlaubt dies die mehrsprachige Suche in Daten zu Schulbüchern aus drei verschiedenen, dezentral gehaltenen Bibliothekskatalogen (GEI-OPAC[10], EDISCO[11] und MANES[12]). Während das System intern ausschließlich mit Codes arbeitet, werden diese für die Benutzer und Benutzerinnen auf der Rechercheoberfläche als lesbare Begriffe in der jeweils verwendeten Sprache dargestellt. Mit der Gründung des »Global Textbook Resource Center« (GLOTREC) sollen dort weitere Datensätze/Datenbanken eingepflegt und weitere Sprachen, Alphabete und Datentypen unterstützt werden.

Eine Alternative bzw. eine Ergänzung zum Mapping auf ein gemeinsames Klassifikationssystem, das mitsamt seiner Daten in *einem* Repositorium gespeichert wird, stellt die Nutzung einer Datenvermittlungsschicht dar, die zwischen verschiedenen Repositorien vermitteln kann.

Eine solche auch als »Middleware« bezeichnete Datenvermittlungsschicht wurde im Projekt »WorldViews« entworfen und genutzt. Die Middleware ist eine Architektur aus mehreren Softwarekomponenten. Zentrale Bestandteile sind integrierte Solr-Indizes für übergreifende Such-Szenarien, Werkzeuge zur Handhabung von Digitalisierungs-Workflows, kontrollierte Metadaten- und Volltext-Annotation von Schulbuchquellen sowie ein Repositorium. Eine solche Middleware stellt Schnittstellen für ansonsten separate Dienste bereit und ermöglicht so einen Datenaustausch, der anderweitig nicht möglich wäre. Dies kann auch ein Datenaustausch (etwa im Sinne eines Mappings von Metadaten) zwischen mehreren Repositorien sein.

Die Middleware wird somit ebenfalls für eine Standardisierung und Homogenisierung von Daten genutzt, die damit in einem gemeinsamen Suchindex einfließen können. So kann eine einzige Abfrage die Suchindizes verschiedener Projekte nutzen (siehe Abbildung 2).

---

10 Vgl. http://bibliothek.gei.de/online-kataloge.html, zuletzt geprüft am 31. August 2018.
11 Vgl. http://www.edisco.unito.it, zuletzt geprüft am 31. August 2018.
12 Vgl. http://www.centromanes.org, zuletzt geprüft am 31. August 2018.

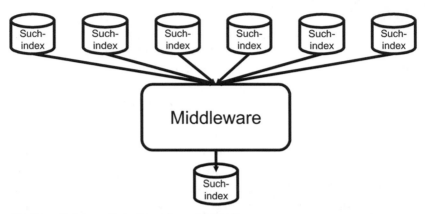

Abbildung 2: Schematische Darstellung der Middleware

Kriterien und Leitgedanken einer integrierten Datenhaltung

Die nun geplanten Arbeiten am »Repository of Textbook Research« werden sich hauptsächlich auf die Datenintegration und -darstellung konzentrieren. Leitgedanken dabei sind Nutzerfreundlichkeit (Usability) und Offenheit:

Usability: Bloßes Sammeln und Bereitstellen der Daten würde den Bedürfnissen unserer Zielgruppe nicht gerecht werden.

a) Die Daten sollen so dargestellt werden, dass sie für Benutzerinnen und Benutzer mit unterschiedlichen Informationsbedürfnissen individuell hilfreich sind. Hierfür müssen Befragungen durchgeführt und Nutzerverhalten analysiert werden. Die Daten sollten in einem »integrierten, aber separaten« Zustand darzustellen sein. Nutzer und Nutzerinnen sollen erkennen können, welche Art von Daten sie gefunden haben und woher diese stammen.

b) Wir wollen mehrere Einstiegspunkte ermöglichen. Ein Ziel der Arbeiten ist es, geeignete GEI-Datensätze (von denen sich einige im Aufbau befinden, andere bereits fertiggestellt sind wieder andere ständig erweitert werden) in einem Metasuchwerkzeug zu vereinheitlichen. Darüber hinaus werden alle vorhandenen Dienste wie Datenbanken und Dokumentensysteme (einzelne, bisher genutzte Repositorien) beibehalten.

Das geplante übergreifende »Repository of Textbook Research« wird als Sammelpunkt für Anwendungen sowie deren Daten dienen.

c) Wir versuchen, Metadaten-Schemata zur sprachunabhängigen Repräsentation der Metadaten zu erstellen, die für die verschiedenen Datensätze gleichzeitig so kohärent wie möglich und so spezifisch wie nötig ist. Die Herausforderung besteht darin, so unterschiedliche Datensätze wie Schulbuchdaten, Forschungsartikel und digitalisierte Schulbücher zu repräsentieren und Suchanfragen in verschiedenen Sprachen zu ermöglichen. Gleichzeitig sollten die Metadaten auch in Kontexten außerhalb der Schulbuchforschung genutzt werden können. Deshalb werden derzeit CMDI-Profile (*component metadata infrastructure* des CLARIN-Verbundes) erstellt. Die Metadaten können so zusammen mit denen von Ressourcen anderer Fächer in CLARINs *Virtual Language Observatory* durchsucht und mit kompatiblen Werkzeugen bearbeitet werden.

Offenheit: Wir streben an, die Daten möglichst FAIR, also Findable (auffindbar), Accessible (offen), Interoperable (miteinander kompatibel) und Re-usable (nachnutzbar) bereitzustellen.[13] Wir glauben, dass wir mindestens das Zwei-Sterne-Niveau von Tim Berners-Lees 5-Sterne-Bewertung für Open Data[14] erreicht haben: Die bislang online verfügbar gemachten Daten sind offen lizenziert und maschinenlesbar strukturiert.

a) Wir arbeiten daran, mindestens die institutseigenen Daten (wie bibliografische Informationen, Quellendigitalisate u. ä.) im Repositorium in nicht-proprietären Formaten verfügbar zu machen.

b) Darüber hinaus verwenden wir, wo immer möglich, *Uniform Resource Identifiers* (URIs) und verknüpfen die Daten mit unseren eigenen und anderen Datensätzen.

c) Neben der Erstellung und Pflege unseres Repositoriums spielen wir unsere Daten in Repositorien mit größeren Themenumfang ein. Die Texte, die in unserem eigenen wissenschaftlichen Repositorium enthal-

---

13 Vgl. »FAIR data principles«, http://www.forschungsdaten.org/index.php/FAIR_data_ principles, zuletzt geprüft am 31. August 2018.

14 Vgl. Tim Berners-Lee, »Linked Data«, 27. Juli 2006, letztes Update 18. Juni 2009, https:// www.w3.org/DesignIssues/LinkedData.html, zuletzt geprüft am 31. August 2018.

ten sind, werden über OAI-PMH[15] an andere Repositorien, z. B. Leibniz Open, CLARIN-D, und an die Deutsche Digitale Bibliothek (DDB) geliefert.

Semantische Technologien und interdisziplinäre Kommunikation

Auch wenn einige Basisdienste bereits realisiert oder getestet wurden, ist der Weg des Georg-Eckert-Instituts zur Integration und Harmonisierung aller verfügbaren (Text-)Daten zu Schulbüchern und Schulbuchforschung immer noch eine Herausforderung. Denn das Ziel ist es dabei nicht nur, die vorhandenen Textdaten und verschiedene Sammlungen mithilfe automatischer Techniken und Standardisierungsprozesse (Mapping-Funktionalitäten) zu integrieren und so gemeinsam durchsuchbar zu machen – zusätzlich sollen auch semantische Technologien zum Einsatz kommen.

Semantische Technologien ermöglichen eine verbesserte Informationsverarbeitung durch Berücksichtigung des expliziten Bedeutungskontextes. Das Ziel ist, vorhandene Informationen mit einer maschinenlesbaren Semantik zu annotieren, um den Informationsfluss zwischen Menschen und Maschinen zu verbessern und die Inhalte auch für Maschinen verarbeitbar oder »verständlich« zu machen.[16] So können etwa mehrdeutige Begriffe[17] (z. B. »Schule« im Sinne von Bildungsanstalt, Gebäude, Lehrtradition, Verbund bestimmter Tierarten,…) und verwandte Beziehungen[18] (wie z. B.

---

15 Vgl. »The Open Archives Initiative Protocol for Metadata Harvesting«, Protocol Version 2.0 vom 14. Juni 2002, Document Version vom 8. Januar 2015, http://www.openar chives.org/OAI/openarchivesprotocol.html, zuletzt geprüft am 31. August 2018.
16 Ein Beispiel ist die Annotation eines oder mehrerer Wörter, die diese Zeichenfolge als »Person« definiert, bzw. ausweist. Dies kann z. B. in TEI-XML oder anderen Notationen geschehen und hat zur Folge, dass der Computer beispielsweise nach Personen suchen kann, alle Instanzen von Person bearbeiten (z. B. kursiv darstellen) und Informationen verknüpfen kann, die andernorts mit dem Konzept »Person« verknüpft sind.
17 Vgl. Ernesto William De Luca und Andreas Nürnberger, »Using Clustering Methods to Improve Ontology-Based Query Term Disambiguation«, in: *International Journal of Intelligent Systems* 21, 7 (2006), 693–709.
18 Vgl. Ernesto William De Luca und Andreas Nürnberger, »Rebuilding Lexical Resources for Information Retrieval using Sense Folder Detection and Merging Methods«, in: *Proceedings of the 5th International Conference on Language Resources and Evaluation* (LREC 2006), Genua: ELRA, 2006, 99–102.

bei Heteronymen und Antonymen) in den Dokumenten analysiert werden. Auch die vorhandenen Metadaten sollen analysiert[19] und die Ergebnisse, für verschiedene Ausgabegeräte angepasst,[20] in einem responsiven (also in einem auf die Anfragen reagierenden) Design präsentiert werden.

Bewährte semantische Technologien können verwendet und angepasst werden, um Geisteswissenschaftler und -wissenschaftlerinnen bei der Analyse und Verarbeitung digitaler Inhalte zu unterstützen. Hierbei bestehen jedoch Herausforderungen, die in ähnlicher Form auch bei der Verwendung anderer digitaler Werkzeuge auftreten. So weist der klassische Ansatz der Analyse durch den Menschen oft Einschränkungen in der Skalierbarkeit auf – ab einer gewissen Datenmenge ist es schlicht nicht mehr möglich, alle vorhandenen Quellen intensiv zu studieren. Digitale Werkzeuge hingegen haben kein Problem mit großen Datenmengen – stattdessen gibt es Schwierigkeiten mit der Semantik. Digitale Werkzeuge liefern hier noch unzuverlässige Ergebnisse, da sie menschliche Sprache nicht *verstehen* können, sondern auf Statistiken basieren. Bedeutungen, Bedeutungswandel und Konnotationen bestimmter Begriffe in einem spezifischen (z. B. historischen, institutionellen oder auch disziplinären) Kontext zu erfassen stellt eine große Herausforderung für die Digital Humanities dar.

Dies gilt für die digitalen Werkzeuge, aber in gewissem Sinne auch für die Forschenden, die diese Werkzeuge gemeinsam entwerfen und erproben. Auch die Kommunikation zwischen verschiedenen Wissenschaftsdisziplinen, in unserem Fall der Informatik und verschiedenen Geisteswissenschaften, ist ein wichtiges Arbeitsgebiet. Die bisherigen Entwicklungsprozesse digitaler Werkzeuge können gleichzeitig auch als Machbarkeitsstudien konstruktiver Kommunikation zwischen den beteiligten Disziplinen angesehen werden. Kommunikationsdefizite mussten erkannt, Fachbegriffe

---

19 Vgl. Christian Scheel, Claudia Schmitz und Ernesto William De Luca, »Vereinheitlichung internationaler Bibliothekskataloge«, in: *Conference on Learning, Knowledge, Data and Analysis – Lernen. Wissen. Daten. Analysen. (LWDA 2016). Workshop »Information Retrieval 2016«*, Potsdam: Hasso Plattner Institut, 2016, 271–282.
20 Vgl. Ernesto William De Luca und Andreas Nürnberger, »Supporting Information Retrieval on Mobile Devices«, in: *Proceedings of MOBILE HCI 2005: 7th International Conference on Human-Computer Interaction with Mobile Devices and Services*, New York: ACM Press, 2005, 347–348.

bzw. deren unterschiedliche Verwendung[21] erklärt und Missverständnisse überwunden werden, um Forschende aus verschiedenen Disziplinen auf Augenhöhe miteinander arbeiten zu lassen. Hier sind Personen mit »Übersetzungs«-Kompetenzen gefragt, die zwischen den Disziplinen moderieren können.

Je mehr Daten integriert und miteinander in Beziehung gesetzt werden, desto umfassender wird auch die Datenmenge, die für individuelle Forschungsfragen genutzt werden kann. Daraus ergibt sich für das GEI die Aufgabe, Techniken bereitzustellen, mit denen große Datenmengen durchsuchbar gemacht und analysiert werden können. (Weiter-)Entwicklung und Evaluierung von Digital-Humanities-Werkzeugen ist deshalb, wie eingangs erwähnt, einer der drei am Institut verfolgten Wege für den Ausbau der digitalen Infrastrukturen. Im Folgenden werden wir Beispiele für die Visualisierung von Datenmengen vorstellen, mit denen diese für den Menschen fassbar und interpretierbar gemacht werden sollen.

3   Visualisierung von Daten für die Digital Humanities

Als eine kulturelle Institution mit explizitem Infrastrukturauftrag digitalisiert und vernetzt das GEI seine Sammlungen und erprobt neuartige Möglichkeiten der Navigation und Suche. Dabei kommt es neben der Menge auch auf die Qualität der Daten an. So kann z. B. die digitale Schulbuchbibliothek »GEI Digital« nur deshalb eine Navigation in den (Unter-)Kapiteln ihrer Bücher anbieten, weil die Kapitelüberschriften zuvor per Hand als solche ausgezeichnet und damit für den Computer »kenntlich« gemacht wurden. Für andere Zwecke wären weitere Auszeichnungen (auch Annotationen oder Markups genannt), sowie Verknüpfungen mit externen Datenbanken notwendig: Wenn man sich z. B. für alle in einem Schulbuch erwähnten Orte interessiert, müssten zunächst alle Nennungen im Buch automatisch oder manuell erfasst, also ein Index erstellt werden. Wenn man die erfassten Fundstellen mit entsprechenden Geodaten versieht, wird es

---

21 Ein Beispiel ist die unterschiedliche Verwendung des Begriffs »Ontologie« in Informatik und Philosophie.

möglich, sie z. B. auf einer Weltkarte zu visualisieren.[22] Doch wenn man sich für Orte interessiert, die in verschiedenen Büchern (z. B. eines Schulfaches, eines Verlags oder einer bestimmten Epoche) erwähnt werden, wird eine statische Darstellung auf einer Weltkarte wahrscheinlich unübersichtlich. Diese Gedanken sollen einige Herausforderungen wissenschaftlicher Visualisierungen verdeutlichen. Zunächst einmal wird hierfür eine ausreichende Menge verlässlicher, aussagekräftiger Daten benötigt. Die Visualisierungen sollen darin das jeweils Relevante (z. B. bestimmte Muster, Häufigkeiten, Verteilungen über Zeit und Raum) betonen und sichtbar machen. Im Gegensatz zu linearen Texten oder Zahlenreihen können sie mehrere Dimensionen zugleich darstellen und Zusammenhänge deutlich machen. Ihr Zweck und Mehrwert besteht also darin, komplexe Sachverhalte bzw. Datenmengen im Wortsinne »anschaulich« zu machen.

Dies ist bei großen Datenmengen nur dadurch möglich, dass Details ausgeblendet werden, die im jeweiligen Kontext nicht wichtig sind. Die Entscheidung darüber, was wichtig ist (z. B. Seitenumfang oder Erscheinungsjahr eines Schulbuches, sein Zielpublikum, Schulfach oder Autor/ Autorin), ist bereits eine Interpretationsleistung und sollte idealerweise den Nutzerinnen und Nutzern eines Visualisierungswerkzeuges überlassen bleiben. Unabhängig davon, ob Wahlmöglichkeiten bezüglich der zu berücksichtigen Parameter gegeben werden, sollte ein Visualisierungswerkzeug eine ausführliche Dokumentation bereitstellen, die ihre Funktionsweise und Konventionen erklärt. So sind wir z. B. daran gewöhnt und erwarten, dass ein zeitliches »vorher-nachher« entsprechend der (westlichen) Leserichtung von links nach rechts dargestellt wird oder dass eine räumliche Platzierung »oben« im Vergleich zu »unten« Bedeutungen wie »mehr«, »wichtiger«, »besser« oder »zeitlich früher, anfänglich« impliziert. Visualisierungen können Suggestivkraft entwickeln und damit auch in manipulativer Absicht missbraucht werden. Ein vermeintliches »Erfassen auf einen Blick« kann eine unzulässige Verkürzung darstellen und zu Fehlinterpretation führen.[23] Entwicklerinnen und Entwickler von Digital-Humanites-

---

22 Ebenso wäre es möglich, Karten als Sucheinstieg zu nutzen. Diesen Ansatz wählt z. B. »edu.data«, eine Plattform zu Schulbuchsystemen weltweit, vgl. http://edu-data.edume res.net/, zuletzt geprüft am 31. August 2018.

23 Ein einfaches Beispiel wären Kurvendarstellungen von Häufigkeiten eines Wortes in

Werkzeugen müssen deshalb abwägen, wie einfach oder komplex (und damit für die Nutzer und Nutzerinnen aufwändiger zu bedienen oder zu verstehen) eine Visualisierung sinnvollerweise sein sollte.

In Projekten des GEI wurden bereits verschiedene Werkzeuge und Visualisierungen für den Zugriff auf die Daten implementiert. Im Folgenden stellen wir drei prototypische Visualisierungen vor, die jeweils unterschiedliche Teile der Datensammlungen des Instituts behandeln:

1. »GEI-Digital visualized« präsentiert neuartige Zugriffsmöglichkeiten auf die digitale Schulbuchbibliothek »GEI-Digital« durch eine Kombination von Datenanalyse und Visualisierungen.

2. Der »Welt der Kinder«-Explorer ermöglicht Forschenden unter anderem, Themenmodellierung (Topic Models) zu nutzen, um implizite Relationen zwischen Dokumenten zu finden.

3. Der »International TextbookCat« präsentiert Statistiken über die Sammlung, die die Verteilung der Schulbücher des aktuellen Suchinteresses über verschiedene Kategorien wie Bildungslevel, Nutzungsland, Sprache usw. verdeutlicht.

»GEI-Digital visualized«

Die Internetplattform »GEI-Digital« bietet bereits mehr als 5.400 Bände digitalisierter historischer deutscher Schulbuchbände aus den Bereichen Geschichte, Geografie und Politik. Digitalisiert und integriert wurden Werke aus der Zeit bis 1918 aus der Sammlung des GEI und von Partnerbibliotheken. »GEI-Digital« umfasst bereits über eine Million Seiten. Es wurden mehr als 252.000 Metadaten erhoben, wobei die Indizierung den spezifischen Bedürfnissen der Schulbuchforschung folgt. So wurden neben Informationen zum Verlag und Erscheinungsjahr auch schulbuchspezifische Themen und Charakteristiken als Metadaten erfasst.[24]

Recherchiert werden kann sowohl in den Metadaten als auch im auto-

---

einem Textkorpus über die Zeit: eine Verwechslung von absoluten und relativen Häufigkeiten führt hier leicht zu falschen Aussagen über das Textkorpus.

24 Vgl. http://gei-digital.gei.de, zuletzt geprüft am 31. August 2018; siehe auch die beiden Artikel von Anke Hertling und Sebastian Klaes zu »GEI-Digital« in diesem Band.

matisch erfassten Volltext. Auch eine kombinierte Suche ist möglich; die erweiterte Suche ähnelt dabei der eines OPAC. Auch nach Phrasen oder mehreren Begriffen kann gesucht werden. Durch die erfolgte Strukturauszeichung ist es zudem möglich, in den so generierten Inhaltverzeichnissen einzelner Bücher zu navigieren, oder nach Strukturtypen wie »Vorwort«, »Abbildung« o.ä. zu filtern. Wie in einem OPAC kann mit der in »GEI-Digital« implementierten Suche nach Büchern eines bestimmten Erscheinungsjahres gesucht werden. Für eine Übersicht über die doch erheblichen Datenmengen wäre es jedoch nützlich, auch Schulbuchmengen aus frei gewählten *Zeiträumen* anzeigen zu können.

Diese und weitere Möglichkeiten eröffnen die prototypischen Visualisierungen von »GEI-Digital visualized«.[25] Sie wurden 2017 in Zusammenarbeit mit der Fachhochschule Potsdam im dortigen Urban Complexity Lab entwickelt. Derzeit können so die Metadaten von 4.261 Büchern aus »GEI-Digital« visualisiert werden.

Durch die innovative Nutzung der Metadaten und der interaktiven Kombinationsmöglichkeiten können z.B. verfügbare Schulbuchmengen bestimmter Zeiträume und deren Aufteilung nach Schulfächern, Bildungslevel, Verlagen und Verlagsorten visualisiert und verglichen werden. Die Verlagsorte können zudem auf einer Karte, die vergebenen Schlagwörter zu den Büchern in einer Wortwolke dargestellt werden.

Abbildung 3 zeigt einen Ausschnitt einer Beispielanfrage. Per drag&drop wurden auf der Zeitleiste die Jahre 1873 bis 1886 ausgewählt, die daraufhin blassrot hinterlegt erscheinen. Unterhalb der Zeitleiste sind die Facetten »Schulfächer«, »Bildungslevel«, »Verlage« und »Verlagsorte« für weitere Filterungen nutzbar. Die hier neben den Unterkategorien (wie »Geschichtsunterricht«, »Sekundarstufe 1« usw.) angeführten Schulbuchmengen werden gemäß der auf dem Zeitstrahl getroffenen Auswahl angepasst; der »GEI-Digital visualized«-Korpus beinhaltet also z.B. 48 Realienkundebücher im hier gewählten Zeitraum. In der Abbildung sind zudem alle Bücher der Kategorie »Geographieunterricht« auf dem Zeitstrahl rot eingefärbt. Dies ist durch einfaches Ansteuern dieser Kategorie mit der Maus möglich. Ein Klick auf diese Gruppe würde auf dem Zeitstrahl alle anderen Gruppen ausblenden, ein weiterer wieder einblenden.

---

25 Vgl. http://gei-digital.gei.de/visualized/, zuletzt geprüft am 31. August 2018.

Abbildung 3: Beispiel für die Nutzung des »GEI-Digital visualized«-Werkzeugs (Ausschnitt)

Mit »GEI-Digital viszualized« können z. B. Entwicklungen auf dem historischen Schulbuchmarkt mit seinen Akteuren und Produkten sichtbar gemacht werden. Die recherchierten Schulbuchmengen können über den blauen »Buch«-Reiter oben rechts als Liste angezeigt werden und sind dort durch einen Link mit »GEI-Digital« verbunden. So kann für weitere Analysen direkt auf die Digitalisate und Volltexte zugegriffen werden.

Der »Welt der Kinder«-Explorer

Im Projekt »Welt der Kinder« wurde getestet, ob und inwieweit digitale Werkzeuge, die für die Analyse von *Digital-born*-Texten (Twitter, Facebook, etc.) entwickelt wurden und derzeit vor allem in benachbarten Disziplinen wie den Literaturwissenschaften eingesetzt werden, auch auf historische Textbeispiele übertragen werden können. Als Datenbasis diente auch hier »GEI-Digital«, wobei nun (im Gegensatz zu »GEI-Digital visualized«) auch die Volltexte für die Analyse aufbereitet und genutzt wurden. Vor allem das Topic Modeling erwies sich hier als anschlussfähig. Zusammen mit den ursprünglichen sowie den im Projekt noch erhobenen Metadaten (etwa zu weiteren Schulformen, Konfession oder Geschlecht der adressierten Schülerinnen bzw. Schüler) wurden die auf Seitenebene erstellten Themenmodelle durch eine dafür entwickelte Benutzeroberfläche nutzbar gemacht.

Mit der Plattform »Welt der Kinder«-Explorer[26] können Forschende verschiedene Suchstrategien kombinieren und immer weiter filtern, um Bücher bzw. Belegstellen für bestimmte Forschungsfragen zu finden und um strukturelle Muster in den Quellen aufzudecken, die mit klassisch-hermeneutischen Verfahren nicht erfassbar sind. Zentral für die Visualisierung und Navigation ist dabei ein Diagramm, das standardmäßig alle vorhanden Werke bzw. Seiten des Korpus über die Zeit darstellt – derzeit sind dies mehr als 3.800 Werke mit knapp 800.000 Seiten.

Abbildung 4 zeigt einen Ausschnitt einer Suchergebnis-Anzeige. Hier wurden verschiedene Suchmöglichkeiten kombiniert: Es wurden Buchseiten gesucht, die in einem bestimmten Zeitraum (1860–1885) veröffentlicht wurden und ein bestimmtes Wort enthielten (»Schule«). Dabei wurde ein »Junkfilter« verwandt, der Seiten mit wenig Text und/oder vielen Sonderzeichen (als ein Zeichen von fehlerhafter Volltexterkennung) herausfiltert. In dieser Ergebnismenge wurde wiederum nach Seiten gesucht, die einem bestimmten Topic zugerechnet wurden, sodass der Suchbegriff also gemeinsam mit einem bestimmten Thema vorkommt. Zusätzlich wurde ein

---

26 Vgl. http://wdk.gei.de, zuletzt geprüft am 31. August 2018; vgl. hierzu auch den Beitrag von Ben Heuwing und Andreas Weiß zu »Suche und Analyse in großen Textsammlungen« in diesem Band.

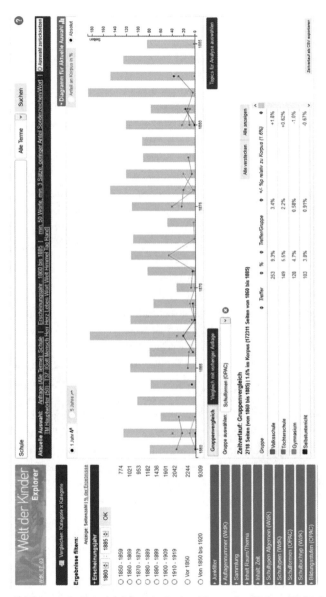

Abbildung 4: Beispielabfrage mit der Nutzeroberfläche »Welt der Kinder«-Explorer (Ausschnitt)

Gruppenvergleich aktiviert, der die Ergebnismengen farbig entsprechend der gewählten Gruppe (hier »Schultypen«) markiert. Das Diagramm in Abbildung 4 zeigt die absolute Anzahl der Treffer. Beim Ansteuern einzelner Jahrgänge mit der Maus würde dann eine Statistik zu absoluter und relativer Trefferanzahl des jeweiligen Jahres eingeblendet; ein Klick auf ein Jahr öffnet ein neues Fenster, mit dem der gewählte Jahrgang genauer dargestellt wird und weiter gefiltert und durchsucht werden kann.

In der Beispielanfrage in Abbildung 4 ist unterhalb des Zeitstrahls der schon erwähnte Gruppenvergleich auch als Tabelle dargestellt. Darunter (nicht mehr im Bild) werden für jede Trefferseite bibliografische Angaben und der gesuchte Begriff im Kontext (KWIC) dargestellt. Angeführt werden auch die Topics, die mehr oder weniger stark mit der Seite assoziiert sind, extrahierte Personen- und Ortsnamen sowie weitere Statistiken der Quelle. Eine Verlinkung ermöglicht die Anzeige ähnlicher Ergebnisse oder den Sprung in die Quelle auf »GEI-Digital«.

Der »International TextbookCat«

Der »International TextbookCat«[27] (ITBC) ist ein Rechercheinstrument speziell für Bildungsmedien. Die Recherche innerhalb dieser Quellengattung gestaltete sich bislang oft schwierig, z. B. weil die Namen der Autorinnen und Autoren wenig bekannt und (Reihen-)Titel wie »Unsere Geschichte« wenig aussagekräftig sind. Der ITBC nutzt deshalb im Gegensatz zum herkömmlichen Online Public Access Catalogue (OPAC) das interne Klassifizierungssystem der Forschungsbibliothek des GEI, um Schulbücher nach dem jeweiligen Einsatzland, Bildungsniveau und Schulfach zu kategorisieren. Für deutsche Schulbücher gibt es zusätzliche Kategorien für Bundesländer und Schultypen. Internationale Schulbücher können zudem nach Sprachen gefiltert werden. Die Suchmöglichkeiten innerhalb der Schulbuchsammlung werden so deutlich verbessert. Darüber hinaus erweitert der ITBC die Schulbuchsammlung um die Inventare internationaler

---

27 Vgl. http://itbc.gei.de, zuletzt geprüft 31. August 2018. Vgl. auch den Beitrag »Multilingualität in einem internationalen Bibliothekskatalog« von Christian Scheel in diesem Band.

Partner und kombiniert die Schulbuchdatenbanken von drei Institutionen
– dem Georg-Eckert-Institut, der Universität Turin und der Nationalen
Fernuniversität in Spanien –, um ein gemeinsames Referenzwerkzeug zu
schaffen. Dafür wurden Workflows und Systemarchitekturen entwickelt,
um im Rahmen eines »Global Textbook Resource Center« weitere Datenbestände mit relativ geringem Aufwand integrieren zu können.

Eine Herausforderung bei der Entwicklung des ITBC war die möglichst
übersichtliche und selbsterklärende Darstellung einer großen Anzahl an
Such- und Filteroptionen und die entsprechende Ergebnisdarstellung. Die
Visualisierungswerkzeuge wurden in Zusammenarbeit mit Nutzerinnen
und Nutzern sowie Forschenden verschiedener Partnerinstitutionen entwickelt, um der Art der Daten und den Informationsbedürfnissen der
Nutzenden noch besser gerecht zu werden als die bisherige Darbietung der
Daten in den Oberflächen von »GEI-Digital« und OPAC. Abbildung 5 zeigt
einen Ausschnitt einer Suche in der deutschen Sprachansicht: Gefiltert
wurde nach dem Geltungsland Großbritannien. Bei einer Eingabe im
Suchtextfeld schlägt das System bereits mögliche Suchbegriffe vor. Eine
zusätzliche Funktion des ITBC sind die visualisierten Statistiken über die
Sammlung. Abbildung 6 zeigt einen Ausschnitt einer Suche nach dem
Stichwort »Religion«. Die Verteilungen der Treffermengen auf die Kategorien der Filteroptionen (Schulbuchkatalog, Geltungsland, Sprache etc.)
wird als Tortendiagramm dargestellt. In diesem Beispiel wird ersichtlich,
dass 2.770 der 4.917 zum Stichwort gefundenen Bücher aus dem Katalog
MANES stammen. Die Statistiken lassen sich in ein Excel-Sheet exportieren.
Forschende können die Statistiken nutzen, um für ihre Thesen und Forschungsfragen relevante Teilmengen zu recherchieren und deren Eigenschaften genauer zu beleuchten.

Die hier vorgestellten Beispiele prototypischer Implementierungen von
Visualisierungen basieren auf unterschiedlichen Datenbeständen. »GEI-
Digital visualized« nutzt Metadaten von »GEI-Digital«; der »Welt der Kinder«-Explorer nutzt Daten- und Metadaten von »GEI-Digital« zuzüglich
weiterer (teils projektspezifischer) Metadaten; der »International TextbookCat« nutzt Metadaten der Schulbuchbestände des GEI nebst Schulbuchdaten internationaler Partner. Die vorgestellten Visualisierungswerkzeuge unterscheiden sich in der Komplexität der ermöglichten Recherchen.
Für Fragen und Rückmeldungen zu diesen Angeboten stehen den Nutze-

Abbildung 5: Screenshot der Suchoberfläche und Ergebnispräsentation des ITBC (Detail)

Abbildung 6: Präsentation von Statistiken zu gegebenen Anfragen im ITBC (Detail)

rinnen und Nutzern bislang vor allem Kontaktinformationen im Impressum, im ITBC auch Feedback-Buttons zur Verfügung. In die Weiterentwicklung dieser Instrumente sollen Forschende verschiedener Nationen und Disziplinen aktiv eingebunden werden. Ihr Feedback soll auch in weitere Dokumentationen und Schulungsmaterialien einfließen.

4   Zusammenfassung und Ausblick

Als Leibniz-Institut mit explizitem Infrastrukturauftrag stellt das GEI neben Daten auch Nutzeroberflächen und Werkzeuge zur Verfügung, um Schulbücher und Lehrpläne zu erforschen. Diese Werkzeuge werden laufend ergänzt und verbessert, um der internationalen Bildungsmedienforschung Methoden der Digital Humanities zu erschließen und auch institutsfremde Daten aus der ganzen Welt integrieren und repräsentieren zu können. So kann die wissenschaftliche Arbeit nicht nur erleichtert, sondern auch um neuartige Zugänge zum Feld bereichert werden.

In diesem Beitrag haben wir zwei von drei am Institut verfolgten Entwicklungslinien vorgestellt – die Integration von Angeboten und Daten sowie die Bereitstellung von Visualisierungen als Werkzeug der Digital Humanities.

Ziel ist zum einen die Homogenisierung und Verlinkung aller aus den Projekten am Institut entstandenen Datenmengen. Sie unterscheiden sich teilweise stark bezüglich ihrer Formate, Qualität und der Menge der gesammelten Metadaten, aber auch in ihrer bisherigen Speicherform und Präsentation. Hier soll im Rahmen des geplanten »Repository of Textbook Research« ein mehrsprachiges Multi-Alphabet-Repositorium für schulbuchbuchbezogene Daten geschaffen werden, dessen Daten möglichst nutzerfreundlich und offen sind und für multilinguale und multi-thematische Anwendungen bereitgestellt werden. Die Daten laufender, abgeschlossener und zukünftiger Projekte des GEI sollen harmonisiert werden, um etwa über übergreifende Suche und Analysewerkzeuge Synergien zu ermöglichen. Eine solche Datenhaltung kommt dem zweiten Ziel, der Entwicklung und Bereitstellung von Werkzeugen der Digital Humanities zugute. Hier wurden drei prototypische Nutzeroberflächen vorgestellt, die die Analyse und Visualisierung großer Datenmengen und deren Teilmengen ermöglichen. Bei der Weiterentwicklung dieser Systeme wird systematisch auf interdisziplinäre Zusammenarbeit und das Feedback von Nutzerinnen und Nutzern der Angebote gesetzt.

Das Thema der Datenintegration ist für viele Wissenschaftsbereiche und wissenschaftliche Einrichtungen von Interesse, die historisch gewachsene und daher oft inkompatible Online-Angebote anbieten. Wir hoffen deshalb, dass unsere Erfahrungen bei der Erstellung von nachhaltigen, integrierten, verknüpften und offenen Daten für die Schulbuchforschung auch auf andere Fachbereiche und internationale Forschungsgemeinschaften übertragbar sein werden und als ein Vorbild für die schrittweise Umsetzung ähnlicher Projekte dienen können.

Literatur

Berners-Lee, Tim. »Linked Data«, 27.07.2006, letztes Update 18. Juni 2009, https://www.w3.org/DesignIssues/LinkedData.html, zuletzt geprüft am 31. August 2018.

De Luca, Ernesto William und Andreas Nürnberger. »Supporting Information Retrieval on Mobile Devices«, in: *Proceedings of MOBILE HCI 2005: 7th International Conference on Human-Computer Interaction with Mobile Devices and Services*, New York: ACM Press, 2005, 347–348.

Dies. »Rebuilding Lexical Resources for Information Retrieval using Sense Folder Detection and Merging Methods«, in: *Proceedings of the 5th International Conference on Language Resources and Evaluation* (LREC 2006), Genua: ELRA, 2006, 99–102.

Dies. »Using Clustering Methods to Improve Ontology-Based Query Term Disambiguation«, in: *International Journal of Intelligent Systems* 21,7 (2006), 693–709.

»FAIR data principles«, http://www.forschungsdaten.org/index.php/FAIR_data_p rinciples, zuletzt geprüft am 31. August 2018.

Hennicke, Steffen et al. »WorldViews: Access to International Textbooks for Digital Humanities«, in: *Digital Humanities 2017. The Alliance of Digital Humanities Organizations (ADHO)*, Montreal: McGill University, 2017, 254–256.

Hennig, Leonhard, Ernesto William De Luca und Sahin Albayrak. »Learning Summary Content Units with Topic Modeling«, in: *Proceedings of the 23rd International Conference on Computational Linguistics (COLING 2010)*, 2010, 391–399.

OAI, »The Open Archives Initiative Protocol for Metadata Harvesting«, Protocol Version 2.0 vom 14. Juni 2002, Document Version vom 8. Januar 2015, http://www.openarchives.org/OAI/openarchivesprotocol.html, zuletzt geprüft am 31. August 2018.

Scheel, Christian, Claudia Schmitz und Ernesto William De Luca. »Vereinheitlichung internationaler Bibliothekskataloge«, in: *Conference on Learning, Knowledge, Data and Analysis – Lernen. Wissen. Daten. Analysen. (LWDA 2016). Workshop »Information Retrieval 2016«*, Potsdam: Hasso Plattner Institut, 2016, 271–282.

Scheel, Christian und Ernesto William De Luca. *Fusing International Textbook Collections for Textbook Research – Digital Cultural Heritage*, Berlin: Springer, 2018 (im Erscheinen).

Ben Heuwing / Andreas Weiß

Suche und Analyse in großen Textsammlungen: Neue Werkzeuge für die Schulbuchforschung

This paper uses the work conducted during the interdisciplinary project ›Children and their World‹ as an example to illustrate how digital tools can be applied to a large historical corpus consisting of German textbooks from the nineteenth century. Although text mining and corresponding methods are well established within the field of literary science and are frequently applied to modern corpora such as Twitter feeds, their application in the area of historical research is still an open research field. We therefore give an insight into the opportunities offered by these tools to the humanities, as well as the problems connected with them.

In den letzten Jahren wurden und werden aufgrund von Initiativen auf institutioneller und auf Bundesebene viele Dokumente digitalisiert und online zugänglich gemacht – so auch die durch das Georg-Eckert-Institut (GEI) digitalisierten deutschsprachigen Schulbücher auf der Plattform »GEI-Digital«.[1] Doch wie kann man solche großen Datenmengen für die Wissenschaft möglichst gut nutzbar, d. h. nach bestimmten Informationen durchsuchbar machen?

Die digitale Schulbuchbibliothek »GEI-Digital« ist in verschiedene Sammlungen gegliedert, die sich zum einen an groben historischen Periodisierungen orientieren, zum anderen an den unterschiedlichen Unterrichtsfächern. Neben der so gegliederten Präsentation der Digitalisate und

---

1 Vgl. http://gei-digital.gei.de, zuletzt geprüft am 21. August 2018. Siehe auch die beiden ersten Artikel in diesem Band von Anke Hertling und Sebastian Klaes zu Aufbau und Auswahl sowie zu Erschließung und Datenaufbereitung von »GEI-Digital« sowie Robert Strötgen, »New information infrastructures for textbook research at the Georg Eckert Institute«, in: *History of Education & Children's Literature* 9, 1 (2014), 149–162.

(OCR-behandelten) Volltexte sowie einfachen, auf Daten und Metadaten zugreifenden Suchfunktionen ist es sinnvoll, digitale Werkzeuge zur automatischen Textanalyse bereitzustellen. Im Projekt »Welt der Kinder. Weltwissen und Weltdeutung in Schul- und Kinderbüchern zwischen 1850 und 1918«[2] wurden dafür digitale Analysetools ausprobiert und angepasst. Dabei orientierte sich das Projekt an den von »GEI-Digital« vorgegebenen Sammlungen, doch wurden die Kategorien in kleinteiliger Arbeit verfeinert. Teil der Projektarbeit war auch die Erstellung einer Nutzeroberfläche, mit der Wissenschaftlerinnen und Wissenschaftler die darauf zur Verfügung gestellten Werkzeuge und Daten optimal zusammen nutzen können.

Im Folgenden wollen wir kurz in die Analyse großer Textsammlungen mit digitalen Werkzeugen einführen, auf Probleme hinweisen, aber auch unsere Lösungsvorschläge zeigen, um dann einige Ergebnisse aus dem Projekt vorzustellen. Hierbei wird der Schwerpunkt auf Topic Modeling liegen, einer Methode des *Information Retrieval*, die für thematisch-inhaltliche Untersuchungen von Texten genutzt werden kann.

1 Einführung

Als Grundlage für die digitale historische Forschung müssen eine Reihe von Gestaltungsentscheidungen getroffen werden, von der Auswahl von digitalisierten historischen Dokumenten (hier: der zu digitalisierenden Schulbuchquellen), über die Gestaltung der Datenstrukturen, welche die Dokumente digital repräsentieren, bis hin zur Benutzeroberfläche, welche die interaktive Auswertung ermöglicht. Diese Gestaltungsentscheidungen werden nicht ausschließlich von den Eigenschaften der Dokumente bestimmt und sollten insbesondere die Bedürfnisse der Nutzer und Nutzerinnen, ihre Forschungsinteressen und ihre etablierten Vorgehensweisen bei der Forschung berücksichtigen.[3] Gleichzeitig müssen bei der Gestaltung die Einflüsse und

---

2 Vgl. hierzu auch Abschnitt 2 im Artikel »›Schönere Daten‹ – Nachnutzung und Aufbereitung für die Verwendung in Digital-Humanities-Projekten« von Maret Nieländer und Andreas Weiß in diesem Band.
3 Vgl. Frederick W. Gibbs und Trevor Owens, »Building Better Digital Humanities Tools: Toward Broader Audiences and User-Centered Designs«, in: *Digital Humanities*

Interessen anderer Beteiligter, etwa der jeweiligen Forschungsinstitute, Bibliotheken, Archive und der Geldgeber sowie des weiteren Umfeldes, etwa der Forschungskultur in der Disziplin, berücksichtigt werden. Diese Gestaltungsentscheidungen beeinflussen stark die Wahrnehmung der digitalen Sammlung und letztlich die tatsächliche Forschungspraxis. Für die Optimierung aus der Nutzerperspektive können etablierte Methoden wie Beobachtung und Interviews[4] sowie die Evaluierung durch Benutzertests[5] zur Untersuchung ihres Informationsverhaltens angewendet werden.

Im Projekt »Welt der Kinder« wurden vor allem deutschsprachige Schulbücher des ausgehenden 19. Jahrhunderts untersucht. Anhand von Geografie- und Geschichtsschulbüchern aller Schulstufen und für die unterschiedlichsten Nutzerkreise (katholisch versus evangelisch, Stadt versus Land, Mädchenschulbücher versus Knabenschulbücher) sollte nachvollzogen werden, wie die gegenläufigen Prozesse von Nationalstaatsbildung und zunehmender Globalisierung in Schulbüchern dargestellt werden.[6] Es wurde so ein Analysewerkzeug und ein Korpus aufgebaut, welche »GEI-Digital« als Basis nutzen, aber darüber hinausgehen – insbesondere in den Suchfunktionen und der statistischen Auswertung.[7] In den folgenden Abschnitten werden die Optionen für die Repräsentation einer Sammlung in den Datenstrukturen und für die darauf aufbauenden Möglichkeiten zur

---

Quarterly 6, 2 (2012), http://www.digitalhumanities.org/dhq/vol/6/2/000136/000136. html, zuletzt geprüft am 21. August 2018.

4 Vgl. Ben Heuwing, Thomas Mandl und Christa Womser-Hacker, »Combining contextual interviews and participative design to define requirements for text analysis of historical media«, in: *ISIC: The Information Behaviour Conference*, Zadar, 2016, http://www.informationr.net/ir/21-4/isic/isic1606.html, zuletzt geprüft am 21. August 2018.

5 Etwa in: Ben Heuwing, Thomas Mandl und Christa Womser-Hacker, »Methods for User-Centered Design and Evaluation of Text Analysis Tools in a Digital History Project«, in: *2016 Annual Meeting of the Association for Information Science and Technology*, Copenhagen, 2016, https://www.asist.org/files/meetings/am16/proceedings/submissions/papers/53paper.pdf, zuletzt geprüft am 21. August 2018.

6 Die stark differenzierte Bildungslandschaft des Kaiserreichs kannte nicht nur die oben genannten Kategorien, sondern auch Schulen, die nur auf den (klein-)städtischen Raum beschränkt waren, wie die sogenannten Bürgerschulen oder die Gymnasien und Oberrealschulen. Auf dem Lande gab es eigentlich nur Volksschulen in all ihren Variationen.

7 Gleichzeitig sollte das Projekt die Frage beantworten, inwieweit die beschriebenen Werkzeuge für weitere historische Forschungen und eine breitere Öffentlichkeit nachnutzbar sind.

Analyse und Suche dargestellt, um dann die Entscheidungen, die im Projekt
»Welt der Kinder« getroffen worden sind, vorzustellen und zu reflektieren.
Der Schwerpunkt liegt hierbei auf Werkzeugen, die große Korpora wie
»GEI-Digital« durchsuchbar machen.

2   Digitale Werkzeuge

2.1   Suche in historischen Texten: Volltextindexierung und filterbasierte Suche

Die Identifikation relevanter Dokumente für die weitere Analyse bildet die
Grundlage bei der Auswertung großer Textsammlungen. Werkzeuge und
Systematiken für die Suche nach bestimmten Dokumenten werden im
Forschungsfeld des *Information Retrieval* entwickelt und bilden die technische Grundlage für viele der komplexeren Verfahren der digitalen Textanalyse. In einem vereinfachten Modell des *Information Retrieval* werden
das Suchsystem und dessen Abbildung von Information (also die interne
Sortierung und Hierarchisierung von Daten) dem Informationsbedürfnis
des Nutzers oder der Nutzerin (verstanden als Nutzeranfrage) gegenüber-
gestellt. Die Aufgabe des Systems ist es, für Nutzerinnen und Nutzer durch
geeignete Algorithmen die für ihre Anfrage relevantesten Dokumente bereitzustellen. Für eine wortbasierte Suche in den Inhalten der Texte werden
die Dokumente in Form eines sogenannten invertierten Indexes repräsentiert. In einem solchen Index wird, vergleichbar zu einem Stichwortver-
zeichnis in einem Buch, für jedes Wort in der Sammlung angeführt, in
welchen Dokumenten es auftritt – wodurch eine schnellere Suche in den
Dokumenten ermöglicht wird. Die Reihenfolge der Ergebnisliste wird
hauptsächlich durch die Häufigkeit der gesuchten Begriffe innerhalb eines
Dokuments, relativ zu seiner Häufigkeit in der gesamten Sammlung, bestimmt. Um möglichst viele potentiell relevante Dokumente zu finden, wird
meist versucht, unterschiedliche Wortformen auf eine gemeinsame
Stammform zu reduzieren (Stammformenreduktion oder *stemming*).[8] Da-

---

8 Vgl. hierzu Reginald Ferber, *Information Retrieval. Suchmodelle und Data-Mining-Verfahren für Textsammlungen und das Web*, 27. Oktober 2003, http://information-retrieval.

durch kann es jedoch auch passieren, dass z. B. Begriffe wie »Bürger«, »Burger« und »Burg« zu »burg« reduziert und dadurch Dokumente mit dem Wort »Burg« für die Suchanfrage »Bürger« zurückgegeben werden. Eine Herausforderung bei historischen Texten liegt zusätzlich darin, dass nur wenig für historische Sprachvarianten (wie z. B. »Thatsache« vs. »Tatsache«) geeignete Ressourcen zur automatischen Sprachverarbeitung existieren[9] und zusätzlich innerhalb einer Textsammlung unterschiedliche historische Sprachvarianten auftreten können. Dies kann sich nachteilig auf die Genauigkeit und Vollständigkeit der Suchergebnisse, aber auch auf die Zuverlässigkeit der Verfahren der automatischen Textanalyse auswirken.

Die Benutzeroberfläche der Suchfunktion – bei der Internetsuchmaschine Google etwa zunächst ein einfaches Texteingabefeld – soll die Nutzerinnen und Nutzer dabei unterstützen, ihre Anfrage zu formulieren. Dies geschieht in der Realität meist in mehreren Schritten: durch eine erste Eingabe, die Betrachtung der Treffer und dann ggf. der Umformulierung einer Anfrage, etwa zur weiteren Präzisierung.[10] Nützlich sind dabei zusätzliche Filtermechanismen, welche die Anfrage beispielsweise um Angaben zum gewünschten Erscheinungszeitraum, Autor oder Format erweitern, um die Ergebnisse weiter einzuschränken. Auch das Auffinden unerwarteter, überraschender Ergebnisse kann hierdurch unterstützt werden. Somit ist diese Art der Suche mit der manuellen Suche in einem (sortierten) Bücherregal vergleichbar, da es hier zwar auf systematische Zusammenhänge ankommt, die einzelnen Bestände oder das ganze publizierte Wissen aber neuen, neugierigen Nutzern und Nutzerinnen nicht bekannt sind.

Die Facetten der Facettennavigation, wie sie auch in »GEI-Digital« anzeigt werden, ermöglichen bereits einen Überblick über Dokumentenhäufigkeiten in den vorgegebenen Kategorien und somit erste Möglichkeiten für quanti-

---

de/irb/ir.part_1.chapter_3.section_2.subdiv1_1.html#::book_1:part_1:chapter_3:section _2:subdiv1_1:par_1:emphasis_3:indexterm_1, zuletzt geprüft am 2. August 2018.

9 Vgl. Michael Piotrowski, Natural Language Processing for Historical Texts. Bd. 5. Synthesis Lectures on Human Language Technologies, San Rafael, Calif.: Morgan & Claypool, 2012.

10 Marcia Bates verwendet den Begriff des »Berry Picking«. Marcia J. Bates, »What is browsing – really? A model drawing from behavioural science research«, in: Information Research 12, 4 (2007), paper 330, http://InformationR.net/ir/12-4/paper330. html, zuletzt geprüft am 21. August 2018.

Sammlungen

Geschichtsschulbücher

Kaiserreich   **✗**

Verlag

Hirt (216)   >

Teubner (166)   >

Voigtländer (117)   >

Ausklappen   **✦**

Strukturtyp

Band (1148)   >

Monographie (649)   >

Mehrbändiges Werk (373)   >

Erscheinungsort

Leipzig (463)   >

Berlin (197)   >

Breslau (176)   >

Ausklappen   **✦**

Abbildung 1: Filtermechanismen der Suche von »GEI-Digital« (Ausschnitt)

tative Analysen der Suchergebnisse auf der Basis von Metadaten. Wie der
Screenshot in Abbildung 1 zeigt, können die in GEI-Digital enthalten Un-
tersammlungen (hier: »Geschichtsschulbücher Kaiserreich«) nach verschie-
denen Kategorien sortiert werden, zum Beispiel nach Erscheinungsort oder
Verlag. So kann man beispielsweise die Verteilung von Treffern zu einer
Anfrage bezüglich unterschiedlicher Verlage erhalten. GEI-Digital erlaubt
jedoch nicht, verschiedene Abfragen miteinander zu kombinieren. Dieser
Schritt wurde im Projekt »Welt der Kinder« ermöglicht. Mit der dortigen
Benutzeroberfläche kann nun zum Beispiel danach gesucht werden, welche
Mädchenschulbücher der Verlag Hirt in einem bestimmten Zeitraum pro-
duzierte. Die Oberfläche erlaubt ebenso einen schnelleren Überblick darüber,

wie viele und welche Bücher vom Verlag Hirt in Leipzig herausgegeben wurden und welche in Breslau, ohne jeweils zur vorhergehenden Anfrage zurückkehren zu müssen. Wenn aber auch die Inhalte der Dokumente mit in eine solche Analyse einbezogen werden sollen, gibt es hilfreiche manuelle und automatische Werkzeuge.

2.2   Manuelle Annotation

Die manuelle Analyse historischer Texte kann wesentlich durch Werkzeuge für die digitale Annotation von Textstellen unterstützt werden. Hierzu markieren Wissenschaftlerinnen und Wissenschaftler die für sie relevanten Stellen in den Texten und vergeben dafür Kategorien. Daraus ergibt sich dann eine Übersicht über die Häufigkeit des Auftretens in den verschiedenen Dokumenten. Neben dem Instrumentarium für die linguistische Analyse von Texten werden hier vor allem Tools aus den Sozialwissenschaften wie MaxQDA übernommen, die den Prozess der qualitativen Inhaltsanalyse unterstützen. Spezifisch für die historische Forschung wurden dagegen etwa im Projekt CENDARI-Werkzeuge entwickelt, welche das Erstellen eigener Sammlungen digitaler Dokumente und das manuelle Annotieren von Textstellen anbieten.[11] Hierbei wird die Häufigkeit des Auftretens einer bestimmten Annotation in den Texten zusätzlich visualisiert. Werkzeuge für die Textannotation gehören zu den am häufigsten in der Geschichtswissenschaft eingesetzten digitalen Analysewerkzeugen.[12] Diese Textauszeichnung geht oft weit über die Markierung relativ eindeutiger Instanzen (wie zum Beispiel »Ländernamen« oder Strukturauszeichnungen

---

11 Vgl. CENDARI – Collaborative European Digital Archival Research Infrastructure, http://www.cendari.eu, zuletzt geprüft am 2. August 2018. Zum Gestaltungsprozess siehe auch Nadia Boukhelifa u. a., »Supporting historical research through user-centered visual analytics«, in: Enrico Bertini und Jonathan C. Roberts, (Hg.), *Proceedings of the EuroVis Workshop on Visual Analytics*, Cagliari: The Eurographics Association, 2015, https://hal.inria.fr/hal-01156527/document, zuletzt geprüft am 2. August 2018.

12 Vgl. Claudia Müller-Birn, Alexa Schlegel und Christian Pentzold, »Softwarenutzung in der geisteswissenschaftlichen Forschungspraxis«, in: Wolfgang Prinz, Jan Oliver Borchers und Matthias Jarke (Hg.) *Tagungsband Mensch & Computer 2016*, Aachen: Gesellschaft für Informatik e. V., 2016, https://dl.gi.de/handle/20.500.12116/223, zuletzt geprüft am 29. August 2018.

wie »Absatz«, »Überschrift«) hinaus und stellt eine Interpretationsleistung der Annotierenden dar. Manuelle Annotationen können ggf. auch als Trainingsmaterial für die automatische Unterstützung bei der weiteren Annotierung verwendet werden, wenn die annotierten Kategorien nicht zu komplex sind, die historischen Sprachvariationen nicht zu groß sind und ausreichend Material zu jeder Kategorie zur Verfügung steht.

Abbildung 2: DiaCollo – Kollokationen zum Begriff »Deutschland« in Texten des Deutschen Textarchivs 1840–1900, hier als Cloudansicht der Kollokationen um 1850[13]

---

13 Vgl. DiaCollo, http://kaskade.dwds.de/dstar/dta/diacollo/?query=Deutschland&date=
    1840-1900&slice=10&score=ld&kbest=10&cutoff=&profile=2&format=cloud&group
    by=l&eps=0, zuletzt geprüft am 2. August 2018.

2.3 Korpuslinguistische Verfahren: Frequenzen, Konkordanzen und (diachrone) Kollokationen

Verfahren aus der Korpuslinguistik stellen die Worthäufigkeiten in den Vordergrund. Die Analyse erfolgt anhand von Beispielen der Wortverwendung im Satzkontext (Konkordanzen) und von signifikanten Häufungen bei der Verwendung von Worten in Kombination (Kollokationen), was Hinweise auf die Verwendung und den Bedeutungswandel der untersuchten Begriffe geben kann. Zwar war dies kein Schwerpunkt des Projektes, doch zeigten stichprobenartige Untersuchungen, dass z. B. das Wort »Jude« in Schulbüchern vor 1871 eher im Kontext der Antike und des antiken Judentums auftaucht, während es nach 1871 im zeitgenössischen sozialen Kontext auftaucht; ein möglicher Hinweis auf die sich verändernden gesellschaftlichen Begründungen des Antisemitismus.[14] Auf der Basis von korpusanalytischen Verfahren sind etwa historische Diskurse in Zeitungssammlungen vergleichend analysiert worden.[15] Hierfür wurden verschiedene Werkzeuge entwickelt. So legt DiaCollo[16], die Kollokationsanalyse des Deutschen Textarchivs[17], den Schwerpunkt auf die Analyse von diachronen Veränderungen in den dortigen Korpora historischer Texte.[18] Wer selbst einmal ein (englischsprachiges) Werkzeug für die Korpusanalyse ausprobieren möchte, kann das ohne weitere Infrastruktur auf dem eigenen

---

14 Vgl. David Wodausch, Maik Fiedler, Ben Heuwing und Thomas Mandl, »Hinterlistig – schelmisch – treulos – Sentiment Analyse in Texten des 19. Jahrhunderts: Eine exemplarische Analyse für Länder und Ethnien«, in: Georg Vogeler (Hg.), *DHd 2018: Kritik der digitalen Vernunft. Konferenzabstracts*, Köln: Universität zu Köln, 2018, 223–226.

15 Vgl. Paul Baker, u. a., »A useful methodological synergy? Combining critical discourse analysis and corpus linguistics to examine discourses of refugees and asylum seekers in the UK press«, in: *Discourse & Society* 19, 3 (2008), 273–306.

16 Vgl. http://kaskade.dwds.de/dstar/dta/diacollo/, zuletzt geprüft am 2. August 2018.

17 Vgl. http://www.deutschestextarchiv.de/, zuletzt geprüft am 2. August 2018.

18 Die Nutzung dieser Werkzeuge setzt eine hohe Datenqualität und umfangreiche Vorverarbeitung voraus, vgl. hierfür die Ausführungen zur Datenkuration für das Deutsche Textarchiv im Abschnitt 1.3 im Artikel »Datenkuration« von Maret Nieländer und Andreas Weiß in diesem Band.

Rechner zu verwendende AntConc installieren und dann eigene Texte analysieren.[19]

2.4 Automatische Erkennung von Namenseinheiten und semantischen Zusammenhängen

Das automatische Erkennen und Zuordnen von einzelnen semantischen Einheiten in Texten, insbesondere von Personennamen und Ortsangaben, ermöglicht weitere Analysen auf inhaltlicher Ebene. Dadurch können etwa Dokumente hinsichtlich der in den Texten genannten Orte auf einer Karte visualisiert, die Häufigkeiten ausgewertet sowie Beziehungen zwischen Orten hergestellt werden. So wurden z. B. die Inhalte einer Lokalzeitung, die in Houston zum Ende des 19. Jahrhunderts erschienen ist, hinsichtlich der subjektiven räumlichen Wahrnehmung und Konstruktion von Räumen untersucht.[20] Annotationswerkzeuge wie CENDARI, aber auch die von CLARIN-D zur Verfügung gestellten WebLicht und WebAnno[21] bieten Unterstützung bei der automatischen Annotierung von Personen- und Ortsnamen in Texten, teilweise auch bei der Visualisierung der Häufigkeiten ihres Auftretens in Diagrammen. Netzwerkanalysen erlauben die Visualisierung und weitere Analyse von Zusammenhängen zwischen den erkannten Entitäten. Weitere Verarbeitungsmöglichkeiten bietet die Anbindung an vorhandene, formale Ontologien des Semantic Web im Sinne von *Linked Data*. Hierunter versteht man die hierarchische Verknüpfung und Integration semantischer Einheiten (zum Beispiel Begriffe oder Namen) aus verschiedenen elektronischen Datenbanken und Ressourcen.

Das Projekt »Welt der Kinder« erhoffte sich von der Geolokalisierung der in den Texten benannten Orte eine räumliche Darstellung davon, welches

---

19 Vgl. die Downloadmöglichkeit auf der Website von Laurence Anthony, http://www. laurenceanthony.net/software/antconc/, zuletzt geprüft am 2. August 2018.

20 Vgl. Cameron Blevins, »Space, Nation, and the Triumph of Region: A View of the World from Houston«, in: *Journal of American History* 101, 1 (2014), 122–147, https://doi.org/10.1093/jahist/jau184.

21 Vgl. https://www.clarin-d.net/de/auswerten/web-basierte-analysewerkzeuge und https://www.clarin-d.net/de/auswerten/web-basierte-annotation, zuletzt geprüft am 2. August 2018.

(geografische) Wissen über die Welt den Kindern im 19. Jahrhundert zur Verfügung stand. Allerdings gab es hier Schwierigkeiten mit online verfügbaren Orts-Datenbanken, denn historische Ortsnamen waren hier nur ungenügend ausgezeichnet. In einem weiteren Experiment wurden die in der Deutschen Biographie, einer auf der Neuen Deutschen Biographie basierenden Personendatenbank[22], hinterlegten Normdaten (im RDF-Format) dazu genutzt, Verbindungen zwischen einzelnen Herrscherhäusern sowie ihren Territorien herzustellen und die genannten Personen in den Schulbüchern von »GEI-Digital« aufzufinden.

2.5   Dokumente automatisch gruppieren: Clustering und Topic Modeling

Auf der Repräsentation von Texten über Worthäufigkeiten und den enthaltenen semantischen Einheiten können weitere automatische Verfahren aufbauen, die das Erkennen von Mustern ermöglichen. Bei der automatischen Klassifikation von Dokumenten erlernt ein Algorithmus zunächst anhand von Trainingsmengen, Dokumente anhand vorgegebener Merkmale, z. B. der enthaltenen Wörter, in vorgegebene Klassen einzuordnen. Das Prinzip ist grundsätzlich dasselbe wie bei lernenden Spam-Filtern in E-Mail-Programmen. Für die historische Schulbuchforschung steckt dieses Verfahren noch in den Anfängen, doch gibt es schon vielversprechende Untersuchungen zu aktuellen Schulbüchern sowie zu Parteiprogrammen, die diese nach den in ihnen vertretenen politischen Einstellungen sortieren.[23] Das Clustering (Gruppieren) von Dokumenten ist dagegen ergebnisoffen und erkennt Gruppen ähnlicher Dokumente, ohne dass Klassen vorgegeben werden müssen. Beim Topic Modeling (Themenmodellierung) wird versucht, thematische Zusammenhänge in Dokumentensammlungen wie »GEI-Digital« aufzudecken.[24] Dazu wird errechnet, welche Worte häufig

---

22 Vgl. https://www.deutsche-biographie.de/, zuletzt geprüft am 2. August 2018.

23 Vgl. Andreas Slopinski und Torsten J. Selck, »Wie lassen sich Wertaussagen in Schulbüchern aufspüren? Ein politikwissenschaftlicher Vorschlag zur quantitativen Schulbuchanalyse am Beispiel des Themenkomplexes der europäischen Integration«, in: *JEMMS – Journal of Educational Media, Memory and Society* 6, 1 (2014), 124–141.

24 Eine Beschreibung der Anwendung des Verfahrens in den Geisteswissenschaften findet

zusammen auftreten (Wortlisten, die ein Topic ergeben) und wie relevant jedes Topic für ein Dokument ist. Abbildung 3 zeigt eine Liste mit Topics aus dem »Welt der Kinder«-Projekt. Angezeigt werden die jeweils zehn für das Topic relevantesten Wörter. Ein Vorteil gegenüber dem Dokumenten-Clustering ist, dass Dokumente so gleichzeitig mehreren Themenbereichen zugeordnet werden können und dass durch die Topic-Wörter im Idealfall aussagekräftige Titel für die Themenfelder entstehen. Als ein Ergebnis des Topic Modeling können die Wortlisten für die Topics selbst ausgewertet werden.[25] Weiterhin können die Dokumente einer Sammlung über die Topic-Zuordnung gefiltert und statistische Häufigkeiten von Topics in Ergebnismengen und Untermengen einer Sammlung angegeben werden. Im Projekt »Welt der Kinder« wird von diesen Möglichkeiten intensiv Gebrauch gemacht. Um selbst damit zu experimentieren, eignet sich ein *Topic Modeling Tool*, das eine grafische Benutzeroberfläche bereitstellt.[26] So könnte Topic 0 in der Abbildung 4 z. B. als »Dt.– Frz. Krieg 1870/71«, Topic 1 als »Religion im antiken Griechenland« o. ä. betitelt werden, und man kann für jedes Buch der Sammlung berechnen, wie »präsent« dieses Thema darin ist. Dabei muss jedoch vorab festgelegt werden, wie viele Themenfelder erwartet werden. Dies und weitere anpassbare Parameter der Modellierung führen dazu, dass die Ergebnisse nicht als objektiv, sondern eher als Betrachtung einer Quellensammlung durch eine speziell für die Fragestellung geschliffene Linse wahrgenommen werden sollten.[27]

Für alle automatischen Analyseverfahren gilt die Kritik, dass die informationsverarbeitenden Schritte für Außenstehende und zum Teil auch für

sich in David M. Blei, »Topic Modeling and Digital Humanities«, in: *Journal of Digital Humanities* 2, 1 (2012), http://journalofdigitalhumanities.org/2-1/topic-modeling-and-digital-humanities-by-david-m-blei/, zuletzt geprüft am 21. August 2018.

25 Evans beschreibt ein entsprechendes, qualitatives Vorgehen: Michael S. Evans, »Computational Approach to Qualitative Analysis in Large Textual Datasets«, in: *PLoS ONE* 9, 2 (2014), http://dx.doi.org/10.1371/journal.pone.0087908.

26 Für eine Beschreibung des Vorgehens vgl. Shawn Graham, Ian Milligan und Scott Weingart, »Topic Modelling with the GUI Topic Modelling Tool«, in: *The Historian's Macroscope* (Online-Version des offenen Schreibprojekts), Stand Herbst 2013, http://themacroscope.org/?page_id=391, zuletzt geprüft am 2. August 2018.

27 Vgl. Paul DiMaggio, Manish Nag und David Blei, »Exploiting affinities between topic modeling and the sociological perspective on culture: Application to newspaper coverage of U.S. government arts funding«, in: *Poetics* 41, 6 (2013), 570–606.

```
0        0.05117 general armee heer mann truppe schlacht feind franzose festung preußen
1        0.03174 gott tempel mensch gtter priester zeus held erde opfer himmel
2        0.04014 amerika staat afrika europa nordamerika kolonie asien mill insel
3        0.04371 könig sohn kaiser tod vater jahr reich alexander bruder nachfolger
4        0.04955 periode erster abschnitt zweiter karte zeitraum aufl vgl bild dritter
5        0.03801 rom cäsar senat pompejus jahr sulla antonius marius csar provinz
6        0.0602  bauer land geld adel recht bürger gut million staat stand
7        0.04357 mann pferd feind reiter schwert waffe soldat hand ritter heer
8        0.04373 stadt kirche schloß berlin gebäude bau dom tempel denkmal burg
```

Abbildung 3: Liste mit Topics als Ausgabe des Modellierungsprozesses mit zehn Wörtern je Topic im »Welt der Kinder«-Projekt

Experten und Expertinnen wenig transparent sind: von der Definition, was im Text ein Wort darstellt, über die Modelle, welche die Erkennung von Personen oder Orten oder Themen ermöglichen, bis hin zu weiteren Zusammenfassungen für die Darstellung in visueller Form. So geht es um die Fragen, welche Worte in die Topic-Berechnung mit einbezogen werden oder welche Ontologien und Datenbanken genutzt werden, um Worte, Begriffe und Personen zu identifizieren. Da sich viele der Analyseverfahren solcher statistischer Methoden auf intransparenter Grundlage bedienen, ergeben sich daraus teils gravierende Konsequenzen; mit zunehmender Komplexität können daraus Probleme für die Nachvollziehbarkeit und das Vertrauen in die Belastbarkeit der Ergebnisse entstehen.[28] Gleichzeitig ist diese Komplexität im Verarbeitungsprozess häufig notwendig, um große Dokumentenmengen überhaupt handhabbar und für die weitere Analyse und hermeneutische Interpretation zugänglich zu machen.

3. Datenstrukturen und Benutzeroberfläche im Projekt »Welt der Kinder«

In dem Projekt »Welt der Kinder« sollte erreicht werden, dass nicht nur die Interaktion und Informationssuche, sondern alle oben beschriebenen Schritte der Datenverarbeitung und -modellierung auf die Informationsbedürfnisse und Arbeitsweisen geisteswissenschaftlicher Anwenderinnen und Anwender ausgerichtet werden. Im Projekt wurde entsprechend durch

---

28 Vgl. Jason Chuang u. a., »Interpretation and Trust: Designing Model-driven Visualizations for Text Analysis«, in: *Proceedings of the SIGCHI Conference on Human Factors in Computing Systems, CHI '12*, New York: ACM, 2012, 443–452.

einen Teilnehmer mit informationswissenschaftlicher Perspektive zwischen den verschiedenen beteiligten Disziplinen vermittelt und die Vorgehensweisen evaluiert. Für die nutzerzentrierte Untersuchung der Anforderungen ergab sich jedoch erschwerend, dass sich in den historisch arbeitenden Disziplinen etablierte Methoden (wie z. B. Quellenkritik und Close Reading) nicht direkt auf quantitative Untersuchungen übertragen lassen. Daher wurde für die Anforderungserhebung eine Kombination von Methoden zur Erfassung existierender Arbeitsweisen (durch Interviews) mit Methoden der kooperativen Gestaltung und Entwicklung in gemeinsamen Workshops gewählt. Die Ergebnisse dieser begleitenden Untersuchungen wurden publiziert und können über die Projekthomepage www.welt-der-kinder.gei.de eingesehen werden.

3.1   Der »Welt der Kinder«-Korpus

Als Ausgangspunkt für ein Korpus lag im Projekt die auf »GEI-Digital« zugängliche, digitalisierte Fassung einer Schulbuch-Dokumentensammlung vor. Das dem Projekt zugrunde liegende Korpus umfasst zurzeit 799.260 Seiten aus 3.803 Schulbüchern (Stand Mai 2018), kann aber jederzeit um neu digitalisierte Werke ergänzt werden. Schon »GEI-Digital« erfasste für die eingescannten Bücher einzelne Metadaten und die Volltexte wurden einer automatischen Texterkennung (OCR) unterzogen. Aufgrund der verwendeten Schrifttypen der Bücher ergibt sich dabei eine im Vergleich zu modernen Texten deutlich erhöhte Fehlerrate, vor allem für Frakturschriften. Als Schwierigkeit für die weitere Verarbeitung kam hinzu, dass die Rechtschreibung in den Büchern nicht vereinheitlicht ist; dies geschah erst 1901 mit der II. Orthographischen Konferenz, bei der man sich auf eine gemeinsame Orthographie aller deutschsprachiger Staaten einigte. Zusätzlich blieben regionale Unterschiede in den Schreibweisen relativ lange erhalten. Dies bereitet Probleme bei der (unten noch genauer ausgeführten) Vorverarbeitung der Texte, etwa bei der schon erwähnten Stammformenreduktion. Als Metadaten liegen bibliografische Angaben zu Erscheinungsjahr, Verlag, Auflage etc. vor. Nicht bekannt sind Auflagenhöhe oder andere Daten zur tatsächlichen Nutzung der Werke; diese wurden teilweise manuell aus Vorworten und anderen in den Büchern enthaltenen Angaben erhoben. Weitere zum Teil erst im Rahmen des Projektes erhobene Metadaten beschreiben etwa die Schulform und die Konfession, für die ein Buch eingesetzt werden sollte.

3.2 Vorverarbeitung und Modellierung

Um die Modellierung und einen einfachen Zugriff zu ermöglichen, sind mehrere Verarbeitungsschritte der Daten notwendig. Zunächst werden häufig auftretende Fehler, die aus dem OCR-Prozess resultieren, automatisch korrigiert. Das Informationssystem muss dann die als Zeichenketten vorliegenden Texte in einzelne Worte einteilen und, wie beschrieben, grammatikalische Flexionen eines Begriffs auf die jeweilige Grundform zurückführen (Stammformenreduktion, oder *stemming*). Dies kann auf einfache Weise durch das Entfernen häufiger Endungen geschehen. Trotzdem werden möglicherweise trotz Korrekturen nicht alle Wörter richtig erkannt und im Weiteren nicht berücksichtigt, sondern aufgrund ihrer »Seltenheit« herausgefiltert. Das oben in 2.1 beschriebene Beispiel »burg« würde also Phänomene des Mittelalters (»Burg«) und der Neuzeit (»Bürger«) zusammenfassen, ohne dass die Themen, die hinter den einzelnen Topics liegen, etwas miteinander zu tun haben.

Die Verarbeitungskette wurde in der Programmiersprache Java umgesetzt, basiert auf dem Framework DKPro[29] und kann nur durch einen Eingriff in den Programmcode angepasst werden, d.h. nicht durch diejenigen, die mit der Benutzeroberfläche arbeiten. Auffällige Fehler können jedoch gesammelt und für den nächsten Vorverarbeitungsdurchlauf berücksichtigt werden.

Um einen schnellen Zugriff auf Dokumente zu ermöglichen, wurde in unserem Projekt mit der Suchmaschine Apache Solr[30] ein Index erstellt, der zurzeit 4.039.066 Wörter enthält. Dabei werden besonders häufig auftretende, jedoch wenig inhaltstragende Wörter vorab entfernt (sogenannte Stoppwörter).

Die verwendeten Topic-Modelle wurden mit dem Werkzeug *Mallet* er-

29 Vgl. DKPro, https://dkpro.github.io/, zuletzt geprüft am 2. August 2018.
30 Vgl. https://lucene.apache.org/solr/, zuletzt geprüft am 2. August 2018.

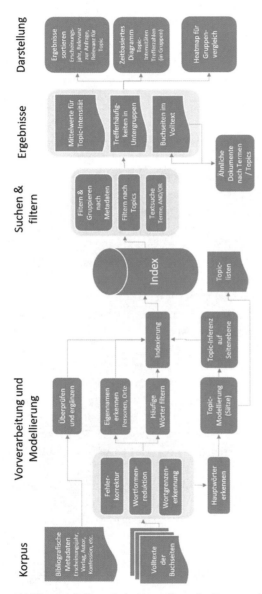

Abbildung 4: Schematische Darstellung der Datenstrukturen und Benutzeroberfläche für das Projekt »Welt der Kinder«

▼ TM Hauptwörter (200)	
T183: [Kind Lehrer Schüler Unterricht ☐ Schule Frage Stoff Aufgabe Zeit Geschichte]	32302
T54: [Staat Zeit Volk Deutschland ☐ Leben Reich Jahrhundert Macht Entwicklung Gebiet]	32140
T81: [Herz Himmel Gott Welt Lied Leben Auge Erde Land Nacht]	31754
T59: [Tod Leben Volk Herz Freund Mann Wort König Tag Feind]	30599
T33: [Gott Liebe Mensch Herz Leben Volk Ehre Vaterland gute Zeit]	28743
T136: [Leben Mensch Geist Natur Zeit Volk Welt Kunst Sinn Wesen]	27955
T100: [Gott Herr Herz Wort Leben Hand Himmel Vater Kind Mensch]	21008
T177: [Volk Recht Gesetz Freiheit ☐ Land Strafe Mensch Gewalt Leben Staat]	19514
T145: [Bauer Adel Land Stadt Bürger Herr Stand Recht Gut König]	18074
T182: [Krieg Jahr Zeit Land ☐ Deutschland Regierung Frankreich Volk Folge Revolution]	16607

▼ TM Hauptwörter (200)	
T188: [Handel Industrie Ackerbau ☐ Land Viehzucht Bewohner Gewerbe Bevölkerung Stadt Bergbau]	15842
T133: [Boden Land Ackerbau Klima ☐ Wald Viehzucht Teil Wiese Anbau Fruchtbarkeit]	14377
T183: [Kind Lehrer Schüler Unterricht ☐ Schule Frage Stoff Aufgabe Zeit Geschichte]	13917
T95: [Gestein Schicht Wasser Boden ☐ Erde Granit Gebirge Masse Sand Teil]	13343
T6: [Berg Fuß Höhe Gipfel Gebirge Schnee Meer Fels Ebene See]	13169
T193: [Meer Halbinsel Gebirge ☐ Norden Süden Osten Westen Küste Insel Europa]	12443
T83: [Klima Winter Sommer Land ☐ Meer Wind Regen Niederschlag Zone Gebirge]	12238
T119: [Fluß See Kanal Strom Lauf Wasser Meer Ufer Mündung Elbe]	12170
T81: [Herz Himmel Gott Welt Lied Leben Auge Erde Land Nacht]	11863
T78: [Mill Staat Million Deutschland ☐ Reich Europa Einwohner Land Jahr deutsch]	11558

Abbildung 5: Top10-Topics in »Kaiserreich Geschichtsschulbücher« (links) im Vergleich zu »Geographieschulbücher Kaiserreich« (rechts)

stellt.[31] Genutzt wurden im Projekt Modelle mit 50, 100 und 200 Topics, um Themenfelder mit unterschiedlichem Detailgrad zu erfassen. Um die inhaltliche Kohärenz der erstellten Topics zu erhöhen, wurden Sätze als Texteinheit gewählt: Als zusammengehörig werden damit Wörter betrachtet, die häufig gemeinsam in einem Satz auftreten. Abbildung 5 zeigt die häufigsten Topics für die Sammlung »Kaiserreich Geschichtsschulbücher« aus dem Modell mit 200 Topics. Jeder Dokumentenseite wurden dann die 1–3 dort relevantesten Topics fest zugeordnet. Zusätzlich wurde der errechnete Topic-Wert für jedes der 350 Topics für jede Seite in dem Index gespeichert, um eine statistische Zusammenfassung und einen Vergleich zu ermöglichen. Unter dem Topic-Wert versteht man, grob vereinfacht, die

---

31 Vgl. http://mallet.cs.umass.edu/, zuletzt geprüft am 2. August 2018.

statistische Häufigkeit, mit der diese Begriffskombination (»sinnvolle« Kombination der Wörter als Topic) im Korpus auftaucht. Testweise wurden so auch Topic-Listen für Bücher unterschiedlicher Schulformen (Gymnasium, Mittelschule, Volksschule), Mädchenschulbücher etc. berechnet, um Unterschiede in den Sammlungen (»vor 1871« und »Kaiserreich«) stärker hervorheben zu können. Allerdings wurden die Ergebnisse nur im Listenformat gespeichert und können auf der Plattform nicht eingesehen werden.

Die ersten Testläufe zeigten interessante Unterschiede. So nimmt die Bedeutung der Napoleonischen Kriege in den Schulbüchern zu – scheinbar ein empirischer Beleg für die Forschungsmeinung, dass der Wunsch Kaiser Wilhelms II. erfüllt wurde, die »nationalen« Kriege des 19. Jahrhunderts im Geschichtsunterricht stärker zu thematisieren, um den Patriotismus zu fördern. Allerdings muss man diesen ersten Befund etwas relativieren, da andere Stichprobenuntersuchungen nahelegen, dass entgegen dem Wunsch des Kaisers der Anteil antiker Geschichte in Gymnasialschulbüchern nicht reduziert wurde. Ebenso wurden für einzelne Topics dynamische Topic-Listen in 5-Jahres-Abschnitten berechnet; diese Versuche zeigten nur geringe Veränderungen innerhalb der Wortlisten. Zusätzlich können die bei der Berechnung der Topic-Modelle entstandenen Topic- und Wortlisten einfach in einem Tabellenkalkulationsprogramm geöffnet und dort weiter interpretiert/verarbeitet werden.

Die Integration von Topic Modeling ist die wichtigste technische Neuerung der integrierten Such- und Analyse-Benutzeroberfläche des »Welt der Kinder«-Projektes. Weiterhin wird versucht, Eigennamen von Orten, Personen und Organisationseinheiten, die im Text auftreten, automatisch zu erkennen. Da hierfür keine geeigneten Trainingsdaten für historische Texte existieren, wurden Modelle angewendet, die auf modernen Texten basieren, sodass die Zuverlässigkeit der automatischen Klassifikation und ihrer Taxonomie unbekannt ist. Die so erkannten Bezeichnungen könnten beispielsweise mit Norm- und Geodatenbanken verlinkt werden, welche weitere Informationen über den jeweiligen Begriff enthalten (etwa alternative Schreibweisen, Lebensdaten von Personen oder Koordinaten von Orten). Sie müssen dafür aufgrund der Ungenauigkeiten jedoch manuell überprüft und gegebenenfalls auch manuell zugeordnet werden. Diese Daten könnten im Weiteren für den Aufbau einer projektspezifischen, aber generell für die historische Forschung weiterverwendbaren Ontologie genutzt werden.

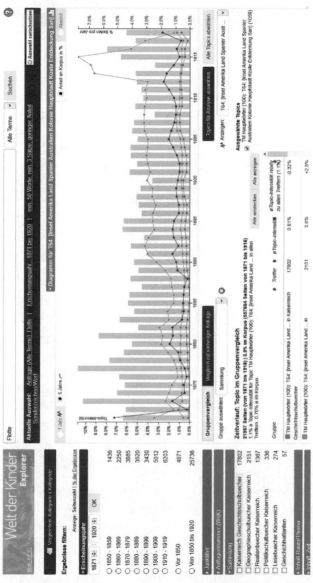

Abbildung 6: Anfragemöglichkeiten (Volltextsuche und Facetten) und Ergebnisvisualisierung im Projekt »Welt der Kinder« am Beispiel des Suchbegriffs »Flotte«

Theoretisch ließen sich diese Daten dann für andere Forschungsfragen, wie Netzwerkanalysen, weiternutzen.

3.3 Analyse- und Suchmöglichkeiten der Benutzeroberfläche

Die Strukturen des zentralen Indexes lassen unterschiedliche Zugriffswege auf die Schulbuchquellen sowie Analysen zu. Zusätzlich zu den Metadaten und den Wortzuordnungen ermöglicht die Benutzeroberfläche auch den Zugriff auf die gescannten Bilddateien der Seiten über einen Link zurück zu »GEI-Digital«.

Zentral ist die Volltextsuche, also die Suche nach bestimmten Termen (Begriffen) in den Volltexten. Die Ergebnisdokumente sind einzelne Buchseiten. Sie können nach ihrer Relevanz zur Anfrage oder nach einem ausgewählten Topic sortiert werden. Hier sind auch komplexe Anfragen möglich, die mehrere Anfragewörter kombinieren und ihre Gewichtung erlauben. So sieht man in Abbildung 6 den chronologischen Verlauf der Relevanz eines Topics, das sich auf Auswanderung und Kolonien bezieht. Auch eine Phrasensuche nach Buchseiten, in denen bestimmte Terme gemeinsam auftreten, ist möglich, ebenso wie eine Ähnlichkeitssuche, die unterschiedliche Schreibweisen mit einbezieht. Für die Analyse der jeweiligen Treffermenge wird zu jeder Anfrage die Häufigkeitsverteilung über die Zeit als Diagramm angezeigt. Dies ermöglicht auch die Anzeige des Verlaufs eines oder mehrerer Topics sowie einen Vergleich der Werte in Untergruppen über die Zeit, etwa zwischen den verschiedenen Sammlungen wie »Fibeln vor 1871« oder »Geographieschulbücher Kaiserreich«. Für das einfache Identifizieren von Trends können die Häufigkeitsverteilungen als gleitender Mittelwert über Zeit angezeigt werden.

Eine Möglichkeit für die weitere Spezifizierung der Suchanfrage ist die Verwendung von Filtern für die Metadaten, etwa nach Erscheinungsjahr oder der Sammlung. Dabei wird für jeden Filterwert die Anzahl der Ergebnisse nach der Auswahl angezeigt. Auch die Topic-Modelle werden als Filter angeboten, genauso wie die häufigsten Eigennamen und Terme zu einer Suchanfrage. Die Filter bieten somit bereits eine erste Analysemöglichkeit. Um ein Beispiel zu geben: Wenn man im Korpus nach »Kaiser Wilhelm II.« sucht, erhält man für den Erscheinungszeitraum 1850 bis 1914 etwa 10.380 Seiten-Treffer. Besonders verbreitet war der Name in Schulbüchern Höherer Lehranstalten aus – soweit nicht überraschend – Preußen. Doch auf Platz 2 der Regionen, für die die Schulbücher verfasst wurden, folgt Brandenburg, obwohl brandenburgische Schulbücher insgesamt nur die vierthäufigste Kategorie darstellen. Brandenburgische Schulbücher wählten also wohl verglichen mit preußischen Schulbüchern eine sehr personenfixierte Darstellungsform mit Schwerpunkt auf dem Kaiser: dies gilt für über 50 % der Bücher. Ein deutlicher Anstieg der Namensnennung folgt ab 1910. Wechselt man allerdings die Anzeige und lässt sich den prozentualen Anteil der Seiten am Korpus pro Jahr anzeigen, ergibt sich eine ausgeglichenere, wenn auch wellenförmige Entwicklung. Die mit dem Kaiser am stärksten verbundenen Topics drehen sich um seine Familie sowie die Napoleonischen Kriege, ein Thema, das, wie oben angedeutet, dem Kaiser bildungspolitisch sehr am Herzen lag.

Verschiedene, unterschiedlich offensichtliche Probleme sind bei der Analyse dieses Beispiels zu berücksichtigen. So bestieg Kaiser Wilhelm II. den Thron erst 1888, doch zeigt Solr auch 520 Werke (2.349 Seiten) mit Erscheinungszeitraum 1850 bis 1887 an: Hier tauchen einfach die Nomen »Wilhelm« und »Kaiser« auf derselben Seite auf. Dieses Problem lässt sich mit Hilfe von Anfrage-Operatoren leicht beheben. Ein größeres Problem stellen Synonyme dar. So stilisierte sich der Kaiser als »Friedenskaiser«, ein Begriff, der auch in den Schulbüchern verwandt wird, um auf seine Politik hinzuweisen. Hier müssten momentan verschiedene Suchanfragen gestartet werden, um die Ergebnisse zusammenzufassen. Auch werden Synonyme als solche ohne den Einsatz spezieller Wörterbücher nicht von der Maschine erkannt und müssen daher von den Forscherinnen und Forschern selbst identifiziert werden.

Neben der Anzeige der Häufigkeitsverteilungen eines gesuchten Begriffs, einer Phrase oder eines Topics über den zeitlichen Verlauf kann das Korpus gezielt nach Unterschieden zwischen Dokumentengruppen untersucht werden, etwa nach Häufigkeit von Topics in Schulbüchern unterschiedlicher Sammlungen, für verschiedene Konfessionen oder Schultypen. Hierfür wird die Anzahl der Treffer, zum Beispiel zu einem Topic, in den Untergruppen relativ zu allen Ergebnissen einer Anfrage analysiert (Abbildung 7). Dieses Vorgehen hilft auch bei der Untersuchung von Unregelmäßigkeiten in der Sammlung: So fällt auf, dass bei den Geschichtsschulbüchern we-

# ◆	TM Hauptwörter (100)	Sammlung Gesamt		Kaiserreich Geschichtsschulbuecher		Geographieschulbuecher Kaiserreich	
		Anzahl ◆	Anteil ◆	Anzahl ◆	+/- ◆	Anzahl ◆	+/- ◆
	Top-3-Aufsteiger (nur **):			1. T31: [Athen Athener Spartaner... +5% 2. T9: [Krieg Deutschland Reich... +3% 3. T55: [Rom Krieg Römer Jahr Heer... +2%		1. T61: [Mill Staat Deutschland... +31% 2. T4: [Handel Land Industrie Stadt... +25% 3. T28: [Schiff Meer Wasser Land... +18%	
	Top-3-Absteiger (nur **):			1. T61: [Mill Staat Deutschland... -6% 2. T4: [Handel Land Industrie Stadt... -4% 3. T28: [Schiff Meer Wasser Land... -3%		1. T31: [Athen Athener Spartaner... -23% 2. T9: [Krieg Deutschland Reich... -17% 3. T17: [Gott Herr Mensch Wort Leben... -13%	
	Seitenzahl je Gruppe:	21987		17802	81%	2151	10%
1	T31: [Athen Athener Spartaner Flotte Perser Stadt Sparta Krieg Schlacht Griechenland]	5047	23%	4952	+5%**	3	-23%**
2	T9: [Krieg Deutschland Reich Frankreich Preußen Macht Zeit Kaiser Jahr Frieden]	4987	23%	4532	+3%**	127	-17%**
3	T15: [Schiff Flotte Hafen England Jahr Insel Engländer Meer Küste Kriegsschiff]	4484	20%	3763	+1%**	265	-8%**
4	T17: [Gott Herr Mensch Wort Leben Herz Welt Hand Vater Himmel]	3688	17%	3188	+1%**	91	-13%**
5	T23: [Stadt Feind Tag Heer Mauer Mann Lager Nacht Kampf Soldat]	2843	13%	2686	+2%**	39	-11%**
6	T55: [Rom Krieg Römer Jahr Heer Cäsar Hannibal Pompejus Marius Schlacht]	2482	11%	2422	+2%**	4	-11%**
7	T92: [Mensch Leben Natur Arbeit Zeit Ding Geist Welt Art Seele]	3338	15%	2351	-2%**	405	+4%*
8	T98: [Volk Land König Krieg Zeit Feind Mann Macht Freiheit Kaiser]	2139	10%	1953	+1%**	53	-7%**

Abbildung 7: Heatmap für Gruppenvergleich im Projekt »Welt der Kinder« (Ausschnitt)

sentlich mehr Schulbücher für die Sekundarstufe 2 enthalten sind als in den anderen Sammlungen.

Die angebotenen Zugriffs- und Analysemöglichkeiten bieten eine sehr flexible Suche und Textanalyse für spezifische Fragestellungen. Der besondere Vorteil ist, dass über die Indexstruktur unterschiedliche Aspekte der Daten zu einer Anfrage kombiniert werden können, welche dann weiter nach zusätzlichen Dimensionen analysiert werden kann. Die integrierten Topic-Modelle ermöglichen es dabei, von den spezifischen Wörtern in den Texten zu abstrahieren.

4   Ausblick

Die Projektoberfläche ging zum Ende der Projektlaufzeit im Herbst 2017 online und ist unter wdk.gei.de einsehbar. Wie diese kurzen Ausführungen gezeigt haben, ist eine solche Projektzusammenarbeit höchst arbeitsintensiv. Allerdings gehen wir davon aus, dass sich die investierte Arbeit sowohl durch die publizierten Forschungsergebnisse sowie durch die durch die Erweiterung der bislang für »GEI-Digital«-Daten vorhandenen Such- und Analysewerkzeuge gelohnt hat. Mit den neuen Werkzeugen können wir zum einen die starke inhaltliche Varianz der Schulbücher des 19. Jahrhunderts, die oft marktgetrieben produziert wurden, belegen – so wie auch die Unterschiede in den politischen Einstellungen der jeweiligen Autoren. Zum anderen sieht man aber Tendenzen zu einer stärkeren Vereinheitlichung der Lehrinhalte, besonders in den Gymnasialschulbüchern. Wie unsere Untersuchungen zeigen, war der internationale politische Kontext ein wichtiger Referenzrahmen vieler Schulbücher – nationale Politik wurde also oft »international« erklärt. Darüber hinaus sind vor allem in preußisch-kleindeutschen Schulbüchern immer wieder sozialdarwinistische Erklärungsansätze zu finden.[32]

Um die in der skizzierten Erstevaluierung festgestellten weitergehenden Herausforderungen anzugehen und die angesprochenen infrastrukturellen Probleme lösen zu können, wäre eine Fortführung des Projekts wün-

---

32 Vgl. Andreas Weiß, »Reading East Asia in Schools of the Wilhelmine Empire«, in: *JEMMS. Journal of Educational Media, Memory and Society* 10, 1 (2018), 10–27.

schenswert. Zu denken wäre hier vor allem an eine Korpusbereinigung sowie die Verknüpfung mit externen und semantisch aufbereiteten Datenquellen. Damit würde ein weiterer Schritt gegangen, der historischen Schulbuchforschung durch neue Werkzeuge ein deutlich größeres und diverseres Korpus zur Verfügung zu stellen, das zudem einfacher zugänglich wäre.

Literatur

Baker, Paul u. a.»A useful methodological synergy? Combining critical discourse analysis and corpus linguistics to examine discourses of refugees and asylum seekers in the UK press«, in: *Discourse & Society* 19 (3), 2008, 273–306.

Bates, Marcia J.»What is browsing – really? A model drawing from behavioural science research«, in: *Information Research* 12 (4), 2007, paper 330, http://InformationR.net/ir/12-4/paper330.html, zuletzt geprüft am 21. August 2018.

Blei, David M.»Topic Modeling and Digital Humanities«, in: *Journal of Digital Humanities* 2 (1), 2012, http://journalofdigitalhumanities.org/2-1/topic-modeling-and-digital-humanities-by-david-m-blei/, zuletzt geprüft am 21. August 2018.

Blevins, Cameron.»Space, Nation, and the Triumph of Region: A View of the World from Houston«, in: *Journal of American History* 101 (1), 2014, 122–147, https://doi.org/10.1093/jahist/jau184.

Boukhelifa, Nadia u. a.»Supporting historical research through user-centered visual analytics«, in: *Proceedings of the EuroVis Workshop on Visual Analytics*, Enrico Bertini und Jonathan C. Roberts (Hg.), Cagliari: The Eurographics Association, 2015, https://hal.inria.fr/hal-01156527/document, zuletzt geprüft am 21. August 2018.

Chuang, Jason u. a.»Interpretation and Trust: Designing Model-driven Visualizations for Text Analysis«, in: *Proceedings of the SIGCHI Conference on Human Factors in Computing Systems, CHI '12*, New York: ACM, 2012, 443–452.

DiMaggio, Paul, Manish Nag und David Blei.»Exploiting affinities between topic modeling and the sociological perspective on culture: Application to newspaper coverage of U.S. government arts funding«, in: *Poetics* 41 (6), 2013, 570–606.

Evans, Michael S.»Computational Approach to Qualitative Analysis in Large Textual Datasets«, in: *PLoS ONE* 9 (2), 2014, http://dx.doi.org/10.1371/journal.pone.0087908.

Ferber, Reginald.»Information Retrieval. Suchmodelle und Data-Mining-Verfahren für Textsammlungen und das Web«, http://information-retrieval.de/irb/ir.part_1.

chapter_3.section_2.subdiv1_1.html#::book_1:part_1:chapter_3:section_2:sub
div1_1:par_1:emphasis_3:indexterm_1, Stand vom 27. Oktober 2003, zuletzt geprüft am 1. August 2018.

Gibbs, Frederick W. und Trevor Owens.»Building Better Digital Humanities Tools:
Toward Broader Audiences and User-Centered Designs«, in: *Digital Humanities
Quarterly* 6 (2), 2012, http://www.digitalhumanities.org/dhq/vol/6/2/000136/0001
36.html, zuletzt geprüft am 21. August 2018.

Graham, Shawn, Ian Milligan und Scott Weingart.»Topic Modelling with the GUI
Topic Modelling Tool«, in: *The Historian's Macroscope* (Arbeitstitel Online-
Version des offenen Schreibprojekts), Stand Herbst 2013, http://themacroscope.
org, zuletzt geprüft am 15. Juli 2018.

Heuwing, Ben, Thomas Mandl und Christa Womser-Hacker.»Combining contextual
interviews and participative design to define requirements for text analysis of
historical media«, in: *ISIC: The Information Behaviour Conference*, Zadar, 2016,
http://www.informationr.net/ir/21-4/isic/isic1606.html, zuletzt geprüft am 21. August 2018.

Dies.»Methods for User-Centered Design and Evaluation of Text Analysis Tools in a
Digital History Project«, in: *2016 Annual Meeting of the Association for Information Science and Technology*, Copenhagen, 2016, https://www.asist.org/files/
meetings/am16/proceedings/submissions/papers/53paper.pdf, zuletzt geprüft am
21. August 2018.

Müller-Birn, Claudia, Alexa Schlegel und Christian Pentzold.»Softwarenutzung
in der geisteswissenschaftlichen Forschungspraxis«, in: *Tagungsband Mensch &
Computer 2016*, Aachen: Gesellschaft für Informatik e. V., 2016, https://dl.gi.de/
handle/20.500.12116/223, zuletzt geprüft am 29. August 2018.

Piotrowski, Michael. *Natural Language Processing for Historical Texts. Bd. 5. Synthesis Lectures on Human Language Technologies*, San Rafael, Calif.: Morgan &
Claypool, 2012.

Strötgen, Robert.»New information infrastructures for textbook research at the
Georg Eckert Institute«, in: *History of Education & Children's Literature* 9 (1),
2014, 149–162.

Weiß, Andreas.»Reading East Asia in Schools of the Wilhelmine Empire«, in:
JEMMS. Journal of Educational Media, Memory and Society 10 (1), 2018, 10–27.

Wodausch, David u. a.»Hinterlistig – schelmisch – treulos – Sentiment Analyse in
Texten des 19. Jahrhunderts: Eine exemplarische Analyse für Länder und Eth-
nien«, in: *DHd 2018: Kritik der digitalen Vernunft. Konferenzabstracts*, Georg
Vogeler (Hg.), Köln: Universität zu Köln, 2018, 223–226.

Christian Scheel

Multilingualität in einem internationalen Bibliothekskatalog

To create the »International TextbookCat«, a research tool that covers international textbook catalogues, the relevant catalogues had to be analysed and merged on a metadata level. A major part of this process involved finding classification schemes for each feature (such as »school subject«) and defining rules to map the expressions found in the catalogues and incorporate them into these schemes. In the »International TextbookCat« classification schemes are reflected as facets. These facets allow searches for textbooks that have certain attributes, independent of the language in which each attribute was formulated in its original catalogue.

Die Vorteile für einen internationalen Blickwinkel in der Schulbuchforschung liegen klar auf der Hand, weshalb am Georg-Eckert-Institut (GEI) die Idee entstand, das institutionelle Rechercheinstrument für Schulbücher »TextbookCat« zu einem internationalen Rechercheinstrument auszubauen. Ein solches Rechercheinstrument speziell für Schulbücher ist notwendig, weil Bibliotheken sie im Allgemeinen nicht gesondert als Schulbücher nachweisen, sondern schlicht als Bücher. Zudem sind die Titel oft unspezifisch (z. B »Terra« oder »Pusteblume«), sodass man weder aus den Titeln noch aus den Metadaten ableiten kann, dass es sich um ein Schulbuch handelt. Bildungsmedienforscherinnen und -forschern ist es deshalb nicht möglich, im Datenbestand von Bibliotheken explizit nach Schulbüchern zu recherchieren.

Die Forschungsbibliothek des Georg-Eckert-Instituts hingegen erfasst Schulbücher als solche und nimmt zudem gesondert forschungsrelevante Eigenschaften wie »Geltungsland«, »Unterrichtsfach«, »Bildungsgang« oder »Schulform« auf, die im Rechercheinstrument berücksichtigt werden. Unabhängig vom Georg-Eckert-Institut erfassen und erfassten aber auch andere Institutionen weltweit Schulbücher nach schulbuchspezifischen Eigenschaften. Je nach Herkunftsland, jeweiliger institutioneller Ausrichtung und Alter der Datenbestände können diese Sammlungen aufgrund der individuellen Rechercheoberflächen allerdings nur schwer zur Schulbuchforschung herangezogen werden.

Erweitert man ein monolinguales Rechercheinstrument um Kataloge aus internationalen Beständen, hat man es mit zahlreichen Herausforderungen zu tun. Zum einen möchten Forschende aus verschiedenen Ländern das Rechercheinstrument jeweils in ihrer eigenen Sprache nutzen können, zum anderen nutzen natürlich auch die Bibliothekarinnen und Bibliothekare ihre unterschiedlichen Muttersprachen und haben gegebenenfalls auch eigene Richtlinien und Codes, mit denen sie die Eigenschaften der Bücher in ihren Katalogen beschreiben. Es muss also nicht nur jede schulbuchspezifische Eigenschaft (wie z. B. Schulfach) und jede Ausprägung dieser Eigenschaften (wie z. B. Erdkunde oder Politik) in jeder Sprache (Erdkunde, geography, geografía,…) zu beschreiben sein, sondern die individuellen Erfassungen in den verschiedenen Katalogen müssen auf diese Eigenschaften und deren Ausprägungen abgebildet werden können. Obwohl Schulbücher in einer englischen Sammlung als »Geography« und in einer italienischen Sammlung als »Geografia« ausgewiesen werden, ermöglicht die jeweilige Abbildung auf »Erdkunde« (bzw. einen Code, der Erdkunde repräsentiert) in der einheitlichen Klassifikation, dass Erdkundebücher verschiedener Kataloge in einer Liste angezeigt werden können. Das Abbilden individueller Formen auf eine einheitliche Form bezeichnen wir im Folgenden als Mapping.

Die abgeschlossene Weiterentwicklung des institutionellen Rechercheinstrumentes »TextbookCat« (TBC[1]) zum internationalen Rechercheinstrument »International TextbookCat« (ITBC[2]) diente neben dem Aufbau einer erweiterbaren Software-Architektur unter anderem dazu, Erfahrungen mit Workflows und Arbeitsschritten zu sammeln sowie etwaige Herausforderungen und notwendige Ressourcen für die Integration anderer internationaler Kataloge besser einschätzen zu können. Hierzu konzen-

---

1 Vgl. »TextbookCat«, http://tbc.gei.de, zuletzt geprüft am 22. August 2018.
2 Vgl. »International TextbookCat«, http://itbc.gei.de, zuletzt geprüft am 22. August 2018.

trierte sich der »International TextbookCat« auf die Zusammenführung verschiedensprachiger Schulbuchdatenbanken aus drei Institutionen: dem Georg-Eckert-Institut (Braunschweig), der Universita degli Studi di Torino (Turin) und der Universidad Nacional de Educación a Distancia (Madrid). Die Zusammenarbeit verfolgte die Festlegung einheitlicher Standards zur Erfassung von Schulbuchdaten und die Anfertigung von Mappings auf ein einheitliches Klassifikationssystem.

1   Die Ausgangslage

Die Schulbuchsammlung der Forschungsbibliothek des GEI[3] umfasst rund 180.000 Schulbücher, davon in etwa 100.000 fremdsprachige, aus 169 Ländern. Um diese Schulbücher besser beschreiben zu können, haben die Bibliothekare und Bibliothekarinnen eine lokale Notation erarbeitet, ein Klassifikationssystem, mit dem jede Eigenschaft eines Buches der Sammlung in entsprechenden Klassen beschrieben werden konnte (siehe Tabelle 1). Eine Besonderheit beim Geltungsland ist der teilweise Gebrauch von Jahreszahlen zur genauen Spezifikation.[4] Das Geltungsland unterscheidet sich vom Publikationsort, da Schulbücher auch in (mehreren) Ländern eingesetzt werden können, ohne dort gedruckt worden zu sein. Die Klasse »Bundesland« beinhaltet dabei nur Codes für die deutschen Bundesländer. Aufgrund des spezifischen Sammelgebietes der Forschungsbibliothek finden sich im Bereich »Unterrichtsfach« nur die sogenannten »sinnstiftenden« Fächer Geschichte, Sozialkunde, Geografie und Religion sowie muttersprachlicher Unterricht. Mathematikschulbücher beispielsweise sind nicht Teil der Sammlung, da ihre Aussagekraft für die historisch-kulturwissenschaftlichen Fragestellungen der (internationalen) Schulbuchforschung als eher gering erachtet wird. Die Klasse »Bildungsgang« entspricht fast ausschließlich der Klassifikation der International Standard Classification of Education (ISCED) der UNESCO. Hinzugenommen wurden

---

3 Vgl. Bibliothek des Georg-Eckert-Instituts, http://www.gei.de/bibliothek, zuletzt geprüft am 22. August 2018.

4 Zum Beispiel: l025: Jugoslawien (-1992) / l125: Jugoslawien, Föderative Republik (1992–2003).

»Berufliche Bildung, alle Lernstufen« und »Lehrerbildung«. Die »Schulform« orientiert sich am deutschen Schulsystem, auch wenn bei dem Großteil des GEI-Bestandes das »Geltungsland« nicht Deutschland ist. Die Klasse »Zeitraum«, die sich auf den Zeitraum der Zulassung bezieht, ist redundant zum Publikationsjahr, ermöglicht jedoch eine Einordnung nach historisch relevanten Epochen. Die Klasse »Publikationsform« unterscheidet zum Beispiel zwischen Schulbuch, Lehrplan, Lehrmittel, Lehrerhandbuch, Aufgabensammlung etc. Abbildung 1 zeigt die Abdeckung der annotierten Attribute des Klassifikationssystems in der institutionellen Schulbuchsammlung. Zu sehen ist, dass »Unterrichtsfach«, »Geltungsland«, »Zeitraum« und »Bildungsgang« in fast allen Büchern des Bestandes ausgezeichnet wurden. Da ein großer Teil der Sammlung aus internationalen Schulbüchern besteht, haben diese international gültigen Attribute erwartungsgemäß eine höhere Abdeckung.

Tabelle 1: Lokale Notation, wobei der Unterstrich einen Platzhalter für Ziffern oder Buchstaben darstellt.

Code(s)	Beispiel	Klasse	Ausprägungen
l _ _	l001 (Deutschland)	(Geltungs-) Land	181
b _ _ / b_bz	bbe (Berlin) babz (Amerik. Besatzungszone)	Bundesland/Besatzungszone Deutschland	16/4
u _ _	u050 (Geographie)	Unterrichtsfach/Lernbereich	15
k _ _	k03 (Sekundarstufe II)	Bildungsebene/Bildungslevel	7
s _ _	s05 (Gymnasium)	Allgemeinbildende Schulform Deutschland	11
z _ _	z400 (1933–1944)	Zeitraum	15
d _ _	dsb (Schulbuch)	Publikationsform – Inhaltsform (Dokumenttyp)	12

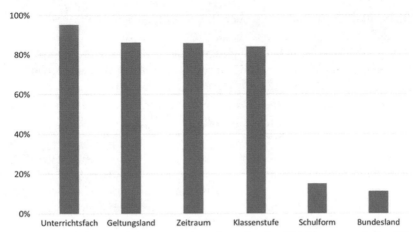

Abbildung 1: Abdeckung der annotierten Attribute des Klassifikationssystems in der GEI-Schulbuchsammlung

Internationale Sammlungen sind meist als Initiative einzelner Forscherinnen oder Forscher bzw. Forschungsgruppen entstanden – und zwar aus der Notwendigkeit heraus, bekannte Schulbücher geordnet zu erfassen, weil es keine explizite Erschließung von Schulbuchbeständen seitens der Bibliotheken gab. Anders als am Georg-Eckert-Institut, bei dem alle nachgewiesenen Schulbücher auch konkreter Bestandteil der Forschungsbibliothek sind, erweisen sich die Datenbanken internationaler Schulbuchforscher und -forscherinnen meist als Bibliografien, die primär Aufschluss über das Vorhandensein von Schulbüchern liefern. Dies ist allerdings kein Nachteil, denn anderenfalls wären Informationen über Schulbücher, die z. B. in Klosterbibliotheken hinterlegt sind, schlicht unbekannt. Soweit schulbuchspezifische Eigenschaften erfasst wurden, ist die Qualität und Abdeckung der Informationen oft sehr hoch und der beschriebenen GEI-Notation ähnlich genug, dass sich die Sammlungen in ein einheitliches Klassifikationssystem abbilden lassen. Mit dem TBC zum ITBC zusammengeführt werden zunächst die Sammlungen dreier europäischer Partner: EDISCO, MANES und das »Emmanuelle Textbook Project«.[5] Das Research Center for

---

5 Weitere Sammlungen können dem folgenden Aufsatz entnommen werden: Gabriela Ossenbach, »Textbook databases and their contribution to international research on the

Digitization and Creation of Digital Libraries for the Humanities der Universität Turin hostet die Datenbank EDISCO, die mit etwa 25.000 Datensätzen italienische Schulbücher aus dem 19. und 20. Jahrhundert nachweist. Das Department of History of Education and Comparative Education hostet die Datenbank MANES, die mit etwa 40.000 Datensätzen spanische, portugiesische und lateinamerikanische Schulbücher aus dem 19. und 20. Jahrhundert nachweist. Die Metadaten in MANES werden nach abgestimmten und festgeschriebenen Katalogisierungsrichtlinien erfasst.[6] In Frankreich schuf Alain Choppin als ein Pionier der Schulbuchforschung unter dem Titel »Emmanuelle Textbook Project« seit 1979 eine Sammlung französischer Schulbücher ab dem Jahr 1789.[7] Weil der Katalog nicht mehr gepflegt wird, ist die Oberfläche zum Recherchieren[8] entsprechend veraltet und bietet keine aktuellen Schnittstellen an.

Der »TextbookCat« ist das Rechercheinstrument des Georg-Eckert-Instituts. Er macht das beschriebene lokale, schulbuchspezifische Klassifikationssystem der Forschungsbibliothek auch über die normalen Funktionen des OPAC hinaus nutzbar. Indem er das Klassifikationssystem als Facetten widerspiegelt, ermöglicht der »TextbookCat« die Recherche nach Schulbüchern, die bestimmte Attribute aufweisen. Die Benutzerinnen und Benutzer können über diese Facetten die Auswahl gewünschter Attribute und somit die Ergebnismenge so einschränken, dass diese ihrer Forschung dienlich ist.[9] Eine Analyse der Nutzungsprotokolle des »TextbookCat« hat

history of school culture«, in: *History of Education & Children's Literature* 9, 1 (2014), 163–174.

6 Vgl. Gabriela Ossenbach, »La investigación sobre los manuales escolares en América Latina: la contribución del Proyecto Manes« [Research about school handbooks in Latin America: The project MANES contribution], in: *Historia de la Educació´n* 19 (2000), 195–203, http://revistas.usal.es/index.php/0212-0267/article/view/10797, zuletzt geprüft am 22. August 2018.

7 Vgl. Alain Choppin, »EMMANUELLE: a data base for textbooks' history in Europe«, in: *Historical Social Research* 14 (1989), 52–58, http://nbn-resolving.de/urn:nbn:de:0168-ssoar-51666 , sowie Alain Choppin, »The Emmanuelle Textbook Project«, in: *Journal of Curriculum Studies* 14, 4 (1992), 345–356, http://dx.doi.org/10.1080/0022027920240404.

8 Vgl. Institut Français de l'Education, http://www.inrp.fr/emma/web/index.php, zuletzt geprüft am 22. August 2018.

9 Vgl. Karen Calhoun u.a., *Online Catalogs: What Users and Librarians Want: an OCLC report*, Dublin, Ohio: OCLC, 2009, https://www.oclc.org/content/dam/oclc/reports/onlinecatalogs/fullreport.pdf, zuletzt geprüft am 22. August 2018.

gezeigt, dass Benutzer und Benutzerinnen am häufigsten die Facetten für Recherchen nutzen: Drei Viertel aller Rechercheanfragen basiert ausschließlich auf der Nutzung der Facetten. Dementsprechend wird bei einem Viertel mit der Hinzunahme von Suchbegriffen, also der klassischen Textsuche, recherchiert.

Die Erweiterung des institutionellen Rechercheinstruments »Textbook-Cat« zum internationalen Rechercheinstrument »International Textbook-Cat« erfolgt vor allem im Back-End der technischen Architektur. Bevor Sammlungen in sprachunabhängige Suchindizes aufgenommen werden können, müssen sie in eine einheitliche Datenstruktur überführt werden.[10]

Die bekannten Schulbuchsammlungen nach und nach in einem Rechercheinstrument zu vereinen, bringt Vorteile, die eine neue Dimension in der länderübergreifenden Schulbuchforschung eröffnen.

1. Man nähert sich immer mehr einer generellen Repräsentationsstruktur von Schulbüchern und somit *einem* Standard.

2. An einem Ort in verschiedenen Sammlungen zu recherchieren erspart den Aufwand für das Finden der individuellen Rechercheoberflächen der Sammlungen.

3. Ein einheitliches Klassifikationssystem, welches Eigenschaften und deren Ausprägungen mit Codes beschreibt, unterstützt Multilingualität in idealer Weise. Codes sind sprachunabhängige Zeichensysteme, von denen man nur entsprechende »Übersetzungen« benötigt (wie »ger« bedeutet »Deutsch«), um eine Facette in einer Sprache anbieten zu können.

2   Beobachtungen

Im Idealfall hätten die Sammlungen der internationalen Partner eins zu eins auf die Datenstruktur des Georg-Eckert-Instituts abgebildet werden können. Dass dies nicht der Fall sein konnte, war bereits im Vorfeld absehbar,

---

10 Vgl. Philipp Mayr und Vivien Petras, »Cross-concordances: terminology mapping and its effectiveness for information retrieval«, in: *CoRR*, 2008, 1–21, http://archive.ifla.org/IV/ifla74/papers/129-Mayr_Petras-en.pdf, zuletzt geprüft am 22. August 2018.

da sich die Schulsysteme verschiedener Länder unterscheiden[11] und so im bisherigen Klassifikationssystem keine Entsprechung finden. Weitere Eigenheiten und Abweichungen zeigten sich bei der Betrachtung der internationalen Sammlungen.

Individuelle Felder in den Sammlungen: Da die Erzeugerinnen und Erzeuger der hier betrachteten Sammlungen keine Bibliothekare und Bibliothekarinnen waren, wurden zum Teil nur Eigenschaften erfasst, die für Schulbücher im Speziellen, aber nicht für Bücher im Allgemeinen wichtig sind. So werden zum Beispiel Titel, Untertitel und Titelzusatz nach bibliothekarischen Standards getrennt erfasst, wohingegen ein »Laie« diese Informationen als ein Ganzes aufnehmen würde. Ganze Reihen wurden bei Emmanuelle als ein Eintrag mit den Attributen »Erste Ausgabe«, »Letzte Ausgabe« und »Redaktionelle Dauer« angelegt. Das Feld »Beobachtung« bei MANES beschreibt nicht das Buch im Generellen, sondern den Erhaltungszustand des begutachteten Exemplars.

Interpretation individueller Felder: Eine weitere Herausforderung stellen Felder dar, deren Bezeichnungen nicht eindeutig sind, sodass sie von verschiedenen Personen unterschiedlich interpretiert werden können. Zum Beispiel wurde das Feld »Verwendung« von MANES-Mitarbeitern und -Mitarbeiterinnen sowohl als »Verwendung für« als auch als »Verwendung als« interpretiert, was dazu führte, dass dort sowohl Personen und Gruppen als auch Dokumenttypen als Einträge vorzufinden waren.

Unterschiede im Detaillierungsgrad: Bei der Betrachtung der Sammlungen zeigte sich der Nachteil von Freitextfeldern. Das Fehlen von vorgeschriebenem Vokabular für bestimmte Attribute äußerte sich zum Beispiel in 155 unterschiedlichen Bezeichnungen für Schulfächer bei EDISCO und 85 Schulfächern bei MANES, die den 15 Schulfächern des GEI-Klassifikationssystems gegenüberstanden. Auch wenn ein großer Teil der Varianten Schreibfehlern geschuldet war, blieben nach der Bereinigung noch 86 neue Bezeichner übrig, die im internationalen Klassifikationssystem berücksichtigt werden mussten. Dies machte eine grundsätzliche Entscheidung darüber notwendig, ob man Eigenschaften generalisieren (weniger Optionen), spezialisieren (alle Optionen) oder nicht abbildbare Eigenschaften einfach ignorieren sollte. Das Generalisieren oder Ignorieren würde zum

---

11 Vgl. Edumeres, http://edu-data.edumeres.net, zuletzt geprüft am 22. August 2018.

Verlust an Informationen führen, während das Spezialisieren den Nachteil birgt, dass jede (auch zukünftige) Ausprägung in jede unterstützte Sprache (eindeutig) übersetzt werden muss.

Einträge lassen sich kaum abbilden: Aufgrund unterschiedlicher Bildungssysteme in den verschiedenen Ländern sind Felder wie die »Schulform« nicht ohne weiteres aufeinander abbildbar. Im Rechercheinstrument würde ein Filtern auf ein solches Feld meist nur zu Ergebnissen aus der speziellen Sammlung führen, was bei transnationalen Suchen nicht gewollt ist. Zudem wurden auch die internationalen Schulbuchbestände in der Sammlung des Georg-Eckert-Instituts nicht hinsichtlich der »Schulform« katalogisiert.

Unterschiedliches Verständnis der Materie: Obwohl Einigkeit über die Vorteile einer Zusammenführung der Bestände herrschte, wurde zwischen den Partnern schnell die Frage aufgeworfen, ab wann ein Buch als Schulbuch gelten kann. Dass Mathematikbücher Schulbücher sind, auch wenn sie bislang eher nicht Bestandteil traditioneller Schulbuchforschung sind, ist klar ersichtlich. Anders verhält es sich bei Kochbüchern, Curricula oder wissenschaftlichen Abhandlungen zur Schulbuchforschung. Idealerweise würden die Nutzerinnen und Nutzer des Rechercheinstrumentes hier entscheiden (können), ob diese Literatur recherchierbar sein soll.

Zusammenfassend lassen sich diese (und weitere) Beobachtungen in den zu verbindenden Datenbanken wie folgt generalisieren:
1. Datensatzfelder tragen oft Informationen für mehrere Felder.
2. Freitextfelder begünstigen Schreibfehler und mehrere Schreibvarianten für eine Ausprägung.
3. Datensatzfelder sind oft in der Muttersprache formuliert und schwierig zu übersetzen.
4. Ein bestehendes Klassifikationssystem kann zu speziell, aber auch zu generell sein.

Der Idealfall sähe wie folgt aus:
1. Datensatzfelder finden ihre genauen Entsprechungen in bibliografischen Datenformaten wie PICA[12] oder MARC2[13].

---

12 Vgl. Gemeinsamer Bibliotheksverbund, https://www.gbv.de/de/katricht/inhalt.shtml, zuletzt geprüft am 22. August 2018.

2. Belegungen der Datensatzfelder werden über ein festes Vokabular bestimmt.

3. Belegungen der Datensatzfelder werden durch Codes beschrieben, die sich nach internationalen Standards richten.

4. Existierende Klassifikationssysteme lassen sich auf Codes internationaler Standards abbilden.

3   Vereinheitlichtes Klassifikationssystem

Das Klassifikationssystem beschreibt Klassen und deren Ausprägungen als Codes, die im Rechercheinstrument als Facetten zur Filterung der Suchergebnisse wiederzufinden sind. Für jeden neuen Datensatz muss gewährleistet sein, dass genau die Codes zur Verfügung stehen, die benötigt werden, um alle Informationen des Datensatzes im Klassifikationssystem abbilden zu können.[14]

3.1   Erstellen des Klassifikationssystems

Der erste Schritt zur Erstellung eines adäquaten Klassifikationssystems kann nur, wie in Abschnitt 3 beschrieben, eine genaue Analyse der Sammlungen und ihrer Erfassung sein. Idealerweise kann man den zu betrachtenden Datensatz in eine csv-Datei exportieren und ein Tabellenkalkulationsprogramm oder OpenRefine[15] nutzen, um sich einen ersten Überblick zu verschaffen. Erfahrungsgemäß folgt als zweiter Schritt das Strukturieren und Bereinigen der Daten, das zwar der Qualität der Sammlung zugutekommt, aber für das Abbilden in das Klassifikationssystem keine Rolle spielt, da auch Schreibfehler und Schreibvarianten auf Codes abgebildet werden können.

---

13 Vgl. Library of Congress, https://www.loc.gov/marc/, zuletzt geprüft am 22. August 2018.

14 Vgl. Greta de Groat, *Future Directions in Metadata Remediation for Metadata Aggregators*, o.O.: Digital Library Federation, 2009, https://old.diglib.org/aquifer/dlf110.pdf, zuletzt geprüft am 22. August 2018.

15 Vgl. OpenRefine, http://openrefine.org, zuletzt geprüft am 22. August 2018.

Nachdem jede relevante Klasse bestimmt, beziehungsweise im Datensatz identifiziert wurde, müssen alle Ausprägungen notiert werden. Jede Ausprägung, die nicht schon Teil der Klasse ist, wird mit einem neuen Code ins Klassifikationssystem aufgenommen. Dieser Schritt ist nicht trivial, da entsprechende Sprach- und Fachkenntnisse benötigt werden, um zu erkennen, ob zwei Begriffe in zwei Sammlungen die gleiche Eigenschaft darstellen.

In der Praxis sollte man diesen Schritt aufgrund des Aufwands infrage stellen und schauen, ob es nicht ratsamer ist, eine Klasse durch existierende Standards zu beschreiben (siehe Abschnitt 3.2).

Wenn eine Klasse hierarchisch mit zusätzlichen Unterklassen repräsentiert werden kann, hat man die Möglichkeit, sehr spezifische Codes anbieten zu können, wobei die Unterklassen diese speziellen Codes generalisieren. So kann ein Stochastikbuch über den Code für »Stochastik« repräsentiert werden, aber zeitgleich über dessen Oberklasse »Mathematik« gefunden werden. Ober- und Unterklassen sollten durch die Codestruktur repräsentiert werden (siehe Abbildung 2), bei der Teile des Codes auf die Klasse und Unterklasse(n) einer Ausprägung schließen lassen.

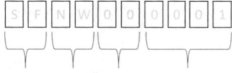

Klasse   Unter-   Unter-   Ausprägung
         klasse   unter-
                  klasse

Abbildung 2: Klassen, Unterklassen und potentielle weitere Unterklassen lassen sich direkt im Code abbilden, was eine lineare Repräsentation im Klassifikationssystem ermöglicht. Beispielhaft könnte der Code *SFNW000001* für »Schulfach > Naturwissenschaften > Mathematik« stehen.

Ein einmal festgelegtes Klassifikationssystem sollte möglichst nicht um neue Klassen erweitert werden, da die bestehenden Sammlungen höchstwahrscheinlich nicht ohne Weiteres in dieser Klassifikation abgebildet werden können. Anders verhält es sich bei den Ausprägungen bestehender Klassen, denn vorher unbekannte Eigenschaftsausprägungen sollten mit neuen Codes in das Klassifikationssystem aufgenommen werden können. Ein Neustrukturieren durch Einführung von Unterklassen ist möglich, wenn sich die bisher vergebenen Codes diesen Unterklassen zuweisen lassen. Dabei ist zu beachten, dass sich die Codes aufgrund der Unterklasse gegebenenfalls ändern.

3.2 Klassifikation durch Standards

Es ist bei der Anwendungsentwicklung dringend zu empfehlen, bereits etablierte Standards zu nutzen oder nach existierenden Klassifikationen Ausschau zu halten, in deren Erstellung Expertise geflossen ist. Standards ermöglichen es, die Erstellung des eigenen Klassifikationssystems entscheidend zu beschleunigen.

Der für das Einsatzland des Schulbuchs nutzbare Standard für Ländercodes ist die ISO-3166-1, für subnationale Einheiten (wie Bundesländer) die ISO-3166-2, für Sprachen die ISO-639-2.

Für anwendungsspezifische Klassen sollte man einige Ausprägungen als Suchbegriffe wählen, um dann mithilfe einer Suchmaschine festzustellen, ob bereits eine passende Klassifikation erstellt wurde. Des Weiteren besteht die Möglichkeit eine ähnliche Klassifikation den Bedürfnissen anzupassen, um den Entwicklungsaufwand zu reduzieren.

Ob im endgültigen System dann alle durch einen Standard definierten Ausprägungen genutzt werden, ist zweitrangig, da das Rechercheinstrument nur tatsächlich in den Daten vorhandene Ausprägungen in Facetten anzeigen wird. Deshalb sollten nicht vergebenen Ausprägungen nicht aus der Klassifikation entfernt werden, weil offen ist, welche Datensätze mit welchen Eigenschaften zu einem späteren Zeitpunkt repräsentiert werden müssen.

Klassifikationssystem	Übersetzungen		
	Sprache X	Sprache Y	Sprache Z
<Klasse A>	<Übersetzung XA>	<Übersetzung YA>	...
• <Ausprägung A1> → <Code A1>	• <Übersetzung XA1>	• <Übersetzung YA1>	• ...
• <Ausprägung A2> → <Code A2>	• <Übersetzung XA2>	• <Übersetzung YA2>	• ...
• <Ausprägung A3> → <Code A3>	• <Übersetzung XA3>	• <Übersetzung YA3>	• ...
...	...	...	
• <Ausprägung An> → <Code An>	• <Übersetzung XAn>	• <Übersetzung YAn>	• ...
<Klasse B>	<Übersetzung XB>	<Übersetzung YB>	...
<Unterklasse BA> → <Code BA>	<Übersetzung XBA>	<Übersetzung YBA>	...
• <Ausprägung B1> → <Code B1>	• <Übersetzung XB1>	• <Übersetzung YB1>	• ...
• <Ausprägung B2> → <Code B2>	• <Übersetzung XB2>	• <Übersetzung YB2>	• ...
• <Ausprägung B3> → <Code B3>	• <Übersetzung XB3>	• <Übersetzung YB3>	• ...
...	...	...	
<Unterklasse BZ> → <Code BZ>	<Übersetzung XBZ>	<Übersetzung YBZ>	• ...
• <Ausprägung Bm> → <Code Bm>	• <Übersetzung XBm>	• <Übersetzung YBm>	...
<Klasse C>	<Übersetzung XC>	<Übersetzung YC>	• ...
• <Ausprägung C1> → <Code C1>	• <Übersetzung XC1>	• <Übersetzung YC1>	...
...	...	...	

Abbildung 3: Struktur des Klassifikationssystems im Zusammenspiel mit Übersetzungen

3.3 Übersetzungen

Das fertige Klassifikationssystem besteht aus Klassen und Codes, mit denen jedes Metadatum erfasst werden kann (siehe Abbildung 3). Intern arbeitet das System demnach ausschließlich auf Codes. Für Benutzer und Benutzerinnen müssen die Codes im Rechercheinstrument aber als lesbare Begriffe in der entsprechenden Sprache angezeigt werden, was eindeutige Übersetzungen benötigt (siehe Abbildung 4).

Neben der Multilingualität erkennt man deutlich die Vorteile einer hierarchischen Klassifikation, die in Form einer hierarchischen Facette zeitgleich eine Filterung auf spezielle Eigenschaften wie »Philosophie und Ethik« oder generellen Eigenschaften wie »Kunst und Geisteswissenschaften« anbieten kann.

Hat man für die Klassifikation auf ISO-Normen zurückgegriffen, sollten entsprechende Übersetzungen verfügbar sein. Für alle anderen Klassifikationen müssen die Übersetzungen mit hohem Aufwand erstellt werden.

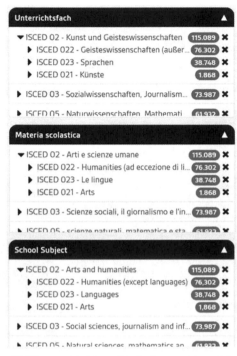

Abbildung 4: Die hierarchische Facette »Unterrichtsfach« im »International TextbookCat«
in verschiedenen Sprachen (Ausschnitte)

Dass die Größe eines Klassifikationssystems proportional zum Übersetzungsaufwand ist, sollte man bei der Wahl eines Klassifikationssystems berücksichtigen.

4   Mapping

Nach dem Festlegen des Klassifikationssystems müssen alle Ausprägungen jeder Sammlungen auf deren Entsprechungen im Klassifikationssystem abgebildet werden, bevor sie in einem Suchindex zusammengefasst werden können. Über sogenannte Mapping-Regeln wird dann festgelegt, dass zum Beispiel das Schulfach »Religión y Moral«, aber auch die alternative Schreibweise »religión y Moral« aus der Sammlung MANES mit dem Code »ISCED0221« repräsentiert wird, welcher die Ausprägung »Religion and theology« und deren Oberklasse »Arts and humanities« beschreibt. Da die Mapping-Regeln für jede neu zum ITBC hinzukommende Sammlung individuell erstellt werden und für die Indexierungsprozesse in digitaler Form vorliegen müssen, wurde ein webbasierter Workflow entwickelt, der das Erstellen von Mapping-Regeln vereinfacht. Jede erzeugte Mapping-Regel kann zudem jederzeit überarbeitet werden.

Der Prozess der Datenintegration wird von Mitarbeiterinnen und Mitarbeitern der jeweiligen internationalen Sammlungen durchgeführt. Der Prozess setzt voraus, dass jede Partnerdatenbank ihre Daten über eine standardisierte Schnittstelle (Z39.50, OAI-PMH) anbietet. Dies wird üblicherweise durch die Verwendung eines aktuellen Bibliothekssystems gewährleistet. Während die Indexierungsprozesse über diese Schnittstelle die aktuellen Dokumentinformationen gewinnen und auf ihnen die Mapping-Regeln anwenden, werden für das Erstellen der Mapping-Regeln erst einmal nur alle schulbuchspezifischen Eigenschaften und deren Ausprägungen gesammelt, damit Nutzerinnen und Nutzer eine Mapping-Regel pro Ausprägung anlegen können.

Wir haben festgestellt, dass die Verwendung von Tabellenkalkulationen (wie Google Spreadsheets) zur Definition der Mapping-Regeln eine gute Wahl ist, da Tabellen intuitiv sind. Aus diesem Grund haben wir den Prozess der Aufnahme einer Sammlung mit Tabellen unterstützt. Auf der linken Seite der Abbildung 5 ist die Zielklassifikation zu sehen. Auf der rechten Seite sind alle gefundenen Ausdrücke für Schulfächer (einschließlich Rechtschreibfehler) aufgeführt. Das Mapping wird ausschließlich in Spalte E definiert, die ermittelten Ausprägungen einer jeden schulbuchspezifischen Eigenschaft nach der Häufigkeit sortiert präsentiert (Spalte H). Ziel ist, dass jedes Attribut eine Entsprechung im Klassifikationssystem (Spalte B) findet. Mehrere Ausprägungen dürfen dabei, durch Kommas getrennt, auf dasselbe Feld abgebildet werden (Spalte E). Eine Ausprägung kann aber auch auf mehrere Felder im Klassifikationssystem abgebildet werden. Mit den gegebenen Mapping-Regeln kann ein Indexierungsprozess – ohne Umwege über eine weitere Repräsentation der Sammlungen – einen homogenen und in Teilen sprachunabhängigen Suchindex aufbauen und somit das Suchen und Recherchieren ermöglichen. Über die OAI-PMH-Schnittstelle werden

ISCED NAME	ISCED ID	Mapping ISCED ID	Manes ID	Ma Manes Name
Generic programmes and qualifications	00	00		1 Escritura y Lectura
Basic programmes and qualifications	001	001	15	2 Lenguaje
Basic programmes and qualifications	0011	0011		3 Matemáticas
Literacy and numeracy	002	002	1,11,30,32	4 Historia
Literacy and numeracy	0021	0021		5 Geografía
Personal skills and development	003	003	25	6 Religión y Moral
Personal skills and development	0031	0031		7 Ciencias Naturales
				8 Física y química
Education	01	01		9 Ciencias naturales
Education	011	011		10 Educación Cívica y Social
Education science	0111	0111	13	11 Escritura y lectura
Training for pre-school teachers	0112	0112		12 Educación Artística
Teacher training without subject specialis	0113	0113		13 Pedagogía
Teacher training with subject specialisatio	0114	0114		14 Lenguas Extranjeras
				15 Enseñanzas Técnico-Profesionales
Arts and humanities	02	02		16 Educación artística
Arts	021	021	12	17 Ciencias sociales
Audio-visual techniques and media produ	0211	0211		18 Lenguas Clásicas
Fashion, interior and industrial design	0212	0212		19 Ciencias Sociales
Fine arts	0213	0213		20 Filosofía
Handicrafts	0214	0214	15	21 Lenguas extranjeras
Music and performing arts	0215	0215	12	22 Lenguas clásicas
Humanities (except languages)	022	022		23 Religión y moral

+ ≡ ▦ | general ▾ | school_subject ▾ | level_of_education ▾ | country_of_use ▾

Abbildung 5: Beispiel für das Mapping spanischer Daten in die ISCED-Klassifikation für Schulfächer

Änderungen in den Datensätzen erkannt und der Suchindex wird aktualisiert, wobei die Daten immer bei dem jeweiligen Besitzer eines Datensatzes liegen bleiben und nicht geändert werden.

5   Zusammenfassung und Ausblick

Das Ziel der Weiterentwicklung vom institutionellen »TextbookCat« zum »International TextbookCat« war es, viele internationale Schulbuchsammlungen in einem Rechercheinstrument zu vereinen. Für diese Schulbuchsammlungen musste eine allgemeingültige Repräsentationsstruktur gefunden werden, da sie im Kern zwar ähnlich, aber aufgrund der unterschiedlichen Sprachen und Sammlungsinteressen zeitgleich unähnlich sind. Bei der Integration von zunächst drei internationalen Datenbanken wurden Erfahrungen gewonnen, Abläufe getestet und ein automatisierter Integrationsprozess entwickelt, der für geplante zukünftige Erweiterungen nachnutzbar ist. Der Schulbuchforschung wurde so mit dem ITBC ein Instrument an die Hand gegeben, welches nicht nur mehr Daten beinhaltet, sondern es auch ermöglicht, sprachunabhängig und international zu forschen.

Es wurde gezeigt, wie ein Klassifikationssystem aussieht, und welche Schritte man bei der Erstellung einer Repräsentationsstruktur befolgen sollte. Längerfristig kann ein solches Klassifikationssystem als Standard verwendet werden, wenn es sich bewähren sollte.

Des Weiteren wurde ein automatisierter Integrationsprozess vorgestellt, der die eigentlich manuelle Aufgabe des Erstellens von Mapping-Regeln vereinfachen kann, um so komplette Sammlungen in den gewählten Klassifikationssystemen abbilden zu können.

Durch die Nutzung von Klassifizierungs-Codes als Beschreibung der Eigenschaften der Bücher ist das Rechercheinstrument sprachunabhängig, da diese Codes erst im Web-Browser in Begriffe der jeweiligen Sprache umgewandelt werden. Zur kompletten Multilingualität fehlt jedoch noch eine entsprechende Behandlung der textuellen Suchanfragen und der Volltexte.

Sobald Daten gänzlich durch Codes beschrieben werden können, ist das Verknüpfen mit Ontologien trivial. Über solche Wissensdatenbanken kann zum Beispiel die Sprache »Spanisch« ohne zusätzlichen personellen Aufwand der Sprachfamilie »Indogermanische Sprachfamilie« zugeordnet werden, um so die Facette »Sprachfamilie« anbieten zu können. Auf die ontologische Repräsentation können dann semantische Verfahren aufsetzen, um durch Anreicherung mit existierendem Wissen einen noch größeren Mehrwert für die Schulbuchforschung zu generieren. Forschende können so zum Beispiel gewiss sein, dass, wenn sie Suchergebnisse auf Johann Sebastian Bach filtern, dieser und nicht eventuell ein fließendes Gewässer erwähnt wurde. Über die Verknüpfung zu Wissensdatenbanken[16] weiß das System zudem, dass er ein »Komponist« war, der in »Mühlhausen/ Thüringen«, »Weimar«, »Köthen (Anhalt)« und »Leipzig« gearbeitet hat. Das System könnte so zum Beispiel anbieten, die Recherche auf »Komponisten« aus »Leipzig« zu generalisieren.

Literatur

Calhoun, Karen u. a. *Online Catalogs: What Users and Librarians Want: an OCLC report*, Dublin, Ohio: OCLC, 2009, https://www.oclc.org/content/dam/oclc/re ports/onlinecatalogs/fullreport.pdf, zuletzt geprüft am 22. August 2018.

Choppin, Alain. »EMMANUELLE: a data base for textbooks' history in Europe«, in: *Historical Social Research* 14, 1989, 52–58, http://nbn-resolving.de/urn:nbn: de:0168-ssoar-51666.

Ders. »The Emmanuelle Textbook Project«, in: *Journal of Curriculum Studies* 24 (4), 1992, 345–356, http://dx.doi.org/10.1080/0022027920240404.

Groat, Greta de. *Future Directions in Metadata Remediation for Metadata Aggregators*, o.O.: Digital Library Federation, 2009, https://old.diglib.org/aquifer/ dlf110.pdf, zuletzt geprüft am 22. August 2018.

Mayr, Philipp und Vivien Petras. »Cross-concordances: terminology mapping and its effectiveness for information retrieval«, in: *CoRR*, 2008, 1–21, http://archive.ifla. org/IV/ifla74/papers/129-Mayr_Petras-en.pdf, zuletzt geprüft am 22. August 2018.

Ossenbach, Gabriela. »La investigación sobre los manuales escolares en América Latina: la contribución del Proyecto Manes«, in: *Historia de la Educación* 19, 2000, 195–203, http://revistas.usal.es/index.php/0212-0267/article/view/10797, zuletzt geprüft am 22. August 2018.

Dies. »Textbook databases and their contribution to international research on the history of school culture«, in: *History of Education & Children's Literature* 9 (1), 2014, 163–174.

---

16 Siehe die zur Entität »Johann Sebastian Bach« hinterlegten Daten auf der Plattform »Culturegraph« für Datenvernetzung im kulturellen Sektor, http://hub.culturegraph. org/entityfacts/11850553X, zuletzt geprüft am 22. August 2018.

III. Publikation und Archivierung

Andreas L. Fuchs

edumeres.net: Zehn Jahre digitale Vernetzung in der internationalen Bildungsmedienforschung

On 9 February 2011 the Georg Eckert Institute celebrated the official online launch of the virtual research environment on the edumeres.net platform. The first three Edumeres modules, which are a result of the GEI's long-standing experience of digital projects, have been part of a two-year online trial that was launched in February 2009. The dual objectives behind the project were to improve networking within the field of international educational media research and to test new forms of academic communication and publication. Ten years later edumeres.net has moved beyond that initial phase and now offers a modular layout with a range of sustainable products for international educational media researchers. This paper describes that process up to the present day and reports on the experiences and findings garnered from using digital networking as an instrument for working and publishing within the humanities.

Idee und Ausgangspunkte (bis 2007)

Die ersten Ideen und Konzepte für ein »Internet(fach)portal zu Lehrmedien«[1] entstanden Anfang 2007. Wenige Monate später hatte das Konzept bereits knappe 50 Seiten und wies neben einer Beschreibung von möglichen Modulen und einer ausführlichen Konkurrenzanalyse eine erste Personal- und Arbeitsplanung sowie eine Aufstellung der zu erwartenden Kosten auf. Das Ziel, das das Georg-Eckert-Institut (GEI) damit verfolgte, wurde gleich im ersten Satz vorgegeben:

---

1 Das federführend von Roderich Henrÿ verfasste Konzept (unveröffentlicht) trägt im achten Entwurf als vollen Titel: »Konzeption eines Internet(fach)portals zu Lehrmedien der Fächer Geographie, Geschichte und Sozialkunde (Politik). EduMedia.net/org« und ist mit dem Datum 15. Juni 2007 versehen.

Im Zuge der zunehmenden Virtualisierung von universitärer Forschung und
Lehre auf der einen sowie der schulbildungsbezogenen Praxis auf der anderen
Seite zeichnen sich sowohl aus dem nationalen als auch dem internationalen
Umfeld heraus wachsende Bedürfnisse an lehrmedienbezogenen Informations-
und Kommunikationsmöglichkeiten über den klassischen bibliographischen
Nachweis von Printmedien (Lehrbücher) hinaus ab. Diesen Herausforderungen
wird sich das Georg-Eckert-Institut mit dem hier konzipierten Internetportal
aktiv stellen, [...].[2]

Die Information und die Kommunikation standen also klar im Zentrum des
zukünftigen Portals. Dies kam nicht von ungefähr, bildete doch der »Wis-
sens- und Erkenntnistransfer aus der fachwissenschaftlichen und fachdi-
daktischen Forschung«[3] auch in der analogen Welt des Institutsalltags einen
zentralen Bestandteil des wissenschaftsbasierten Services des Georg-Eckert-
Instituts. Mit seiner weltweit einmaligen Schulbuchsammlung und den
Räumlichkeiten der Villa von Bülow in Braunschweig hatte das GEI über
Jahre hinweg eine Infrastruktur aufgebaut, die es zu einem zentralen Ort der
internationalen Schulbuchforschung machte. Diese Strukturen sollten nun
auch digital aufgebaut werden, um die nicht nur disziplinär, sondern ebenso
geografisch weit verstreute Bildungsmedienforschung ergänzend zu den
bisherigen Formen der Zusammenarbeit über das World Wide Web zu
vernetzen. Auch in diesem Fall galten die klassischen Zielgruppen der
Schulbuchforschung als die primären Adressaten:»Wissenschaftler, Ver-
lagsvertreter, Schulbuchautoren und Repräsentanten der Bildungsministerien sowie Lehrer.«[4]

Dabei war Edumeres nicht das erste Projekt des Instituts, das das Internet
als Medium nutzte. Neben der Institutshomepage gei.de, die schon 1997
über das GEI Auskunft gab, war »VGT – Virtuelle Geographische Texte über
Kanada und Deutschland« das »erste Projekt des Georg-Eckert-Instituts im
Bereich der Neuen Medien.«[5] Während der siebenjährigen Laufzeit (1998–

---

2 Ebd., 4.
3 Ebd.
4 »Aufgaben des Instituts« auf gei.de, 1. Januar 2006. Noch einsehbar unter: https://web.ar
   chive.org/web/20060101002756/http://www.gei.de:80/deutsch/institut/aufgaben.shtml,
   zuletzt geprüft am 22. August 2018.
5 Wolfgang Höpken, »Selbstbeschreibung des Georg-Eckert-Instituts für internationale
   Schulbuchforschung«, Braunschweig (unveröffentlichtes Manuskript), 2004, 56. »VGT«

2005) stellte www.v-g-t.de anhand von 60 Modulen »aktuelle und wissen-
schaftlich gesicherte, landeskundlich-geographische Informationen für die
schulische und universitäre Ausbildung über das Internet bereit.«[6] Die Erfahrungen aus diesem Projekt flossen dann ein in »Erde@teacherline –
multimediale Unterrichtseinheiten Erdkunde«, das zweite Transferprojekt
(2001–2005), das über das Internet erreichbar war.[7] Wie schon bei »VGT«
handelte es sich hier ebenfalls um ein Kooperationsprojekt, diesmal mit der
Universität Köln und einem Verlag, der die begleitende CD und das
Handbuch verlegte.[8] Das dritte internetbasierte Angebot des Georg-Eckert-
Instituts war »DeuFraMat – Deutsch-französische Materialien für den Ge-
schichts- und Geographieunterricht«.[9] Zu diesen drei Angeboten, die 2003
auf der Messe für neue Bildungs- und Informationsmedien Learntec in
Karlsruhe unter dem Überbegriff »Virtuelle Lernwelten« präsentiert wurden, trat das bis heute am längsten laufende Internetprojekt des GEI hinzu:
die Schulbuchrezensionen.[10] Mit Beginn des Jahres 2005 wurden auf der
Homepage des Instituts Buchbesprechungen eingestellt, die neben inhaltlicher Kritik vornehmlich »die Kongruenz mit dem Lehrplan ebenso wie
unterrichtsmethodische Aspekte«[11] berücksichtigen.

---

war ein Gemeinschaftsprojekt von Vertretern der Philipps-Universität Marburg, der
Wilfried Laurier University in Waterloo, Ontario, und dem GEI, das, wie auch in den
folgenden Projekten, durch Roderich Henrÿ vertreten wurde.

6 Ebd., 56.

7 Waren es bei »VGT« unterstützende Materialien für den Unterricht, so bestand dieses
Angebot auf Wunsch vieler Lehrender aus direkt auf den Lehrplan zugeschnittenen
Unterrichtseinheiten. Die Internet-Adresse lautete www.erde@teacherline.de. Sie ist
noch erreichbar über: https://web.archive.org/web/20050927030307/http://www.te
acherline.de:80/erde/index.php, zuletzt geprüft am 22. August 2018.

8 Siehe https://e-ferger-verlag.de/buchkatalog/erdeteacherline, zuletzt geprüft am 22. August 2018.

9 Die Projektlaufzeit war von 2002 bis 2005. Die 102 in deutscher und französischer
Sprache veröffentlichten Beiträge sind bis heute unter www.deuframat.de abrufbar. Ein
ausführlicher Bericht zu DeuFraMat findet sich hier: Roderich Henrÿ, »Deutschland
und Frankreich auf dem Weg in ein neues Europa«, in: *GEI, Informationen* 50 (2005),
15–18.

10 Vgl. http://edu-reviews.edumeres.net; siehe hierzu auch den Artikel zu »Schulbuchrezensionen – Didaktik, Publikation und mögliche Anschlussforschung« von Tim
Hartung und Maret Nieländer in diesem Band.

11 Georg Stöber, »Schulbücher re-zensiert – aber Noten werden nicht vergeben«, in: *GEI,
Informationen* 49 (2005), 18.

Allen diesen Angeboten ist gemein, dass sie sich hauptsächlich an Lehrende richteten bzw. richten und Materialien für den Unterricht bereitstellen[12] bzw. bewerten. Eine Plattform, die sich darüber hinaus direkt an Schulbuchforscherinnen und -forscher wendet, war neu, und sollte nun durch Edumeres entstehen.

Konzept, DFG-Ausschreibung und erster Onlinegang (2007–2009)

Bereits der Name *Edumeres*, in Langform: EDUcational MEdia RESearch brachte diese Wendung zum Ausdruck. Nicht mehr der relativ kleine, auf das Schulbuch konzentrierte Adressatenkreis von Schulbuchforschung, Schule, Lehrerinnen und Lehrern, sondern das viel umfangreichere Feld der Bildungsmedienforschung stand ab sofort im Mittelpunkt. Da es sich dabei um »keine klar abgegrenzte, genau definierte akademische Disziplin«[13] handelt, sah das Eckert-Institut die Notwendigkeit eines vernetzenden digitalen Angebots umso mehr gegeben:

> Für solch kleine hochspezialisierte Fächer wie die Bildungsmedienforschung, die für andere Disziplinen anschlussfähig sein und zugleich selber inspirierend wirken wollen, bietet das Internet ganz besondere Chancen, denn es dürfte kaum noch bestritten werden, dass wissenschaftliche Kommunikation dort außergewöhnlich gut funktioniert, wo eine elektronische Präsenz gesichert ist, wo Informationen zeitnah ausgetauscht und gegebenenfalls auch schon interaktiv diskutiert werden (können).[14]

---

12 Das zurzeit aktuelle Angebot am Institut mit ähnlicher Ausrichtung ist »Zwischentöne – Materialien für Vielfalt im Klassenzimmer«, das, aufbauend auf dem Vorgängerprojekt »1001-idee.eu« (2005–2011), Materialien zum Thema Diversität für den Unterricht anbietet; siehe http://www.gei.de/abteilungen/schulbuch-und-gesellschaft/zwischentoene.html, zuletzt geprüft am 29. August 2018.
13 Roderich Henrÿ und Simone Lässig, »Eckert-Pläne‹: Aufbau eines virtuellen Fachportals Bildungsmedienforschung«, Braunschweig (unveröffentlichtes Manuskript), o. J. [~2007], 1.
14 Ebd., 2.

Damit waren die Eckpunkte für das Konzept von Edumeres umrissen. Die sich daraus ergebenden konkreten Anforderungen an das Portal gliederten sich so grob in drei Teile[15]:

a) Internationale Forschungsvernetzung:
   Anhand einer Datenbank, die Informationen zu Forscherinnen, Forschern und Institutionen aus der internationalen Bildungsmedienforschung vorhält, soll der Austausch und die Zusammenarbeit innerhalb der Community gestärkt werden. Alle Daten werden in Deutsch und Englisch angeboten.

b) Kooperativ strukturierter Zugang zu Informationen und Datenbeständen:
   Das Portal bündelt weltweite Informationen zu Bildungsmedien und stellt eigene Datenbanken zur Verfügung. Schwerpunkte liegen dabei auf Angaben zu Bildungs- und Schulbuchsystemen, einem Verzeichnis von in Deutschland zugelassenen Schulbüchern, einer Datenbank zu den Lehrplänen in Deutschland sowie dem Onlinekatalog der eigenen Schulbuchbestände und Schnittstellen zu anderen Schulbuchkatalogen.

c) Transfer von neuen Forschungsergebnissen in die Gesellschaft:
   Nicht nur der Austausch innerhalb der Wissenschaft und Forschung soll durch das Portal gefördert werden. Auch für Lehrende, Verlage, Autorinnen und Autoren, Medien und Politik sollen Diskussionen und Ergebnisse aus der Bildungsmedienforschung zugänglich gemacht werden. Das bereits begonnen Projekt mit Schulbuchrezensionen soll eines dieser Angebote darstellen und dabei nicht nur informieren, sondern auch die Partizipation am Portal fördern.

Neben Forschungsvernetzung, Bereitstellung relevanter Daten und Transfer von Forschungsergebnissen war ein vierter angedachter Punkt die Einrichtung einer virtuellen Forschungsumgebung. Gerade auch im Hinblick auf eine stabile Finanzierung wurde erörtert, »in welchem Maße das Portal die Erprobung informeller Formen der Wissensgenerierung, der webbasierten kooperativen Zusammenarbeit und der wissenschaftlichen Publikation voranbringen kann.«[16] Für die Umsetzung der ersten drei Module stand eine Förderung durch das Niedersächsische Ministerium für Wis-

---

15 Vgl. ebd., 2–4.
16 Ebd., 4.

senschaft und Kultur (NMWK) zur Verfügung. Für die weitaus kostspieligere Umsetzung einer kollaborativen Forschungsumgebung musste eine weitere Fördermöglichkeit gefunden werden.

Diese eröffnete sich mit der ersten Ausschreibung der Deutschen Forschungsgemeinschaft (DFG) zum Thema »Virtuelle Forschungsumgebungen – Infrastruktur und Demonstrationsobjekte« im Jahr 2008. Zum ersten Mal unterstützte die DFG »Projekte, die als Ziel den Aufbau von virtuellen Arbeitsumgebungen zur Unterstützung der Forschung haben.« Die dafür erforderliche »konkrete Zusammenarbeit zwischen Informationseinrichtungen (Bibliotheken, Rechenzentren, Medienzentren u. ä.) und Forschern (Forscherverbünde, Arbeitsgruppen sowie andere Arbeitseinheiten, die jeweils eine gemeinsame Fragestellung als Forschungsziel haben)«[17], war am GEI von Haus aus gegeben. Neben der gerade neu entstandenen Abteilung für digitale Infrastruktur bildeten die Forschungsbibliothek mit ihren damals mehr als 170.000 Schulbüchern sowie die Bildungsmedien beforschenden Mitarbeiterinnen und Mitarbeiter einen guten Ausgangspunkt für eine Antragstellung, die im April 2008 erfolgte.

Als Ende des Jahres 2008 die Zusage der DFG über eine Förderung von zwei Jahren eintraf, hatte sich das Edumeres-Konzept bereits ein gutes Stück weiterentwickelt. Die URL edumeres.net war auf das Institut registriert und Inhalte aus den ersten drei Modulen gingen in einer ersten Testversion, für die Öffentlichkeit noch unsichtbar, unter dieser Adresse online. Befüllt wurden die Seiten mit den Schulbuchrezensionen, die von der Institutshomepage auf Edumeres umzogen, mit Beiträgen aus der Schulbuchforschung und einem Glossar wichtiger Begriffe, das in Zusammenarbeit mit den wissenschaftlichen Mitarbeiterinnen und Mitarbeitern des GEIs erstellt wurde. Darüber hinaus entstanden die ersten Schautafeln zu verschiedenen nationalen Schulbuch- und Bildungssystemen, die ebenfalls zu einer wichtigen Säule im Portal werden sollten. Das Angebot hatte zu diesem Zeitpunkt größtenteils noch die Charakteristika eines statischen Web 1.0. Mit den Funktionen des Web 2.0 sollte nun in den nächsten Monaten Er-

---

17 Ausschreibungstext der zweiten Förderrunde von 2009, die der ersten entsprach. DFG-Homepage, »DFG-Ausschreibung ›Virtuelle Forschungsumgebungen – Infrastruktur und Demonstrationsobjekte‹«, in: *Information für die Wissenschaft*, 09 (23. Januar 2009), http://www.dfg.de/foerderung/info_wissenschaft/2009/info_wissenschaft_09_09/index.html, zuletzt geprüft am 22. August 2018.

fahrung gesammelt werden, um dann die virtuelle Forschungsumgebung Edumeres zu einer interaktiven Informations- und Kommunikationsplattform zu machen. Zunächst allerdings erfolgte am 17. Februar 2009 der offizielle Onlinegang, der edumeres.net mit Funktionen und Inhalten aus der ersten Phase weltweit zugänglich machte. Zum Anlass genommen wurde eine von der DFG und der Deutschen Initiative für Netzwerkinformation (DINI) veranstaltete Konferenz in Berlin. Unter dem Thema »Förderung der wissenschaftlichen Informationslandschaft in Deutschland«[18] trafen sich die in der ersten Ausschreibungsrunde von der DFG geförderten Projekte und tauschten sich über die Konzepte und Erfahrungen mit den geplanten virtuellen Forschungsinfrastrukturen aus.

Abbildung 1: Erste Version von edumeres.net, die am 17. Februar 2009 online ging (Ausschnitt)

---

18 Programm und Beiträge sind unter https://dini.de/veranstaltungen/workshops/forschungsumgebungen-2009 einsehbar, zuletzt geprüft am 22. August 2018.

Eine virtuelle Forschungsumgebung für die Bildungsmedienforschung (2009–2016)

Mit der Präsentation in Berlin begann nun die zweite Entwicklungsphase von Edumeres, die Konzeption und Umsetzung der virtuellen Forschungsumgebung, oder kurz VRE (vom englischen *Virtual Research Environment).* Das mit der finanziellen Förderung durch die DFG von zwei auf fünf Mitarbeiterinnen und Mitarbeiter aufgestockte Team nahm am 1. April 2009 die Arbeit auf. Während den bisherigen Angeboten noch partizipative Elemente wie Meldeformulare und Kommentarfunktionen zu den Inhalten hinzugefügt wurden, begann gleichzeitig der Aufbau der VRE. In enger Abstimmung mit den Wünschen und Vorschlägen der anderen Mitarbeiterinnen und Mitarbeiter am Institut sowie unter Mitarbeit von Studierenden entstanden Entwürfe, Ausarbeitungen und Anforderungsprofile für das Aussehen und die Funktionen der zukünftigen Arbeits- und Publikationsplattform. Schon bald zeigte sich, dass die Wahl des Content-Management-Systems Typo3 als technische Grundlage wohlüberlegt war. Der Umstand, dass es sich dabei um eine Open-Source-Lösung handelte, brachte zum einen den Vorteil mit sich, dass das Institut nicht von einem oder wenigen Serviceanbietern abhängig war, zum anderen stand dahinter eine große Community, die für viele Anforderungen bereits Lösungsansätze zur Verfügung stellte. Die Herausforderung bestand daher vielmehr darin, die einzelnen Lösungen an die Anforderungen der Bildungsmedienforschung anzupassen und zu einer großen, alle Module verknüpfenden Anwendung zu vereinen. Der Anspruch von Edumeres war es nämlich, den ganzen wissenschaftlichen Wertschöpfungsprozess in einer Plattform abzubilden und zu begleiten: (1) Informationen sammeln, (2) Wissen generieren, (3) publizieren und (4) teilen. Für den ersten Schritt (die Datenakquise) hielt das Portal wissenschaftliche »Informationen« und »Publikationen« bereit. Diesen beiden Zugangswegen stand in dem neuen, seit Anfang 2010 online gegangenen Design ein dritter Reiter zur Seite, die »Themenzugänge« (siehe Abbildung 2). Hier wurden von der Redaktion einzelne Elemente aus Edumeres thematisch gebündelt und dargestellt.

Auch der vierte Schritt in der Wertschöpfungskette, das Teilen von Informationen, wurde durch diese drei Module abgedeckt. Fertige Publika-

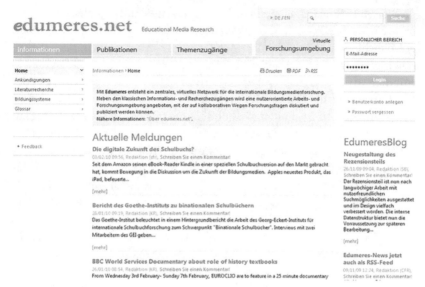

Abbildung 2: Das zweite Design für edumeres.net (inkl. VRE-Modul) Anfang 2010 (Ausschnitt)

tionen konnten unter »Publikationen« abgelegt und über den Informationsteil beworben werden. Ehe das fertige Dokument veröffentlicht wurde, durchlief es eine redaktionelle Prüfung, wurde einer Online-Reihe (Eckert. Dossier, Eckert.Beitrag, Eckert.Working Paper) zugeordnet und dann mit einer bei der Deutschen Nationalbibliothek gemeldeten URN versehen online gestellt.

Für die beiden Schritte dazwischen, das Verarbeiten von Informationen zu Wissen und das Publizieren der Ergebnisse, war die virtuelle Forschungsumgebung zuständig. Dieser durch ein Log-In geschützte Bereich gab der Forscherin oder dem Forscher Werkzeuge in die Hand, um alleine oder zusammen mit Kolleginnen und Kollegen einen Text von der Recherche bis zur Publikation zu bringen. Für den Austausch gab es Kontakt-Sammlungen aller registrierten Nutzerinnen und Nutzer, die sich über die Plattform untereinander benachrichtigen konnten. Auch war es möglich, sich zu einzelnen Projekten zusammenzuschließen, die nach dem Anlegen nur der Projektgruppe zugänglich waren, zu einem späteren Zeitpunkt aber ebenso zu öffentlichen Projekten werden konnten, an denen jeder ohne direkte Einladung teilnehmen konnte. Die eigentliche Textarbeit fand dann über ein Online-Tool statt, das gleichzeitiges und kollaboratives Arbeiten ermöglichte. Um eine möglichst hohe Akzeptanz zu erzielen, fiel die Entscheidung dafür auf Zoho Writer. Dessen Oberfläche kam nahe an die gewohnten Arbeitsumgebungen von Microsoft Office oder Open Office heran und bot darüber hinaus, im Gegensatz zu anderen damaligen Online-Office-Anwendungen, eine Schnittstelle, mit der es möglich war, die Texte zwar auf den Rechnern von Zoho zu bearbeiten, sie dennoch aber auf den eigenen Servern im odt- bzw. doc-Format abzuspeichern. Dies war die Grundvoraussetzung, um die Daten nicht an Dritte weitergeben zu müssen. Jedes Projekt hatte somit in seinem Projektbereich einen Ordner, in dem alle Dateien abgelegt waren und jederzeit heruntergeladen werden konnten. Um gerade beim gemeinschaftlichen Arbeiten nicht den Überblick zu verlieren, hatte die Projektleiterin bzw. der Projektleiter die Option, die Arbeitsabläufe zu steuern, indem sie bzw. er über eine Anzeige den Workflow regelte und einzelne Arbeitswerkzeuge je nach Fortschritt freigab bzw. sperrte. Befand sich der fertige Text beispielsweise im Review-Prozess, war das Textbearbeitungs-Werkzeug nicht aktiv, um so ein weiteres Bearbeiten zu verhindern. Die einzelnen Schritte dieses Workflows reichten von der Idee und dem Konzept über die Entwicklung hin zu Edition und Publikation. Um die Arbeit mit den Angeboten der virtuellen Forschungsumgebung so leicht wie möglich zu machen, entwickelte das Edumeres-Team die Idee des »Begleiteten Projektes«:

> Jedem neu entstehenden Projekt wird optional ein Mitglied der Redaktion zur Seite gestellt. Es begleitet die Projektarbeit, hilft bei Fragen und Problemen und führt in die Arbeit mit den einzelnen Teilbereichen und Modulen von Edumeres und der Forschungsumgebung ein.[19]

Das Interesse an diesem Ansatz der Nutzerführung sowie der Digitalisierung der wissenschaftlichen Wertschöpfungskette war groß. In einer Reihe von Publikationen in fachwissenschaftlichen Zeitschriften und Vorträgen

---

19 Sylvia Brink u.a., »»Gemeinsam Wissen Schaffen‹ – Das Konzept der Virtuellen Forschungsumgebung von Edumeres.net als Beispiel für kollaboratives Arbeiten in der Bildungsmedienforschung«, in: Klaus Meißner und Martin Engelien (Hg.), *Virtual Enterprises, Communities & Social Networks. Workshop GeNeMe '11. TU Dresden*, Dresden: TUD Press, 2011, 109–118, 116.

auf Konferenzen konnten die Mitarbeiterinnen und Mitarbeiter von Edumeres ihre Arbeit vorstellen und das Portal bewerben.[20] Auch am Georg-Eckert-Institut fand ein zweitägiger Workshop zum Thema »Virtuelle Forschungsinfrastrukturen für die Geschichtswissenschaft« statt, auf dem Edumeres im Mittelpunkt stand.

Gemeinsam mit Experten der Humboldt-Universität zu Berlin, der Universität Trier, der Bayerischen Staatsbibliothek München, des Instituts für Europäische Geschichte in Mainz, der Stiftung deutsche geisteswissenschaftliche Institute im Ausland sowie Vertretern des Projekts »Digital Research Infrastructure for the Arts and Humanities« diskutierte das Team von Edumeres.net über die inhaltlichen und technischen Herausforderungen, die wissenschaftliches Arbeiten im virtuellen Raum mit sich bringt. Dabei wurde vor allem nach konkreten Möglichkeiten der Zusammenarbeit und des Erfahrungsaustauschs beim Aufbau von virtuellen Infrastrukturen in der Geisteswissenschaft gesucht. Eine Verstetigung der Zusammenarbeit wurde verabredet.[21]

Im Rahmen dieser Tagung wurde, wie schon erwähnt, nach knapp zweijähriger Entwicklungszeit am 9. Februar 2011 die virtuelle Arbeits- und Forschungsumgebung für die Öffentlichkeit freigegeben.

Produktivbetrieb (seit 2011) und Relaunch (2016)

Schon während der ersten Monate nahmen mehrere, zumeist von Studierenden initiierte Projekte ihre Arbeit in der VRE auf und die ersten Ergebnisse konnten im Publikationsbereich veröffentlicht werden. Die Er-

---

20 Beiträge zu Edumeres erschienen beispielsweise in: *Generation international – die Zukunft von Information, Wissenschaft und Profession*, 2009 (Proceedings zur 61. Jahrestagung der DGI in Frankfurt am Main), 225–234; *Information. Wissenschaft & Praxis* 61, 8 (2010), 455–459; *KMB news. Informationen zu Kunst, Museum und Bibliothek* 17, 1 (2011), 3–8; *Virtual Enterprises, Communities & Social Networks*, 2011 (Proceedings zu GeNeMe '11 in Dresden), 109–118; *Vernetztes Wissen – Daten, Menschen, Systeme*, 2012 (Proceedings zu WissKom 2012), 307–322.
21 webis.blog, »Virtuell Vernetzt: Edumeres.net – Virtuelle Arbeits- und Forschungsumgebung für die Bildungsmedienforschung freigeschaltet«, 14. Februar 2011, https://blogs.sub.uni-hamburg.de/webis/2011/02/14/virtuell-vernetzt-edumeres-net-virtuelle-arbeits-und-forschungsumgebung-fur-die-bildungsmedienforschung-freigeschaltet/, zuletzt geprüft am 22. August 2018.

fahrungen, die die Redaktion dabei aus dem Produktivbetrieb gewann, flossen direkt in die Weiterentwicklung des Portals ein. Parallel dazu wurden Usability-Tests durchgeführt, um Anhaltspunkte zur Verwendung der VRE zu gewinnen. Nach einem Jahr war die Zahl der registrierten Nutzerinnen und Nutzer auf etwa 300 angewachsen. Die meisten von ihnen hatten sich registriert, um mit anderen an einem gemeinsamen Thema zu arbeiten. Zwar wiesen diese Projekte im Vergleich zu Einzelprojekten eine wesentlich höhere Aktivität auf, doch kaum waren diese beendet, sank auch die Nutzung der VRE bei den meisten Teilnehmerinnen und Teilnehmern wieder auf null. Am erfolgreichsten waren »Projekte, die als Ziel eine Publikation auf Edumeres.net hatten. [...] Als Beispiel lassen sich hier die Rezensionsprojekte nennen, bei denen Studentengruppen in einem Seminar Schulbücher analysierten und gemeinsam Rezensionstexte in der VRE verfasst ha[tt]en.«[22]

Dieses Nutzungsverhalten veränderte sich in den folgenden Jahren kaum. Trotz steter Arbeit an der Usability der VRE hielt sich das Niveau der Nutzerzahlen auf etwa 300.[23] Ein signifikanter Anstieg von Neuregistrierungen war nicht zu verzeichnen. Hinzu kam, dass eine Reihe an begonnen Projekten nicht abgeschlossen wurden. Um die Gründe dafür zu eruieren, wurde 2014 in Zusammenarbeit mit der Universität Hildesheim eine Akzeptanzstudie durchgeführt, die in der Zeitschrift *Information. Wissenschaft & Praxis*[24] veröffentlicht wurde. Drei Punkte waren dabei von besonderem Interesse:

a) Die Informationsqualität von Edumeres sowie die Redaktionsarbeit des Edumeres.net-Teams wurden positiv hervorgehoben.[25]

b) Die Relevanz der VRE erschloss sich nicht: Die Nutzerzahlen waren zu gering, um als fachgebundenes soziales Netzwerk eine Breitenwirkung zu

---

22 Sylvia Brink u. a., »Kollaborative Wissensgenerierung im virtuellen Raum – Entwicklungen und Erkenntnisse aus der internationalen Bildungsmedienforschung«, in: Bernhard Mittermaier (Hg.), *Vernetztes Wissen – Daten, Menschen, Systeme*, Jülich: Forschungszentrum Jülich, 2012, 307–322, 318 f.

23 Vgl. Natalia Gätzke, Thomas Mandl und Robert Strötgen, »Akzeptanzanalyse der virtuellen Forschungsumgebung von Edumeres.net«, in: *Information. Wissenschaft & Praxis* 65, 4–5 (2014), 247–270, 251.

24 Vgl. ebd.

25 Vgl. ebd., 264.

entfalten. Gleichzeitig konnten die umfangreichen und durchdachten Werkzeuge trotzdem technisch nicht mit den Angeboten der großen Anbieter wie Google und Microsoft mithalten. Darüber hinaus wurde der Email-Versand von Dokumenten »als produktiver empfunden, da sich Dateien hierbei schneller austauschen lassen als über die VFU [Virtuelle Forschungsumgebung].«[26]

c) Der Mehrwert der VRE – der Datenschutz, die Publikationsmöglichkeit und die redaktionelle Betreuung – wurde zu wenig kommuniziert, als dass er den technischen Vorteilen anderer Angebote als entscheidender Faktor entgegentreten konnte.[27]

Was die Behebung der genannten Ursachen für die Akzeptanzprobleme anbelangt, so merkte die Studie in ihrem Fazit richtig an: »Die zu Verfügung stehenden Ressourcen erlauben jedoch keine kurzfristige Behebung der Mängel und erschweren zudem den Wettbewerb mit z. T. kommerziellen Anbietern derartiger Anwendungen.«[28] Die Konsequenz dieses Ergebnisses war, dass das Portal, das seit dem Ende der DFG-Förderung 2011 aus Haushaltmitteln des Instituts finanziert wurde, einer umfassenden Umstrukturierung unterzogen wurde. Die Elemente, die die Nutzerinnen und Nutzer als sehr positiv bewertet hatten, wurden gestärkt, die viele Ressourcen bindende und im Verhältnis dazu wenig akzeptierte virtuelle Forschungsumgebung wurde abgeschaltet. Ziel war es, das neugestaltete Portal flexibler zu gestalten und die einzelnen Module technisch unabhängiger voneinander aufzustellen. Dennoch sollten die dann selbständigeren Module unter der Dachmarke edumeres.net vereint bleiben, um das breite Spektrum der Bildungsmedienforschung und die Kontinuität der als positiv bewerteten Arbeit des Edumeres-Teams den Nutzerinnen und Nutzern auch augenfällig darzustellen. Die vier verbliebenen Hauptmodule »edu.data« (Schulbuchsysteme), »edu.reviews« (Schulbuchrezensionen), »edu.news« (Nachrichten aus der Bildungsmedienforschung) und »edu. docs« (die bisherige Publikationsplattform[29]) wurden grafisch und tech-

---

26 Ebd., 266.
27 Vgl. ebd.
28 Ebd., 268.
29 Die Publikationsplattform wurde nach dem Relaunch technisch komplett neu aufgebaut und mit DSpace als eigenständiges Repositorium realisiert.

nisch erneuert und um weitere digitale Angebote des Georg-Eckert-Instituts ergänzt. Das so neu aufgestellte Edumeres ging schließlich am 20. Juli 2016 online und konzentriert sich seitdem auf die qualitativ hochwertige Informationsvermittlung für die internationale Bildungsmedienforschung.

Abbildung 3: Aktuelle Startseite von edumeres.net nach dem Relaunch 2016 (Ausschnitt)

Edumeres – Erfahrungen aus zehn Jahren digitaler Vernetzung

2019 ist es zehn Jahre her, dass Edumeres offiziell das Licht des Internets erblickte. In dieser Zeit veränderte sich die Art sozialer Kommunikation. Weltweite Angebote wie Facebook, Twitter, WhatsApp, Dropbox oder Google Docs wurden zu weitverbreiteten, wenn auch nicht unumstrittenen Werkzeugen des Austausches von Daten und Informationen. Das Smartphone bewirkte, dass dies auch von unterwegs möglich wurde. Die Wissenschaft und Forschung blieben davon nicht unberührt. Diese Entwicklung bestätigt die Entscheidung, das Hauptaugenmerk von Edumeres auf die redaktionell aufbereitete Informationsvermittlung zu legen. Um neue Kommunikationswege einführen zu können, müsste der Mehrwert gegenüber den etablierten Formen deutlich höher sein, was jedoch durch ein einzelnes Institut kaum realisierbar ist. Dafür liegen die Stärken des GEI und insbesondere des Edumeres-Teams in der Arbeit mit den Roh- und Forschungsdaten sowie der Präsentation der Ergebnisse dieser Forschung. Durch die Kombination der Expertisen der Mitarbeiterinnen und Mitarbeiter aus Forschungsbibliothek, Digitalen Forschungsinfrastrukturen und den fachlich forschenden Abteilungen können Daten und Informationen aus der Bildungsmedienforschung so aufbereitet, dargestellt und zugänglich gemacht werden, dass daraus Wissen, Handlungskompetenzen und Mehrwert erwachsen kann. Das Edumeres-Team steht nach Abschaltung der VRE also nicht am Ende eines Prozesses, sondern beschreitet neue Wege digitaler Geisteswissenschaft.[30] Und auch die virtuelle Forschungsumgebung war ein großer Schritt auf diesem Weg. Als eines der »sehr frühen Beispiele für eine öffentlich verfügbare VFU«[31] leistete sie »Pionierarbeit«[32], die nicht nur dem Georg-Eckert-Institut und der Leibniz-Gemeinschaft[33], sondern »einer Vielzahl vergleichender Projekte«[34] auf dem Gebiet digitaler Vernetzung und Forschung zugute kam.

Literatur

Brink, Sylvia u. a. »›Gemeinsam Wissen Schaffen‹ – Das Konzept der Virtuellen Forschungsumgebung von Edumeres.net als Beispiel für kollaboratives Arbeiten in der Bildungsmedienforschung«, in: *Virtual Enterprises, Communities & Social Networks. Workshop GeNeMe '11. TU Dresden*, Klaus Meißner und Martin Engelien (Hg.), Dresden: TUD Press, 2011, 109–118.

---

30 Die vier Grundmodule von Edumeres wurden inzwischen um weitere Angebote des GEI erweitert. So etwa um die Lehrplansammlung »Curricula Workstation«, das Verzeichnis zugelassener Schulbücher »GEI-DZS« und die digitale Sammlung historischer Schulbücher »GEI-Digital«.
31 Gätzke, Mandl und Strötgen, »Akzeptanzanalyse«, 248.
32 Ebd., 268.
33 Vgl. ebd.
34 Ebd.

Brink, Sylvia u. a. »Kollaborative Wissensgenerierung im virtuellen Raum – Entwicklungen und Erkenntnisse aus der internationalen Bildungsmedienforschung«, in: *Vernetztes Wissen – Daten, Menschen, Systeme*, Bernhard Mittermaier (Hg.), Jülich: Forschungszentrum Jülich, 2012, 307–322.

Deutsche Forschungsgemeinschaft. »DFG-Ausschreibung ›Virtuelle Forschungsumgebungen – Infrastruktur und Demonstrationsobjekte‹«, *Information für die Wissenschaft* 09 (23. Januar 2009), http://www.dfg.de/foerderung/info_wissen schaft/2009/info_wissenschaft_09_09/index.html, zuletzt geprüft am 22. August 2018.

Gätzke, Natalia, Thomas Mandl und Robert Strötgen. »Akzeptanzanalyse der virtuellen Forschungsumgebung von Edumeres.net«, in: *Information. Wissenschaft & Praxis* 65 (4–5), 2014, 247–270.

Georg-Eckert-Institut. »Aufgaben des Instituts«, *gei.de*, 1. Januar 2006, noch einsehbar unter: https://web.archive.org/web/20060101002756/http://www.gei.de:80 /deutsch/institut/aufgaben.shtml, zuletzt geprüft am 22. August 2018.

Henrÿ, Roderich. »Deutschland und Frankreich auf dem Weg in ein neues Europa«, in: *GEI, Informationen* 50, 2005, 15–18.

Ders. »Konzeption eines Internet(fach)portals zu Lehrmedien der Fächer Geographie, Geschichte und Sozialkunde (Politik). EduMedia.net/org«, Braunschweig (unveröffentlichtes Manuskript), 2007.

Henrÿ, Roderich und Simone Lässig. »›Eckert-Pläne‹: Aufbau eines virtuellen Fachportals Bildungsmedienforschung,« Braunschweig (unveröffentlichtes Manuskript), o. D. [~2007].

Höpken, Wolfgang. »Selbstbeschreibung des Georg-Eckert-Instituts für internationale Schulbuchforschung«, Braunschweig (unveröffentlichtes Manuskript), 2004.

Stöber, Georg. »Schulbücher re-zensiert – aber Noten werden nicht vergeben«, in: *GEI, Informationen* 49, 2005, 18.

webis.blog. »Virtuell Vernetzt: Edumeres.net – Virtuelle Arbeits- und Forschungsumgebung für die Bildungsmedienforschung freigeschaltet«, 14. Februar 2011, https://blogs.sub.uni-hamburg.de/webis/2011/02/14/virtuell-vernetzt-edumeres-net-virtuelle-arbeits-und-forschungsumgebung-fur-die-bildungsmedienforschung -freigeschaltet, zuletzt geprüft am 22. August 2018.

Tim Hartung / Maret Nieländer

Schulbuchrezensionen – Didaktik, Publikation und mögliche Anschlussforschung

The »edu.reviews« module of the Edumeres web portal publishes reviews of current textbooks. This article describes how the reviews are generated and looks at their potential in digital humanities-related research.

Die Schulbuchrezensionen auf edu.reviews

Die Plattform für Schulbuchrezensionen »edu.reviews« des Georg-Eckert-Instituts (GEI) präsentiert derzeit 375 Rezensionen aktueller deutschsprachiger Schulbücher, vornehmlich für die Fächer Geschichte (144) und Sozialwissenschaften/Politik (113), aber auch für Ethik/Philosophie (82), Erdkunde (32), Sachkunde (20), Wirtschaft (19) und Religion (9).[1] Das Ziel hierbei ist es, aktuelle Schulbücher als Träger fachwissenschaftlicher Inhalte und (fach-)didaktischer Methoden zu beurteilen. Zugänglich gemacht werden die Texte auf Edumeres, einem Portal, das die dauerhafte Bereitstellung von Informationen für die internationale Bildungsmedienforschung zum Ziel hat – seien es Publikationen, Forschungsdaten oder Datenbankeinträge.[2] Neben der Sichtbarmachung und Bewahrung soll die zentrale Bereitstellung auch Synergieeffekte ermöglichen und die Daten nachnutzbar machen. Dieser Beitrag beschreibt Entstehungsprozesse und

---

1 Stand Mai 2018, vgl. http://edu-reviews.edumeres.net/rezensionen/, zuletzt geprüft am 22. August 2018; die Schulbücher sind zum Teil für mehr als ein Fach zugelassen.

2 Zu Genese und Inhalten des Portals siehe auch den Artikel »edumeres.net: Zehn Jahre digitale Vernetzung in der internationalen Bildungsmedienforschung« von Andreas L. Fuchs in diesem Band.

Charakteristika der Schulbuchrezensionen und regt ihre (Nach-)Nutzung auch für computergestützte Forschungsarbeiten an.

Ein besonderes Merkmal von »edu.reviews« ist die partizipative Konzeption des Projektes. Es wird von einer großen Bandbreite von Beitragenden aus Bildungspraxis und Bildungsforschung getragen, die Rezensionen beisteuern und/oder begleiten. Viele Texte entstehen auf Initiative einzelner Personen, seit 2008 wurden aber auch 20 Rezensionsprojekte an Schulen und im Rahmen universitärer Lehre durchgeführt.[3] Dementsprechend spiegeln die Rezensionen verschiedene Sichtweisen auf Schulbücher wider: Während Rezensionen von Wissenschaftlerinnen und Wissenschaftlern oft eine fachwissenschaftliche Perspektive aufweisen und mehrheitlich die inhaltliche Ebene der Schulbücher betrachten, sind Lehrkräfte eher am Einsatz im Unterricht und weiteren didaktischen Aspekten interessiert. Für Schüler und Schülerinnen steht häufig die Perspektive der Adressatinnen und Adressaten im Mittelpunkt und sie verstehen sich zu Recht als Zielgruppe. Lehramtsstudierende nehmen entweder eine den Lehrerkräften ähnliche Sicht ein oder fokussieren auf bestimmte fachliche Aspekte, die Inhalte eines Seminars waren.

Eine weitere Besonderheit von »edu.reviews« ist der zirkuläre Charakter des Projektes. Die Rezensionen sind das Ergebnis von Analyseleistungen und als solche die Publikation von Forschungsergebnissen. Die Rezensionen dienen damit zum Beispiel dem wissenschaftlichen Transfer, indem sie etwa als Entscheidungshilfe bei der Anschaffung neuer Lehrmittel eingesetzt werden. Gleichzeitig sind sie aber auch Basis für weitere Forschung, indem sie Anlass zur Reflexion darüber werden, was und wie in Schulen heute gelehrt und gelernt werden soll. Die digitalen Texte werden dabei zu Anschauungs- und Lehrmaterial, das im Unterricht eingesetzt werden kann. Als solches kann es auch als Beispiel und Impulsgeber für weitere Rezensionsprojekte dienen.[4] Neben diesen Nutzungen durch und für die Bildungspraxis ist es jedoch auch denkbar, die im Rahmen des Projektes ge-

---

3 Vgl. http://edu-reviews.edumeres.net/projekte/, zuletzt geprüft am 22. August 2018.

4 Vgl. Tim Hartung, Maret Keller und Rocco Lehmann, »Schulbücher zum Unterrichtsgegenstand machen: Wie können passive Rezipienten zu medienkritischen Nutzern von Bildungsmedien werden?«, in: *Pädagogik* 69, 10 (2017), 38–42.

Verfasser und Verfasserinnen sind ...

■ Studierende

■ Lehrerinnen und Lehrer

■ Schülerinnen und Schüler

■ Wissenschaftlerinnen und Wissenschaftler

Grafik 1: Schulbuchrezensionen nach Verfasserinnen/Verfassern (N=371), Stand 16.05. 2018

nerierten Texte als Quellen für die digital gestützte Schulbuchforschung einzusetzen.

Die hierfür notwendige Quellenkritik wird durch die Dokumentation auf der Projektwebseite unterstützt. Dort sind die formalen und inhaltlichen Hinweise für potentielle Autorinnen und Autoren, ein »Rezensionsleitfaden für Schülerinnen und Schüler« und eine Kontaktadresse für die direkte Korrespondenz mit der Redaktion bzw. dem projektverantwortlichen Redakteur verlinkt.[5] Zudem werden Projekte, aus denen mehrere Rezensionen hervorgegangen sind, explizit aufgelistet, so dass deutlich wird, welche Texte denselben Entstehungszusammenhang haben.[6] Vor allem Rezensionen von Lernenden werden fast ausschließlich im Rahmen von Unterrichtseinheiten oder -projekten verfasst. Lehrkräfte und Dozenten und Dozentinnen sind wichtige Partner des Projektes »edu.reviews« und bringen durch eigene Schwerpunktsetzungen auch immer wieder neue Aspekte in die Rezensionen ihrer Schülerinnen, Schüler und Studierenden ein. Bei Analyse und Interpretation dieser Texte ist dann grundsätzlich zu beachten,

---

5 Vgl. die entsprechenden Dokumente auf http://edu-reviews.edumeres.net/rezension-schreiben/, zuletzt geprüft am 22. August 2018.
6 Vgl. http://edu-reviews.edumeres.net/projekte/, zuletzt geprüft am 29. August 2018.

dass seitens Redaktion und Lehrkräften gewisse Strukturen vorgegeben waren und die Texte eine redaktionelle Betreuung erfahren haben.

Zur Konkretisierung dieser Ausführungen zur Entstehung der Rezensionen und als Basis für anschließende Überlegungen bezüglich möglicher wissenschaftlicher Analysen sei im Folgenden ein Projekt zur Schulbuchbeurteilung durch Lernende näher vorgestellt.

Das Rezensionsprojekt der Gesamtschule Gartenreich

2016 wurde in einer 10. Klasse der Gesamtschule Gartenreich Oranienbaum-Wörlitz mit dem Lehrer Rocco Lehmann ein Rezensionsprojekt im zeitlichen Umfang von zwei Doppelstunden durchgeführt. Das Projekt umfasste drei Teile: Zunächst beantworteten die Schüler und Schülerinnen Fragebögen zur eigenen Nutzung eines Schulbuchs[7] (43 Fragen zu sechs Kategorien). Dem folgte die Beschäftigung mit dem Thema »Rezensionen« im Unterricht und zum Schluss das Abfassen eigener Rezensionen einer Reihe von Büchern, die von der »edu.reviews«-Redaktion zur Verfügung gestellt wurden. Bei Schritt 1 und 3 fielen nachnutzbare Daten an: Zum einen die rein »naive« Rezeption (die nicht auf den Projektseiten veröffentlicht ist), zum anderen die reflektierte Perspektive von Nutzern und Nutzerinnen.

Die Fragebögen wurden statistisch von der »edu.reviews«-Redaktion ausgewertet und boten interessante Befunde etwa dahingehend, dass die Einschätzung der Schwierigkeit von Aufgabenstellungen wider Erwarten nicht mit dem gefühlten, mit der Lösung einer Aufgabe erreichten Lernerfolg korrelierte. Generell lässt sich das Instrument der Befragung der Lernenden per Fragebogen nach einer Testphase als Unterstützung der Schulbucheinführung nutzen. Durch das direkte und standardisierte Feedback der Schülerinnen und Schüler nach einem Jahr der Arbeit mit dem Buch erhält man so eine Evaluation aus Lernersicht. Die Ergebnisse können Lehrkräfte bei ihrer Entscheidung für oder gegen ein Buch unterstützen. Im Fall eines weiteren Anwachsens eines solchen Datenkorpus zu Schulbü-

---

7   Benjamin Apelojg, Dieter Mette und Heidi Traue (Hg.), Arbeitslehre aktuell 2 – Arbeit-Wirtschaft für Brandenburg und Sachsen-Anhalt, München: Oldenbourg, 2012, (ISBN 978-3-637-01044-4).

chern aus Perspektive der Lernenden könnte dieses auch Schulbuchentwicklungen beeinflussen und der Forschung eine Datenbasis zur erfahrungsbasierten Rezipientenperspektive auf Schulbücher bieten.

Der Bestand an Rezensionen bietet eine Datenbasis für die Bildungsmedienforschung, die unseres Wissens bislang nicht statistisch ausgewertet wurde. Eine kleine qualitative Vorstudie zeigt jedoch das Potential für die vergleichende Betrachtung: Die Verwendung eines Rezensionsleitfadens zur Orientierung führte zu einer Vorstrukturierung und Normierung der Rezensionen, die deren Vergleichbarkeit erhöhte, andererseits aber die Freiheit der Rezensentinnen und Rezensenten begrenzte.

Aus dem Projekt mit der Gesamtschule Gartenreich gingen 18 Schulbuchrezensionen hervor.[8] Die Rezensionen wurden nur grammatikalisch und orthografisch korrigiert, der Inhalt wurde im Redaktionsprozess nicht verändert. Insgesamt viermal besprochen wurde das 2014 erschienene Buch *Demokratie heute – Politische Bildung*[9], dessen Rezensionen einem Vergleich unterzogen wurden: Aus dem im Projekt genutzten Rezensionsleitfaden[10] wurden die sechs Analysekategorien AUFBAU, KONZEPT, TEXTE, AUFGABEN, MOTIVATION, LERNEN UND ARBEITEN für die Rezensionen extrahiert. Die Rezensionen zeigten zudem, dass auch eine Kategorie LAYOUT benötigt wird, da sich die Schülerinnen und Schüler häufig in entsprechend betitelten Abschnitten zu diesem Thema äußerten, was wohl auch an einem im Unterricht gesetzten Schwerpunkt lag. In dieser Kategorie ging es nicht nur um das Erscheinungsbild des Schulbuchs, kommentiert wurde nicht zuletzt auch, dass sich Abbildungen durch die gute Veranschaulichung von Sachverhalten positiv auf den Lernerfolg auswirkten. Die sieben Kategorien wurden in zwei Felder gruppiert: das eine Feld umfasste rein beschreibende Aussagen über das Buch (AUFBAU, KONZEPT, TEXTE, AUFGABEN, LAYOUT), das andere Feld bezog sich auf die Einschätzung der

---

8 Siehe http://edu-reviews.edumeres.net/projekte/detail/?tx_edureviews_project%5Bproject%5D=22&cHash=7b0a021dd51796bdaf01b08876adde9e, zuletzt geprüft am 22. August 2018.

9 Dieter Deiseroth und Heinz-Ullrich Wolf (Hg.), Demokratie heute – Politische Bildung, Braunschweig: Schroedel, 2014, (ISBN 978-3-507-11093-9).

10 »Tipps für Schülerinnen und Schüler«, http://edu-reviews.edumeres.net/rezension-schreiben/tipps-fuer-schuelerinnen-und-schueler/, zuletzt geprüft 22. August 2018.

Schülerinnen und Schüler zur Arbeit mit dem Buch (MOTIVATION, LERNEN UND ARBEITEN), wobei Aussagen auch doppelt kodiert werden konnten. Die Auswertung nach diesen Kriterien ergab, dass die Autorinnen oder Autoren nur sehr vereinzelt auf den Aspekt der MOTIVATION durch das Schulbuch eingehen. Scheinbar wird dies nicht als eine fassbare Funktion eines Schulbuchs angesehen. Vielmehr beurteilten die Lernenden die Qualität und didaktische Eignung der Texte, Aufgaben und Bilder. Sie bewerteten Texte auf Basis ihrer Länge und Schwierigkeit sowie Aufgaben im Hinblick auf deren Verständlichkeit und Lösbarkeit. Positiv kommentiert wurden Kürze und Einfachheit und eine gute Verständlichkeit von Texten wie auch Abwechslungsreichtum in der Darstellung. Viel Aufmerksamkeit schenkten die Rezensentinnen und Rezensenten dem Aspekt des LAYOUTS: Veranschaulichende Abbildungen waren sehr beliebt und wurden direkt oder indirekt auch mit dem Aspekt der MOTIVATION in Verbindung gebracht. Einige Schülerinnen und Schüler bemühten sich auch um die Transferleistung, das untersuchte Buch aus der Perspektive einer Lehrkraft zu beurteilen.

Implikationen für die Nutzung von »edu.reviews« als Korpus für die Forschung

Indem die Texte von »edu.reviews« u. a. die Perspektive der eigentlichen Zielgruppe der Bildungsmedien abbilden, sind sie von großem Wert für die schulbuchbezogene Forschung. So könnte es von Interesse sein, welche Bewertungskriterien Schülerinnen und Schüler im Gegensatz zu Studierenden oder Lehrkräften ihren Rezensionen zugrunde legen oder wie die Bewertungen durch gemischte Gruppen vs. Mädchen- vs. Jungengruppen ausfallen. Auch ob sich die Kriterien oder Bewertungen im Hinblick auf unterschiedliche Fächer, Bundesländer oder Zeitpunkte der Veröffentlichung der Rezension ähneln oder verändern, könnte ermittelt werden. Weiterhin bieten sich Hinweise in Bezug darauf, welche Eigenschaften von Schulbüchern von Lernenden als positiv oder negativ bewertet werden – zum Beispiel, ob sie durch ein rein auf Quellen basierendes Geschichtsbuch ohne Autorentexte irritiert sind oder ob sie diesen Ansatz befürworten.

Die für solche Fragestellungen notwendige Eingrenzung und Zuordnung der Texte wird ermöglicht durch eine Reihe von Metadaten, die auf »edu. reviews« für die Rezensionen vorhanden bzw. ableitbar sind: Bezüglich der rezensierten Bücher sind Titel, Schulart, Schulfach, Schulstufe, Bundesland und Erscheinungsjahr erfasst. Bezüglich der Urheber und Urheberinnen der Rezensionen sind Metadaten über das Publikationsdatum der Rezension, sowie Status (»SchülerInnen« und ggf. Klassenstufe, »LehrerInnen«, »Studierende«, »WissenschaftlerInnen«) und Geschlecht (impliziert über den Namen) vorhanden.

Auf die Beeinflussung bestimmter Gruppen durch die Vorgaben von Redaktion und Lehrkräften wurde bereits eingegangen: Sie wird von den Rezensentinnen und Rezensenten meist als willkommene – oder sogar notwendige – Hilfestellung für ihre eigenen Projekte empfunden; für die Auswertung durch Forschende ergibt sich dadurch allerdings die Einschränkung, dass die feststellbaren Präferenzen für bestimmte Themen nicht unmittelbar als Indikator für die Gewichtung durch die Autoren und Autorinnen interpretiert werden dürfen. Aber auch diese vermeintliche Verfälschung »authentischer Äußerungen« kann von Interesse sein und führt zu Fragen wie: Wurden die Vorgaben befolgt? Wo und warum nicht? Was ist bestimmten Untergruppen besonders wichtig?

Um für diese und ähnliche Forschungsfragen ein geeignetes Quellenkorpus zusammenzustellen, kann die Benutzeroberfläche von »edu.reviews« genutzt werden. Sie ermöglicht sowohl eine Facettensuche über die Metadaten als auch eine freie Suche in den Texten selbst. Die Schulbuchrezensionen sind in Textstruktur und -thema relativ einheitlich und eignen sich insofern grundsätzlich auch für den Einsatz computergestützter Analyseverfahren.[11] Bei ausreichender Datenmenge ließe sich beispielsweise ein Vergleich von Rezensionen zum selben Buch anhand vorgegebener Kategorien in größerem Maßstab durchführen. Für eine Klassifizierung von Textteilen, Texten oder Textgruppen würden entsprechende Kategorien vorgegeben, dann einige Textteile manuell kodiert und diese anschließend als Trainingsdaten genutzt, um das gesamte Korpus zu klassifizieren

---

11 Vgl. hierzu beispielsweise die Ausführungen im Beitrag »›Schönere Daten‹ – Nachnutzung und Aufbereitung für die Verwendung in Digital-Humanities-Projekten« von Maret Nieländer und Andreas Weiß in diesem Band.

(überwachtes *machine learning*). Auch für ein automatisches Clustering von Texten und/oder Textteilen bieten sich Sammlungen wie »edu.reviews«, »GEI-Digital« oder »edu.docs«[12] an (unüberwachtes *machine learning*). Frequenz- und Kookkurenzanalysen, also die Untersuchung von Worthäufigkeiten und statistisch relevantem gemeinsamen Vorkommen bestimmter Begriffe, können Aufschluss über Schwerpunkte und Gemeinsamkeiten der Rezensionen, bzw. einzelner Untergruppen der Rezensionen geben. Denkbar wäre auch, Argumente (für oder wider ein Buch) zu analysieren oder die Bewertungen (verschiedener Kategorien) automatisch zu extrahieren.

Verknüpfungen zu anderen digitalen Angeboten könnten ebenfalls die Forschung unterstützen und Synergien entstehen lassen.[13] So würde eine Verknüpfung mit dem »International TextbookCat« nicht nur das Auffinden der rezensierten Werke ermöglichen, sondern auch die Recherche nach weiteren Schulbüchern, die ihnen (in Bezug auf zu bestimmende Kriterien) ähnlich sind. Ein Empfehlungssystem könnte anhand der Schulbuchrezensionen, die jemand auswählt, weitere Rezensionen empfehlen oder noch nicht rezensierte, aber passende Bücher in Katalogen anzeigen. Mit Hilfe einer *Recommendation Engine* kann so – gerade in einem föderalen, marktwirtschaftlichen Schulbuchsystem wie dem deutschen – die Informationsflut nach persönlichem Interesse bzw. Informationsbedürfnis gefiltert werden. Voraussetzung dafür ist allerdings eine Vereinheitlichung von Daten und Metadaten der verschiedenen digitalen Angebote, wie sie am GEI im Projekt »WorldViews«[14] prototypisch erarbeitet wurde.

Die Schulbuchrezensionen von »edu.reviews« sind somit wertvolle Quellen für Lehrende und Schulbuchautoren und -autorinnen, die sich mit dem Einsatz und der Verbesserung von Lehrmaterialien beschäftigen; für Schülerinnen und Schüler, die sie zur Reflexion über Lehrmaterialien und

---

12 »edu.docs« ist das fachliche und institutionelle Dokumenten-Repositorium des GEI, in dem Open-Access-Publikationen von und für die Bildungsmedienforschung verfügbar sind; vgl. http://edu-docs.edumeres.net/publikationen/, zuletzt geprüft am 4. September 2018.

13 Zu verschiedenen Werkzeugen der Digital Humanites vgl. auch den Beitrag »Suche und Analyse in großen Textsammlungen: Neue Werkzeuge für die Schulbuchforschung« von Ben Heuwing und Andreas Weiß in diesem Band.

14 Siehe http://worldviews.gei.de/, zuletzt geprüft am 22. August 2018.

als Praxisbeispiele für eigene Rezensionen nutzen können, und auch für die Schulbuchforschung, die dieses Quellenkorpus erst noch für sich zu entdecken hat. Aufgrund des einheitlichen Themas und vergleichbarer Strukturen bietet sich das Korpus an, um Digital-Humanities-Methoden bei der Untersuchung einzusetzen, sie zu testen und gegebenenfalls anzupassen. Die »Forschungsergebnisse« der Rezensionen, archiviert und publiziert auf »edu.reviews«, werden so wiederum zu Quellenmaterial, das weiter beforscht werden kann. Es ergibt sich ein fruchtbarer Kreislauf aus digitalem Angebot, Unterricht und Rezeptionsforschung, durch den alle drei Bereiche profitieren.

Literatur

Borries, Bodo von. »Das Geschichts-Schulbuch in Schüler- und Lehrersicht. Einige empirische Befunde«, in: *Internationale Schulbuchforschung* 17 (1), 1995, 45–60.

»Edu.reviews – Die Plattform für Schulbuchrezensionen«, 2016, http://edu-reviews. edumeres.net/rezensionen/, zuletzt geprüft am 22. August 2018.

»Gesamtschule im Gartenreich Oranienbaum-Wörlitz, Schuljahr 2015/16, Schulbuchbeurteilung durch Lernende. Unterrichtsprojekt betreut durch Rocco Lehmann«, 2016, http://edu-reviews.edumeres.net/projekte/detail/?tx_edureviews_project%5Bproject%5D=22&cHash=7b0a021dd51796bdaf01b08876adde9e, zuletzt geprüft am 22. August 2018.

Hartung, Tim. »Schulbuchauswahl und Lernmittelfreiheit in den deutschen Bundesländern im Kontext von Schülerpartizipation«, *Eckert. Beiträge* 11, 2014, http://www.edumeres.net/urn/urn:nbn:de:0220-2014-00346.

Hartung, Tim, Maret Keller und Rocco Lehmann. »Schulbücher zum Unterrichtsgegenstand machen: Wie können passive Rezipienten zu medienkritischen Nutzern von Bildungsmedien werden?«, in: *Pädagogik* 69 (10), 2017, 38–42.

Ministerium für Bildung, Jugend und Sport des Landes Brandenburg (Hg.). *Rahmenlehrplan für die Sekundarstufe I: Jahrgangsstufen 7–10; Politische Bildung*, Ludwigsfelde: LISUM, 2010.

Kultusministerium des Landes Sachsen-Anhalt (Hg.). *Fachlehrplan Sekundarschule – Sozialkunde*, Magdeburg: Eigenverlag, 2012.

»Rezensionsleitfaden für Schülerinnen und Schüler«, 2015, http://edu-reviews.edu meres.net/rezension-schreiben/tipps-fuer-schuelerinnen-und-schueler/, zuletzt geprüft am 22. August 2018.

Schulbücher

Apelojg, Benjamin, Dieter Mette und Heidi Traue (Hg.). *Arbeitslehre aktuell 2 –
  Arbeit-Wirtschaft für Brandenburg und Sachsen-Anhalt*, München: Oldenbourg,
  2012, ISBN 978-3-637-01044-4.
Deiseroth, Dieter und Heinz-Ullrich Wolf (Hg.). *Demokratie heute – Politische Bildung*, Braunschweig: Schroedel, 2014, ISBN 978-3-507-11093-9.

Steffen Hennicke / Bianca Pramann / Kerstin Schwedes

Forschungsdaten in der internationalen Schulbuchforschung – Ein Werkstattbericht

In this article we report on the current state of discussion regarding research data at the Georg Eckert Institute (GEI). First, we introduce a couple of basic conditions that lead our work. Afterwards, we present the results of a questionnaire which investigated the current state of knowledge among the researchers at the GEI and their requirements towards research data management. Lastly, we will go into more detail by discussing a project as a case study that shows the potentials and challenges for qualitative historical research.

In der Schulbuchforschung entstehen heute sehr viele und unterschiedliche Daten, deren langfristige Aufbewahrung und Vorhaltung für die verlässliche Nachprüfbarkeit und gewinnbringende Nachnutzung entscheidend sind. Die Spannweite reicht hier von annotierten Digitalisaten historischer Schulbücher und Transkripten historischer Quellenauszüge über Transkripte von Interviews mit Schülerinnen und Schülern bis hin zu Videoaufzeichnungen mit Experten und Expertinnen aus der Bildungsmedienforschung. Diese Daten liegen in ganz unterschiedlichen Formen und Formaten vor.

Die Frage des organisierten und strukturierten Umgangs mit Forschungsdaten, der Sammlung, Dokumentation und Archivierung sowie Bereitstellung gewinnt nicht nur für die geisteswissenschaftliche Forschung an Bedeutung. Von nationalen wie internationalen Fördergebern wird die Notwendigkeit, Forschungsdaten dauerhaft zu speichern und zumindest zum Zwecke der Transparenz der eigenen Forschungsergebnisse zu veröffentlichen, deutlich artikuliert.[1] Der Rat für Informationsinfrastrukturen kritisiert in seiner Empfehlung von 2016 jedoch das Fehlen einer Strategie auf nationaler Ebene:

> Mit verschiedenen Landesinitiativen, [...] den Leitlinien der DFG und einigen Förderrichtlinien sind [...] konkrete Entwicklungen angestoßen worden, um das Forschungsdatenmanagement institutionell stärker zu verankern. Ein flächendeckendes Angebot an Informationsinfrastrukturen für das Forschungsdatenmanagement existiert jedoch ebenso wenig wie die Formulierung einer nationalen Strategie.[2]

Entsprechend werden die bisherigen Anstrengungen im Bereich des Forschungsdatenmanagements in Deutschland von verschiedenen Instituten und Initiativen teilweise in Eigenregie, teilweise in Kooperation unternommen. Während im technisch-naturwissenschaftlichen[3] wie auch im sozialwissenschaftlichen Bereich[4] bereits große Fortschritte gemacht wurden, existieren für die geisteswissenschaftlichen Disziplinen bisher nur vereinzelte Ansätze eines genuinen Forschungsdatenmanagements.[5] Dazu

---

1 Exemplarisch dafür sei auf die von der Deutschen Forschungsgemeinschaft am 30. September 2015 verabschiedeten »Leitlinien zum Umgang mit Forschungsdaten« und das von der Europäischen Kommission veröffentlichte »2020 Programme. Guidelines to the Rules on Open Access to Scientific Publications and Open Access to Research Data in Horizon 2020« (Version 3.2 vom 21. März 2017) verwiesen, http://www.dfg.de/download/pdf/foerderung/antragstellung/forschungsdaten/richtlinien_forschungs daten.pdf, und: http://ec.europa.eu/research/participants/data/ref/h2020/grants_manu al/hi/oa_pilot/h2020-hi-oa-pilot-guide_en.pdf, beide zuletzt geprüft am 22. August 2018.
2 Rat für Informationsinfrastrukturen, »Leistung aus Vielfalt. Empfehlungen zu Strukturen, Prozessen und Finanzierung des Forschungsdatenmanagements in Deutschland«, 2016, 27, http://www.rfii.de/?wpdmdl=1998 http://www.rfii.de/de/category/dokumen te/, zuletzt geprüft am 2. August 2018.
3 Für einen Überblick über existierende Forschungsdatenrepositorien siehe die Registry of Research Data Repositories, https://www.re3data.org, zuletzt geprüft am 22. August 2018.
4 Als Beispiele aus dem Umfeld der Leibniz-Gemeinschaft seien hier das Deutsche Institut für Internationale Pädagogische Forschung (DIPF), das Leibniz-Institut für Sozialwissenschaften (GESIS) und das Leibniz-Institut für globale und regionale Studien (GIGA) genannt.
5 Für eine Auflistung verschiedener, seit 2001 entstandener Forschungsdatenzentren und ihrer jeweiligen Daten, vgl. RatSWD [German Data Forum], »The German Data Forum (RatSWD) and Research Data Infrastructure: Status Quo and Quality Management«, in: *Output* 1, 6 (2018), 28–33, https://doi.org/10.17620/02671.30.

gehören auf europäischer Ebene die Projekte CLARIN[6] und DARIAH[7]. Für die Bildungswissenschaft in Deutschland ist das vom Bundesministerium für Bildung und Forschung (BMBF) geförderte Projekt »Forschungsdaten Bildung« zu nennen.[8] Ob und wie diese oder auch lokal vorhandene Infrastrukturen die Bedarfe abdecken und Forschung optimal unterstützen können, wird in den Fachgemeinschaften zunehmend diskutiert.[9]

Der Rat für Informationsinfrastrukturen empfiehlt, eine koordinierte Forschungsdateninfrastruktur für Deutschland (NFDI) aufzubauen[10]. Wie diese auszugestalten wäre und was sie leisten sollte, wird derzeit in Workshops mit Vertreterinnen und Vertretern verschiedener geisteswissenschaftlicher Fachgemeinschaften, Infrastrukturbereitstellern und Fördermittelgeber erörtert.[11] Die Schwierigkeit einer solchen Unternehmung mag unter anderem auf die enorme Heterogenität und Vielfalt von Forschungsdaten im geisteswissenschaftlichen Bereich zurückzuführen sein, wie sie sich auch in den unterschiedlichen Disziplinen und Forschungsfeldern am GEI zeigt. Inhaltlich und technisch resultieren Unterschiede etwa

---

6 Vgl. das Template zur Erstellung eines Datenmanagementplans auf der Webpräsenz des deutschen CLARIN-Zweiges, https://www.clarin-d.net/de/aufbereiten/datenmanagementplan-entwickeln, zuletzt geprüft am 22. August 2018.

7 Vgl. die Hinweise zum Umgang mit Forschungsdaten des deutschen Zweiges von DARIAH unter https://de.dariah.eu/daten, zuletzt geprüft am 22. August 2018.

8 Vgl. den Datenmanagementplan des Projektes »Forschungsdaten Bildung«, https://www.forschungsdaten-bildung.de/datenmanagementplan?la=de, zuletzt geprüft am 22. August 2018.

9 So beschäftigt sich die gemeinsam am Georg-Eckert-Institut, am Zentrum für Zeithistorische Forschung in Potsdam und am Deutschen Historischen Institut in Washington geleitete Facharbeitsgruppe Geschichte mit der Infrastruktur CLARIN-D, vgl. https://www.clarin-d.net/de/facharbeitsgruppen/geschichtswissenschaften, zuletzt geprüft am 22. August 2018. Eine Abfrage zum Thema »Forschungsdaten« im Fachportal für die Geschichtswissenschaften H-Soz-Kult belegt den vermehrten Bedarf entsprechend geschulten Personals, aber auch die Zunahme von Konferenzen und Tagungen, die sich mit dem Thema befassen, vgl. https://www.hsozkult.de/searching/page?q=Forschungsdaten, zuletzt geprüft am 22. August 2018.

10 Vgl. hierzu die Informationen zur »Nationalen Forschungsdateninfrastruktur« unter http://www.rfii.de/de/themen/, zuletzt geprüft am 22. August 2018.

11 Vgl. die Dokumentation der Veranstaltungen unter http://forschungsinfrastrukturen.de/, zuletzt geprüft am 22. August 2018. Wissenschaftlerinnen und Wissenschaftler des GEI sind hier teils direkt (durch leitende Funktion der CLARIN-D Facharbeitsgruppe Geschichte), teils mittelbar (z.B. durch entsprechendes Engagement im Historikerverband und der Leibniz-Gemeinschaft) beteiligt.

insbesondere aus der nach wie vor im Wesentlichen qualitativ arbeitenden Geisteswissenschaft, die häufig wenig formal strukturierte und beschriebene Forschungsdaten produziert. Verknüpft damit sind viele Herausforderungen technischer Art (enorme Menge, Kompatibilität) wie rechtlicher Art (Datenschutz, personenbezogene Daten). Nicht immer ist es möglich, Forschungsdaten in ihrer ganzen Breite der wissenschaftlichen Öffentlichkeit zur Nachnutzung zur Verfügung zu stellen. Der Rat für Sozial- und Wirtschaftsdaten schlägt daher ein abgestuftes Vorgehen vor:

(1) nachhaltige Sicherung von Forschungsdaten ohne nutzerfreundliche Dokumentation und ohne Nachnutzungsmöglichkeiten

(2) nachhaltige Sicherung von Forschungsdaten mit nutzerfreundlicher Dokumentation und mit restriktiven Nutzungsmöglichkeiten

(3) nachhaltige Sicherung und Bereitstellung von Forschungsdaten mit nutzerfreundlicher Dokumentation für die Datennutzung außerhalb des Aufbewahrungsortes[12]

In den naturwissenschaftlichen Fächern sowie in den Sozialwissenschaften, die mit quantitativen Daten arbeiten, ist das Thema Forschungsdaten bereits etabliert. Für die multidisziplinär wie interdisziplinär arbeitende Schulbuchforschung ergibt sich die Notwendigkeit, aus qualitativer und aus quantitativer Forschung generierte Daten in Überlegungen zu einem geeigneten Forschungsdatenmanagement mit einbeziehen zu müssen.

In seinen »Ethischen Leitlinien zur Sicherung guter wissenschaftlicher Praxis«[13] verpflichtet sich das das Georg-Eckert-Institut für internationale Schulbuchforschung (GEI), den möglichst freien Zugang zu Forschungsdaten zu unterstützen. Um hierfür die Möglichkeiten zu schaffen, hat das GEI im Sommer 2016 eine Arbeitsgruppe gegründet, an der Personen aus

---

12 RatSWD [Rat für Sozial- und Wirtschaftsdaten], »Forschungsdatenmanagement in den Sozial-, Verhaltens- und Wirtschaftswissenschaften – Orientierungshilfen für die Beantragung und Begutachtung datengenerierender und datennutzender Forschungsprojekte«, *Output* 3, 5 (2018), 7, https://doi.org/10.17620/02671.7.

13 Georg-Eckert-Institut, »Ethische Leitlinien zur Sicherung guter wissenschaftlicher Praxis und Verfahren zum Umgang mit wissenschaftlichem Fehlverhalten am Georg-Eckert-Institut – Leibniz-Institut für internationale Schulbuchforschung«, Stand Juli 2016, § 6, 3, http://www.gei.de/fileadmin/gei.de/pdf/institut/Ethische_Leitlinien_Regeln_guter_wissenschaftlicher_Praxis_GEI_07-2016_Korr_03-2017.pdf, zuletzt geprüft am 22. August 2018.

allen Abteilungen beteiligt sind. Diese beschäftigten sich zunächst mit der Dokumentation des Ist-Zustands: Welche Rolle spielen Forschungsdaten im GEI? Ziel ist, die Art der vorhandenen Forschungsdaten im Bereich der Schulbuchforschung festzustellen und den Bedarf an und den Nutzen von ihrer Sicherung und Bereitstellung zu ermitteln. Mittelfristig ist geplant, einen Forschungsdatenmanagementplan und eine Forschungsdaten-Policy zu entwickeln.

Zu diesem Zweck wurde im Sommer 2016 eine Umfrage unter den Wissenschaftlerinnen und Wissenschaftlern durchgeführt, die einen ersten empirischen Eindruck der am GEI vorhandenen Forschungsdaten bieten sollte. In einem zweiten Schritt werden nun Projekte als Fallbeispiele analysiert, die ebenfalls die Grundlage für die weiteren Überlegungen sein sollen.

Im Folgenden werden die wesentlichen Ergebnisse und Schlussfolgerungen aus der Umfrage und eines der Fallbeispiele vorgestellt.

Umfrage

Das Ziel der Umfrage war es, einen ersten Eindruck von den am GEI generierten Forschungsdaten zu gewinnen und den Bedarf an Beratung zum Thema zu ermitteln. Die Umfrage richtete sich gezielt an das wissenschaftliche Personal am Institut. In diese Kategorie fielen zum Zeitpunkt der Umfrage insgesamt 94 Personen, davon 69 wissenschaftliche Mitarbeiterinnen und Mitarbeiter, 5 wissenschaftliche Hilfskräfte und 20 studentische Hilfskräfte. Die Zielgruppe deckt damit alle am GEI direkt beschäftigten Personen ab, die im Rahmen ihrer Arbeit potentiell Forschungsdaten produzieren.[14] Wissenschaftliche Hilfskräfte und studentische Hilfskräfte wurden in die Umfrage mit einbezogen, da diese im wesentlichen Arbeiten für Forschende im Rahmen wissenschaftlicher Projekte leisten und damit relevante Ergebnisse im Sinne von Forschungsdaten von diesen Gruppen zu erwarten sind.

Mit 72 % war der Rücklauf sehr gut. Insgesamt wurden 68 Antworten

---

14 Nicht einbezogen wurden Stipendiatinnen und Stipendiaten sowie Gäste, die nur vorübergehend am GEI waren.

aufgenommen, davon waren 43 vollständige und damit gültige Antworten. Als Arbeitsdefinition wurde der Umfrage ein Begriff von Forschungsdaten vorangestellt, der Forschungsdaten umreißt als »digital vorliegende Daten, die während des Forschungsprozesses entstehen oder Ergebnis von wissenschaftlicher Arbeit sind«. Die langfristige Sicherung und Bereitstellung von Forschungsdaten leistet einen Beitrag zur Nachvollziehbarkeit und Qualität wissenschaftlicher Arbeit und eröffnet Anschlussmöglichkeiten für weitere Forschungen.« Ergänzend wurden als Beispiele für Forschungsdaten im Verlauf von Quellenforschung, Experimenten, Messungen, Erhebungen oder Umfragen erzeugte und in unterschiedlichen Formaten vorliegende Daten genannt.

Die Ergebnisse der Umfrage bestätigen, dass in der alltäglichen Arbeit am GEI eine große Bandbreite an verschiedenen Forschungsdaten entsteht. Dabei spielen Textdokumente mit Abstand die größte Rolle, aber auch tabellarische Daten, Abbildungen, Interviews, Audiodokumente, Visualisierungen, Datenbanken, statistische Auswertungen, Beobachtungen und Fragebögen wurden genannt. Forschungsdaten werden dabei vor allem in Standardformaten wie Word, Excel, JPG oder PDF erstellt. Eigene Forschungsdaten werden von den Wissenschaftlerinnen und Wissenschaftlern vorrangig auf Dienstrechnern und auf dem institutsinternen Netzlaufwerk abgespeichert. Aber auch die Speicherung auf privaten Rechnern und USB-Sticks ist weit verbreitet. Cloud-Services werden dagegen nicht sehr stark genutzt. Die meisten Mitarbeitenden im Bereich der Wissenschaft am GEI erstellen nur unregelmäßig Sicherungskopien ihrer Daten bzw. verlassen sich bei diesem Thema bewusst oder unbewusst auf Dritte, etwa Cloud-Anbieter, Rechenzentren oder die IT des eigenen Institutes, wie im Falle der Ablage von Daten auf den institutsinternen Netzlaufwerken. Nur ein kleiner Teil gab an, in regelmäßigen Intervallen Sicherungskopien eigenständig zu erstellen.

Der überwiegende Teil der Forschenden am GEI hat bisher keinen bewussten Kontakt bzw. reflektierten Umgang mit dem Thema Forschungsdaten. Drei Viertel gaben an, bisher keine Forschungsdaten von anderen Forschenden genutzt zu haben. Zur grundsätzlichen Unkenntnis des Themas treten hier ganz praktische Probleme, etwa die Frage, wo Forschungsdaten überhaupt zu finden sind. Auf der anderen Seite gab immerhin ein Viertel der Befragten an, schon einmal Forschungsdaten verwendet zu haben. Als Beispiele wurde eine relativ große Bandbreite an bisher genutzten Forschungsdaten angeführt, etwa Online-Aufsätze von Google Books, White Papers, Definitionen zu Open Educational Resources, Zitierungen von Publikationen, linguistische Korpora von LeToR, TREC oder dem Deutschen Textarchiv, *Oral-History*-Interviews bis hin zur Nachnutzung von Code und Open-Source-Software.

Trotz des nur vereinzelten Kontakts zum Thema wurde die Frage nach der grundsätzlichen Bereitschaft, Forschungsdaten anderen zugänglich zu machen und mit diesen zu teilen, in der Tendenz größtenteils positiv beantwortet. Die hohe Streuung der Antworten zeigt jedoch gleichzeitig, dass der Informationsstand der Wissenschaftlerinnen und Wissenschaftler noch nicht ausreichend ist, um die Frage eindeutig beantworten zu können. Ergänzende Kommentare verwiesen hierbei auf wichtige Aspekte, die bei einer Entscheidung für oder gegen das Teilen zu beachten wären, etwa zur Art der Daten oder ob die Daten nur institutsintern zugänglich wären sowie grundsätzlich zum Vertrauen bzw. Wissen um den Personenkreis, der Zugriff auf die Daten erhielte. Weiterhin spielen datenschutzrechtliche Bedingungen etwa bei Interviewdaten oder eigenen, privaten Notizen eine Rolle.

Die Frage nach der Archivierungswürdigkeit von Forschungsdaten zielte darauf ab einzuschätzen, wie groß die grundsätzliche Bereitschaft und das Bewusstsein von Forschenden zur Archivierung sind. Insgesamt wurden dabei Forschungsdaten, die den eigenen Publikationen zugrunde liegen, sowie nicht reproduzierbare, einmalig erhobene Forschungsdaten am häufigsten als archivierungswürdig genannt. Kritische Forschungsdaten, deren Sicherung besonders wichtig ist, sowie aus öffentlichen Fördermitteln und in kollaborativen Projekten entstandene Forschungsdaten wurden ebenfalls relativ häufig angeführt.

Ergänzende Kommentare verwiesen zum einen auf die Abhängigkeit von Datenschutzbedingungen und Möglichkeiten der Anonymisierung und zum anderen auf die Frage, welche Daten »für Dritte sinnige Daten« oder zukünftig für eigene Projekte oder Publikationen relevant sein könnten. Diese Antworten sprechen damit die weitergehende und grundsätzliche Fragestellung an, was mit den Forschungsdaten in einem Repositorium überhaupt gemacht werden kann. Insgesamt können die Antworten als Indiz gewertet werden, dass Forschende grundsätzlich sehr bereit sind,

Forschungsdaten zu archivieren, vor allem im Rahmen eigener Publikationen oder im Falle von einmaligen Forschungsdaten.

Mit Blick auf die Frage, welche Serviceleistungen sich Forschende im Rahmen eines Forschungsdatenmanagements wünschen, wurde ein gesicherter und verlässlicher Speicherplatz am häufigsten genannt. Oft wurde Beratung in rechtlichen Fragen wie Datenschutz oder Lizenzen sowie zum Publizieren und Zitieren von Forschungsdaten gewünscht. Weiterhin angeführt wurden Beratung in allgemeinen Fragen zum Umgang mit Forschungsdaten und bei technischen Fragen sowie bei kurativen Fragen und Unterstützung bei konkreten Angelegenheiten wie beim Einreichen eines Aufsatzes zusammen mit Forschungsdaten. Unterstützung beim Erstellen von Datenmanagementplänen für Projekte wünschten sich zehn Befragte, dies vermutlich auch im Bewusstsein, dass die DFG entsprechende Pläne für neue Förderanträge vorsieht.

Die breite Verteilung der Antworten zu gewünschten Serviceleistungen deutet auf ein weitgefächertes Bedürfnis nicht nur nach Hilfestellung, sondern allgemeiner Information und Beratung zum Thema Forschungsdatenmanagement hin. Dabei scheinen die Themen Sicherheit und Datenschutz bzw. rechtliche Fragen die wichtigsten Aspekte darzustellen. Weiterführend stellt sich die Frage, was Verlässlichkeit und Sicherheit nicht nur formal, sondern auch im spezifischen Forschungskontext für die einzelnen Forschenden genau bedeuten.

Entsprechend beziehen sich Bedenken gegen eine Veröffentlichung von Forschungsdaten in erster Linie auf ungeklärte Fragen des Datenschutzes, dem die Daten unterliegen könnten. Als zweithäufigstes Bedenken wurde die Vorwegnahme und damit Unmöglichkeit einer wissenschaftlichen Veröffentlichung auf Basis der Forschungsdaten genannt. Damit vermutlich eng zusammenhängend wurde Angst vor Datenmissbrauch und Diebstahl angeführt. Weiterhin bestanden Befürchtungen hinsichtlich eines zu großen Aufwandes für die Veröffentlichung von Forschungsdaten, der der Arbeit an der eigentlichen, monografischen Publikation im Wege stehe. Hingegen schätzten nur acht der Befragten den erwarteten allgemeinen Aufwand als zu hoch ein und nur zwei sahen eine Veröffentlichung als nicht problematisch an.

Zusammenfassend zeigt der ermittelte allgemeine Ist-Zustand einen sehr unterschiedlichen Wissensstand zum Thema, der vielfach eher gering aus-

fällt. Etliche Befragte artikulierten entsprechend einen hohen Beratungs-
bedarf. Dabei spielten datenschutzrechtliche und lizenzrechtliche Fragen
die größte Rolle. Der Großteil der Befragten äußerte im abschließenden
Kommentar zur Umfrage ein grundsätzliches Bedürfnis nach einer klaren
und spezifischen Definition dessen, was im geisteswissenschaftlichen Bereich Forschungsdaten ausmacht. Nachdem die Umfrage einen ersten
Eindruck zum Stand des Themas Forschungsdaten am GEI geliefert hat,
bestehen die nächsten Schritte in der Analyse von Projekten als Fallbeispiele
in enger Zusammenarbeit mit den Forschenden am Institut.

Im Folgenden wird exemplarisch das Fallbeispiel »WorldViews« vorgestellt. »WorldViews« hat das Potenzial, im Besonderen zu zeigen, wie die
Ergebnisse qualitativ arbeitender historischer Forschung als Forschungsdaten zu repräsentieren und zu sichern sind.

Fallbeispiel – »WorldViews«

Im Projekt erheben und edieren wir Auszüge aus Schulbüchern. Wir, das ist
hier am Institut das Redaktionsteam aus historisch arbeitenden Kultur-
wissenschaftlerinnen und Kulturwissenschaftlern sowie weitere aktive
Forschende aus unserem weltweiten Kooperationsnetzwerk, das 127
Schulbuchforschende vereint. Die Auszüge aus Schulbüchern bieten wir als
Digitalisate, aber auch als transkribierte und mit TEI-XML[15] ausgezeichnete
Volltexte sowie in deutscher und englischer Übersetzung an (so dies nicht
die Ausgangssprachen sind). Durch die TEI-Auszeichnung können wir
Formatierungen im Text dauerhaft festhalten, aber auch spezielle Suchen
im Material ermöglichen, da wir auch inhaltlich relevante Strukturelemente
wie zum Beispiel Schüleraufgaben kennzeichnen. Die edierten Quellen
werden schließlich durch wissenschaftliche Kommentare und Essays kon-
textualisiert und interpretiert.

Kooperierende Beitragende schicken uns aufbereitetes Quellenmaterial,
das wir gemäß den Standards, die in einem »Handbuch zur Edition« do-

---

15 Die Text Encoding Initiative entwickelt Standards für XML-Mark-Up für die Annotation von linguistischen Ressourcen im Bereich der Digital Humanities. Vgl. http://www.
tei-c.org/, zuletzt geprüft am 22. August 2018.

kumentiert werden, redaktionell überarbeiten. Die Edition bietet aber auch Forschenden des Instituts die Möglichkeit, Teile ihrer Forschungen an Schulbüchern, die nicht direkt in größere Publikationen einfließen, bei uns als namentlich gekennzeichnete Kommentare oder Essays zu publizieren, die einen *Persistent Identifier* erhalten. Für das Institut werden dadurch hochwertige Forschungsdaten und Forschungsleistungen gesichert.

Im Projekt »WorldViews« fällt somit ein breites Spektrum von ganz unterschiedlichen Arten von Forschungsdaten an: von gewissermaßen »rohen« Forschungsdaten – wie etwa Digitalisaten – über durch wissenschaftliche Recherche »veredelte« Informationstexte bis hin zu wissenschaftlichen Essays. Da es sich zudem um ein langfristiges Vorhaben des Instituts handelt, dient die strukturierte Ablage unserer Forschungsdaten auch der Nachhaltigkeit unserer Projektarbeit an sich: Nach dem im Editionshandbuch festgelegten Workflow legen wir die Editionsdaten in einem Projektordner auf einem zentralen Laufwerk ab. In Textdokumenten, Erhebungsmasken und als Digitalisate speichern wir die Inhalte unserer Edition, um zum Beispiel verschiedene Versionen von Beiträgen oder Übersetzungen – und damit den Forschungsprozess – nachvollziehbar machen zu können und qualitätssichernde Prozesse zu archivieren. Excel-Listen wiederum ermöglichen einen Überblick über den Bestand, die Bearbeitungsstufe und die Verantwortlichkeiten zu verschiedenen Phasen des Projektes. Gespeicherte Projektvorstellungen vermitteln inhaltliche und technische Stadien im Projektverlauf; Diskussionen und Entscheidungen im Team für bzw. gegen spezielle Verfahrensweisen oder technische Lösungen werden über Protokolle in einem eigenen Projektwiki aufbewahrt. Um Literaturrecherchen zu dokumentieren, nutzen wir eine Zotero-Bibliothek und legen in einem gemeinsamen Projektordner auf dem zentralen Laufwerk des Instituts zusätzlich PDFs von wissenschaftlichen Aufsätzen zu Themen unserer Edition ab, damit sie von allen im Projekt mitarbeitenden Personen genutzt werden können.

In der aktuellen Projektphase erfolgt eine grundlegende Weiterentwicklung der Infrastruktur, die auch unsere Datenablage professionalisiert: *Erstens* können wir Forschungsdaten aus anderen Projekten des Instituts direkt und automatisiert in die entstehende digitale Edition integrieren. Diese stehen über den Viewer leicht abrufbar Nutzerinnen und Nutzern zur Verfügung, die das Material für ihre spezifischen Forschungsfragen nachnutzen können. *Zweitens* wird unsere Quellenerhebung durch das im Projekt entwickelte *textbook.edit.tool* (TET) professionalisiert. Dieses Tool basiert auf der Software Goobi, die einen anpassbaren Digitalisierungsworkflow bereitstellt und im Institut bereits im Projekt »GEI-Digital«[16] eingesetzt wird. Für unsere Belange der Quellenerhebung aus Schulbüchern wurden spezielle Softwarekomponenten maßgeschneidert. Sie organisieren nicht nur über Datenfelder die Anzeige der Inhalte im Front-End, sondern weisen *drittens* die im Projekt gesammelten Forschungsdaten wie Quellenvolltexte mit Metadaten, die in nachnutzbaren, standardisierten Formaten wie z. B. CLARINs CMDI[17] vorliegen, geeigneten Repositorien zu, die ihrerseits Schnittstellen für eine spätere Nachnutzung der Daten bereitstellen. Durch diese Form der Ablage kann eine gezielte und effiziente Pflege der Daten vorgenommen werden. Dies gilt sowohl für den Bereich der Formate als auch für die Inhalte.

Kurzum: Wir verstehen »WorldViews« als Beispiel für die Diversität von Forschungsdaten und deren spezifische Anforderungen im Hinblick auf Archivierung, Wahrung des geistigen Eigentums und Weiternutzung von Forschungsergebnissen. Aufwand und Standards der Dokumentation und Aufbewahrung des Materials, der Weiternutzung, des Datenschutzes sowie Fragen des Urheberrechts sind Schlüsselbereiche. Kernelement bei der wissenschaftlichen Arbeit ist und bleibt die Angemessenheit im Umgang mit Forschungsdaten, die jeweils der Spezifik und dem Kontext der unterschiedlichen Daten und ihrer Wertigkeit Rechnung tragen muss. Dies ist nur zu leisten, wenn informationswissenschaftliche Expertise dabei strategisch unterstützt und die Maßnahmen sinnvoll kanalisiert – wie im Projekt »WorldViews«.

---

16 Vgl. den Beitrag von Anke Hertling und Sebastian Klaes zu »›GEI-Digital‹ als Grundlage für Digital-Humanities-Projekte: Erschließung und Datenaufbereitung« in diesem Band.

17 Dieses Metadatenmodell aus Komponenten bietet einen Rahmen für Beschreibungen ganz unterschiedlicher Ressourcen (wie Videos, Audios, Transkripte etc.) somit die Grundlage für eine gemeinsame Suche. Für eine Beschreibung vgl. https://www.clarin.eu/content/component-metadata, zuletzt geprüft am 22. August 2018.

Ausblick

Ziel des genannten Fallbeispiels, aber auch anderer Projekte am GEI ist die detaillierte Ermittlung von relevanten Forschungsdaten und insbesondere die Beantwortung der Frage, wann und in welcher Form diese im Forschungsprozess entstehen. Wie werden diese Daten während des Forschens verwaltet und gespeichert? Was passiert mit ihnen nach Abschluss von Projekten?

Mittelfristig werden wir einen Anforderungskatalog für ein spezifisches Forschungsdatenmanagement am GEI erstellen, sowie Softwarelösungen zur Unterstützung des Workflow-Prozesses prüfen. Zudem beobachten wir weiter die Entwicklungen bei der Infrastrukturentwicklung anderer Institute sowie nationaler und internationaler Initiativen. Im Rahmen von Vorträgen, aber auch in Nutzergruppen und Gremien z. B. der Leibniz-Gemeinschaft, des Historikerverbandes und CLARIN-Ds beteiligen wir uns an der Diskussion darüber, was notwendig ist, um Forschungsdaten nachhaltig und für alle Fachgemeinschaften zugänglich zu speichern. Langfristig werden wir nach Lösungen suchen, um die in der Schulbuchforschung generierten Forschungsdaten dauerhaft zu speichern und zugänglich zu machen und hierfür eine Forschungsdaten-Policy erarbeiten sowie den Mitarbeiterinnen und Mitarbeitern des Instituts Handlungsempfehlungen, Beratung und technische Unterstützung an die Hand geben.

Literatur und Webressourcen

Andorfer, Peter. »Forschen und Forschungsdaten in den Geisteswissenschaften: Zwischenbericht einer Interviewreihe«, 2015, http://webdoc.sub.gwdg.de/pub/mon/dariah-de/dwp-2015-10.pdf, zuletzt geprüft am 22. August 2018.

Bibliotheksdienst. *Themenheft: Forschungsdatenmanagement und Bibliotheken* 50 (7), 2016, https://www.degruyter.com/view/j/bd.2016.50.issue-7/issue-files/bd.2016.50.issue-7.xml, zuletzt geprüft am 22. August 2018.

Deutsche Forschungsgemeinschaft. »Leitlinien zum Umgang mit Forschungsdaten«, 30. September 2015, http://www.dfg.de/download/pdf/foerderung/antragstellung/forschungsdaten/richtlinien_forschungsdaten.pdf, zuletzt geprüft am 22. August 2018.

CLARIN. »Component Metadata«, https://www.clarin.eu/content/component-me tadata, zuletzt geprüft am 22. August 2018.

CLARIN-D. »Datenmanagementplan«, https://www.clarin-d.net/de/aufbereiten/da tenmanagementplan-entwickeln, zuletzt geprüft am 22. August 2018.

CLARIN-D. »Facharbeitsgruppe Geschichte«, https://www.clarin-d.net/de/fachar beitsgruppen/geschichtswissenschaften, zuletzt geprüft am 22. August 2018.

DARIAH. »Ich habe Forschungsdaten – und jetzt?«, https://de.dariah.eu/daten, zu letzt geprüft am 22. August 2018.

Europäische Kommission. »H2020 Programme. Guidelines to the Rules on Open Access to Scientific Publications and Open Access to Research Data in Horizon 2020«, 21. März 2017, http://ec.europa.eu/research/participants/data/ref/h2020/ grants_manual/hi/oa_pilot/h2020-hi-oa-pilot-guide_en.pdf, zuletzt geprüft am 22. August 2018.

Feldsien-Sudhaus, Inken und Beate Rajski. »Digitale Forschungsdaten für die Zu kunft sichern: Umfrage zum Umgang mit Forschungsdaten an der TU Hamburg: Auswertung«, 2016, https://tubdok.tub.tuhh.de/handle/11420/1329.

Forschungsdaten Bildung. »Datenmanagementplan«, https://www.forschungsdaten-bildung.de/datenmanagementplan?la=de, zuletzt geprüft am 22. August 2018.

Georg-Eckert-Institut. »Ethische Leitlinien zur Sicherung guter wissenschaftlicher Praxis und Verfahren zum Umgang mit wissenschaftlichem Fehlverhalten am Georg-Eckert-Institut – Leibniz-Institut für internationale Schulbuchforschung«, Stand Juli 2016, http://www.gei.de/fileadmin/gei.de/pdf/institut/Ethische_Leitlini en_Regeln_guter_wissenschaftlicher_Praxis_GEI_07-2016_Korr_03-2017.pdf, zuletzt geprüft am 22. August 2018.

»Guidelines on Open Access to Scientific Publications and Research Data in Horizon 2020«, https://ec.europa.eu/research/participants/data/ref/h2020/grants_manu al/hi/oa_pilot/h2020-hi-oa-pilot-guide_en.pdf, Version 3.2 vom 21. März 2017, zuletzt geprüft am 22. August 2018.

H-Soz-Kult – Fachportal für die Geschichtswissenschaften, https://www.hsozkult.de/ searching/page?q=Forschungsdaten, zuletzt geprüft am 22. August 2018.

Minn, Gisela und Marina Lemaire. »Forschungsdatenmanagement in den Geistes-wissenschaften. Eine Planungshilfe für die Erarbeitung eines digitalen For schungskonzepts und die Erstellung eines Datenmanagementplans«, 2017, http:// ubt.opus.hbz-nrw.de/volltexte/2017/1071/, zuletzt geprüft am 22. August 2018.

Puhl, Johanna u. a. »Diskussion und Definition eines Research Data LifeCycle für die digitalen Geisteswissenschaften«, *DARIAH-DE Working Papers* Nr. 11, Göttingen: DARIAH-DE, 2015, urn:nbn:de:gbv:7-dariah-2015-4-4.

Rat für Informationsinfrastrukturen. »Leistung aus Vielfalt. Empfehlungen zu Strukturen, Prozessen und Finanzierung des Forschungsdatenmanagements in

Deutschland«, 2016, 27, http://www.rfii.de/?wpdmdl=1998, http://www.rfii.de/de/ category/dokumente/, zuletzt geprüft am 22. August 2018.

RatSWD [German Data Forum]. »The German Data Forum (RatSWD) and Research Data Infrastructure: Status Quo and Quality Management«, in: *Output* 1 (6), 2018, https://doi.org/10.17620/02671.30.

RatSWD [Rat für Sozial- und Wirtschaftsdaten]. »Forschungsdatenmanagement in den Sozial-, Verhaltens- und Wirtschaftswissenschaften – Orientierungshilfen für die Beantragung und Begutachtung datengenerierender und datennutzender Forschungsprojekte«, in: *Output* 3, 5 (2018), https://doi.org/10.17620/02671.7.

Verzeichnis der Autorinnen und Autoren

Annekatrin Bock, Dr. rer. pol., ist Wissenschaftliche Mitarbeiterin am Georg-Eckert-Institut – Leibniz Institut für internationale Schulbuchforschung. Sie ist stellvertretende Leiterin der Abteilung Schulbuch als Medium und koordiniert dort das Arbeitsfeld Medienwandel.
Kontakt: bock@leibniz-gei.de

Ernesto William De Luca, Prof. Dr.-Ing., ist Leiter der Abteilung Digitale Informations- und Forschungsinfrastrukturen am Georg-Eckert-Institut.
Kontakt: deluca@leibniz-gei.de

Andreas L. Fuchs, Dipl. Theol., M.A., ist Wissenschaftlicher Mitarbeiter der Abteilung Digitale Informations- und Forschungsinfrastrukturen am Georg-Eckert-Institut.
Kontakt: afuchs@leibniz-gei.de

Tim Hartung, M.A., ist Wissenschaftlicher Mitarbeiter am Georg-Eckert-Institut in der Abteilung Digitale Informations- und Forschungsinfrastrukturen.
Kontakt: hartung@leibniz-gei.de

Steffen Hennicke, Dr. phil., ist Wissenschaftlicher Mitarbeiter am Georg-Eckert-Institut. Er koordiniert die Plattform Edumeres und ist Mitarbeiter des Projektes »WorldViews«.
Kontakt: hennicke@leibniz-gei.de

Ben Heuwing, Dr. phil., hat an der Universität Hildesheim in Informationswissenschaft promoviert und ist jetzt in der nutzerzentrierten Anwendungsentwicklung bei der Agentur]init[AG, Berlin tätig.
Kontakt: ben.heuwing@init.de

Anke Hertling, Dr. phil., ist stellvertretende Direktorin und Leiterin der Forschungsbibliothek am Georg-Eckert-Institut.
Kontakt: hertling@leibniz-gei.de

Sebastian Klaes, Diplom-Bibliothekar (FH), ist Mitarbeiter in der Forschungsbibliothek des Georg-Eckert-Instituts und koordiniert das Digitalisierungsprojekt »GEI-Digital«.
Kontakt: klaes@leibniz-gei.de

Maret Nieländer, Dr. phil., ist Wissenschaftliche Mitarbeiterin am Georg-Eckert-Institut und koordiniert dort das Arbeitsfeld Digital Humanities.
Kontakt: nielaender@leibniz-gei.de

Bianca Pramann, M.A., M.A. (LIS), ist Wissenschaftliche Mitarbeiterin am Georg-Eckert-Institut und koordiniert den Bereich Datenmanagement.
Kontakt: pramann@leibniz-gei.de

Christian Scheel, Dipl.-Inf., ist Wissenschaftlicher Mitarbeiter am Georg-Eckert-Institut. Er koordiniert digitale Projekte wie den »International TextbookCat«.
Kontakt: scheel@leibniz-gei.de

Kerstin Schwedes, Dr. phil., ist Wissenschaftliche Mitarbeiterin am Georg-Eckert-Institut und koordiniert dort DH-Projekte wie »WorldViews«.
Kontakt: schwedes@leibniz-gei.de

Andreas Weiß, Dr. phil., ist assoziiertes Mitglied der Abteilung Europa am Georg-Eckert-Institut. Er koordinierte dort das Projekt »Welt der Kinder«.
Kontakt: weiss@leibniz-gei.de